JN190782

子育て、投資から
臓器移植、紛争解決まで

経済学者のすごい思考法

How Economics Can Save the World

Simple Ideas to Solve Our Biggest Problems

エリック・アングナー Erik Angner　遠藤真美 訳

早川書房

経済学者のすごい思考法

——子育て、投資から臓器移植、紛争解決まで

HOW ECONOMICS CAN SAVE THE WORLD
Simple Ideas to Solve Our Biggest Problems
by
Erik Angner

First published as HOW ECONOMICS CAN SAVE THE WORLD
in 2023 by Penguin Business,
an imprint of Penguin General.
Penguin General is part of
the Penguin Random House group of companies.
Translated by
Masami Endo
First published 2024 in Japan by
Hayakawa Publishing, Inc.
This book is published in Japan by
arrangement with
Penguin Books Limited
through The English Agency (Japan) Ltd.

装幀／山之口正和（OKIKATA）

エリザベスへ

目次

まえがき

わたしは経済学者になろうと思ったことはない。

むしろなりたくないと思っていた。経済学に対するわたしの印象は、テレビやニュースで見聞きした経済学者によって形づくられた。それはけっしてよいものではなかった。

わたしが科学哲学の道に進んだのは、一つには、科学の本質と科学的方法、政策プロセスにおける科学の正しい使い方、科学と疑似科学の境界に関心があったからでもある。それで経済学に興味をもった。経済学は科学を装っていると感じていたためだ。

ちゃんとわかったうえでそう言えるようにするために、経済学の博士課程レベルのコースもとることにした。それはまさに目から鱗(うろこ)が落ちる経験だった。教材は予想していたものとまるでちがった。現代経済学は難解なことで知られる。わたしはフィレンツェに留学したときと変わらないくらいのカルチャーショックを受けた。イタリアもそうだが、経済学には独自の規範やルール、慣行がある。独自の言語もその一つだ。しかし、先入観を取り払って向き合うと、すばらしいうえに役に立つアイデアがあふれる世界がそこにあった。それに、わたしが出会った人たちは親切でチャーミングなだけでなく、世界をよりよいところにしようと真剣に考えていた。

そこでわたしが学んだことは二つある。第一に、経済学に対する世間のイメージはまちがっている（ちなみに、その最大の原因は経済学者自身にある。自分たちがなにをしているのか伝えるのがどうしようもなく下手なのだ）。第二に、経済学は、わたしたちはいまどこにいるのか、どうやってここまでたどり着いたのかについて示唆に富む分析を行なうだけでなく、世界をよりよいところにする、つまり、人間が豊かに繁栄していけるところにするのを後押しする道具（ツール）も提供してくれる。

この本でわたしがめざすのは、経済学はなにをするものであるかを示して、経済学とはなにかを考えることだ。現代経済学は完璧だと言いたいのではない。正統派理論を改善できる余地は大いにある。経済学者を擁護しているわけでもけっしてない。経済学者の仕事ぶりはとても十分とは言えない。

わたしが伝えたいのは、科学としての経済学は人類と地球のために役立てられるということである。経済学を脇に追いやるのはサッカーのオウンゴールみたいなものだ。理論や慣行、経済学者のふるまいを改善できるなら改善したいと思うのは道徳的な衝動である。

また、経済学者になりたいと思う人を増やそうとしているわけではない（そうなったらうれしいが）。わたしが望んでいるのは、経済学者ではないが、人類と地球の未来を気にしている人、投票をする人、社会は変わると信じている人、そして、経済学の手法、考え方、理論を使って世界をよりよいところにできるかもしれない人に、このメッセージが届くことである。

どうやって世界をよりよいところにするかについては、これからお話しする。経済学を経済学者だけのものにしておくのはもったいない。

序　章　世界を救うには

二〇二〇年はじめ、新型コロナウイルス感染症が世界を襲った。この三〇年間で最も恐ろしく、最も甚大なこの出来事に、日常が止まった。わたしたちはみな答えと解決策を切望した。政府のリーダーから、平均的な市民まで、だれもが知識をもっている人を探し求めた。疫学者、ウイルス学者、物理学者はもちろん、エンジニアにまで説明を求め、すぐに解決するように訴えた。

経済学者に頼ろうと考えた人はほとんどいなかった。しかし、そうするべきだった。

実際、経済学者にできることはたくさんあった。経済学は、わたしたちが個人として、また社会として直面している問題の多くを理解する手助けをしてくれる。それだけではない。経済学は解決策を提示してくれる。世界をよくすることは可能であり、それが手の届くところにあるという希望を与えてくれる。[1]

初期の報道では、ウイルスは中国・武漢の「ウェットマーケット」で発生したとされた。[2] ウェットマーケットは、動物や動物製品がペット、食材、装飾品、伝統薬として取引される市場である。新種のコロナウイルスが発生するメカニズムを理解するには、動物や動物製品の市場がどう組織されているのか、なぜ存在するのか、どう運営されているのかを理解しなければいけない。人びとが動物をペット、食材、装飾品、薬として求める理由は、個人の選好や現地の文化と関係がある。人びとが動物を売る理由は、生計を立てる必要性や仕事の選択可能性と関係がある。

これは経済学だ。

ウイルスが武漢にとどまっていたら、世界的なパンデミックは起こらなかっただろう。その存在について知ることさえなかったはずだ。だが、ウイルスは武漢にとどまらなかったし、わたしたちはウイルスについて知っている。ウイルスは自力では移動できない。人から人へヒッチハイクするので、自力で動きまわる必要がない。[3] ウイルスがどのようにして一つの場所から世界中に広がるのかを理解するには、人びとがどのように移動・移住するかを理解しなければいけない。人びとがどれくらい強く移動したいと思うかは、インスタグラムのトレンドだけでなく、長期と短期の欲求が反映される。人びとがどれくらい移動できるかは、戦争と平和の状況、豊かさの水準や富の分配、原油価格、政府の規制が反映される。

これも経済学だ。

なんとかしてウイルスの拡散を阻止し感染をコントロールしようと、政府当局は渡航を禁止し、それ以外にもさまざまな「非医薬的」介入を行なった。[4] 手洗い、ステイホーム、ソーシャルディスタンスの推奨がそれである。しかし、人びとがいつも言われたとおりにするわけではない。人はいつ、どうすれば指示を守るのかを理解するには、行動パターンや規範、あらゆる種類の信念と態度を理解しなければいけない。人びとが指示にしたがうかどうかを知るには、追跡調査が必要になる。追跡調査をするには移動パターン、行動、習慣などを測定する、それも大規模にリアルタイムでそうする必要がある。

これもまた経済学である。

人びとはなにか行動を起こしたいと思った。感染拡大を止める。よい行動をうながす。ワクチンを分配する。自己の責任によらない理由で苦境に立たされている人に補償する。なにができるか、なにをするべきかを見きわめるには、行動を起こしていたらどうなっていたか、なにもしなかったらどうなっていたかを見きわめなければいけない。それには、人はどう反応するかを予測するだけでなく、行動の選択肢の一つひとつについてどんなメリットがあるかを判断する必要がある。すべてを考え合わせたうえで判断するには、長所と短所をなんらかの形で体系的に比較しなければいけない。それを数字で表してほしいと思う人もいるだろう。ドルやポンドに換算することもできるが、金銭単位でなくてもいい。幸福の単位である「効用」でもかまわない。費用と便益を秤(はかり)にかけているので、これを費用便益分析と呼ぶこともできるだろう。

そう、これは経済学だ。

混乱が徐々に落ち着いてくると、人びとは制限をゆるめて日常を取り戻したいと思うようになった。しかし、わたしたちの日常はもっとよいものにできるはずだと、多くの人が気づいた。パンデミックは新しい問題を生み出しただけではない。不平等、健康格差、劣悪な居住環境、医療を受けられない状況など、既存の問題を悪化させていた。そのせいで事態はより深刻になった。こうした問題はずっと前に解決されていてしかるべきものだ。よりよい復興を実現するには、そうできる条件を、機会と限界を含めて、理解しなければいけない。非常に複雑な経済を運営するには、何百万、何千万もの人びとの活動を調整する必要がある。とくに消費者が消費したいと思っているものを生産者が生産したいと思うようにすることが重要だ。どうすればそうなるかを理解するには、経済全体の活動をどう調整するかを見きわめなければいけない。

これはすべて経済学である。

この本では、世界をよりよいところにするために、経済学がどのような役に立てるかを考えていく。それはパンデミックにかぎらない。経済学は、驚くほど幅広い問題、課題、危機に取り組む力になる。経済学は個人の行動とそれが社会にもたらす結果を研究する学問である。人類が直面している大きな課題はどれも、個人であれ集団であれ、人間の行動によってもたらされている面がある。戦争、気候変動、汚染、差別などは、人間が引き起こしたものだ。たとえそうでなかったとしても、解決策には人間の行動がかかわってくる。問題を克服するには、人びとの行動が変わらなければいけない。戦争をやめることがそうだ。異なるバックグラウンドをもつ人たちを差別するのをやめるのも、化石燃料を使うのをやめるのもそうである。いちばんよい解決策を見つけるには、費用と便益を評価する必要がある。解決策を実行するには、膨大な人びとの行動を調整しなければいけない。

どんな大きな問題にも、物理的な現実が横たわっている。物理的な現実は発展の道を妨げ、解決策の幅を狭める。そうした現実を研究している科学者はほかにもいるはずだ。わたしたちはその声に耳を傾けなければいけない。社会と政治の現実を研究している科学者もいる。その声にも耳を傾けなければいけない（わたしは経済学者の声だけ聞いていればいいと言っているわけではない）。だが、物理学も、医学も、政治学も、それだけでは大きな問題に対処できない。人類が直面している課題がどのようにして生まれたかを理解し、つぎになにが起きるか予測を試み、新たな惨事が起こらないようにする――そのすべてが経済学なのである。

経済学とはなにか

経済学はずっと、世界をよくすることを追求してきた。世界をよりよいところにして、人間の繁栄を促進するのが、経済学の目的である。

そう聞いて驚く人もいるだろう。多くの人が経済学に対してもつイメージは、よくて株式市場の動きを予測するもの、悪ければ支配階級の利益に奉仕するものである。そういったことをする経済学者はいる。しかし全体として見れば、それは正しくない。経済学の間口は広い。予測をするだけではないし、それが主な仕事でさえない。株式市場や失業指標などを研究するだけでもない。そして経済学者の提案は穏やかに過激である。その多くは、最も不利な状況にある人の生活を改善すること――貧しく抑圧された人びとを解放し、生活をより耐えられるものにし、未来を明るくすることに焦点を当てている。

経済学とはなにか。それはどこからやってきたのか。そしてなんの役に立つのか。

ケンブリッジ大学の経済学者、アーサー・セシル・ピグーは、厚生経済学の父として知られる。ピグーは一世紀前に、この三つの問いに答えを出そうとした。科学には光を求めるものもあれば、果実を求めるものもあると、ピグーは言う。一方は知識そのものとしての知識をもたらし、一方は、世界をよりよいところにするために役立つものとしての知識をもたらす。一方は、純粋な知的欲求を満たし、一方は、社会などを改善したいという欲求を満たす。ピグーにとって、経済学はまさに「果実を求める」科学である。「経済学のはじまりは驚きではなく、むしろ貧しい地域の汚さ、活気のない生活のもの悲しさに憤る社会的情熱なのである」と記している。[5]

ピグーが強調したように、経済学は悲惨と窮乏への苛立(いらだ)ちから生まれた。経済学を動かしているのは、社会を改善したいという欲求である。経済学では、人びとの厚生を高めるという観点から改善を考える。この意味では、厚生とは人生がうまくいっているときに得るものである。その人にとってよいものだ。あなたが得るものであって、サービスとして受けるものではない。したがって、厚生の本質を問うことは、経済学の対象となる。経済学は厚生を研究する学問だ。経済的厚生を高めることは、経済学の中心的な任務である。それはまた、経済学者が政策提言で推し進めようとしているものでもある。経済学者の仕事がうまくいけば、その果実としてもたらされる。そして厚生は評価の基準である。経済学が成功したか失敗したかを判断する物差しだ。ピグーによれば、経済学は道徳に深く根ざした学問である。

ピグーは、経済学は科学であると強く説いた。物理学や生物学のように、なにがそうで、なにがそうでないかを教えてくれるものである。神学のように、どうあるべきか、どうあるべきではないかを教えるものではない。経済学そのものは、悲惨や窮乏が悪いことだとは教えない。というより教えられない。ピグーはフランスの偉大な実証主義の思想家であるオーギュスト・コントの言葉を引用している。「問題を投げかけるのは心であり、それを解決するのは知である」[6]。貧しい地域の汚さ、活気のない生活のもの悲しさには憤ってしかるべきであり、心がそう訴えると、経済学はものごとをどう解決するかを教えてくれる。ピグーは経済学を医学になぞらえている。医学は科学だ。医学を動かすのは、目の前にある実際的な問題との関連性である。「知識がそれをもたらす助けになるであろう治療のための知識」を医学は求める[7]。医学が人間の体を治すように、経済学は人間の社会を苦しめるものを取り除くと、ピグーは信じていた。ピグーがこれを書いていたのは第一次世界大戦の直後であり、社会も個人も治療が必要だとだれもが考えていただろう。

オーストリアの経済学者、フリードリヒ・A・ハイエクもまったく同じ考えだった。「経済分析は、社会現象の原因を解き明かそうとする純粋な知的好奇心の産物ではけっしてなく、激しい不満を引き起こしている世界をつくりなおしたいという強い衝動が生み出したものである」とハイエクは書いている[8]。不完全な世界をよくするという高い目標があることが、経済学の間口が広い理由の一つでもある。経済学者にとっては行動と現象が研究対象になるからだ。経済学は富や富をもたらす制度（株式市場など）を研究するだけではない。世界をよりよいところにするために必要な幅広い領域を扱う。経済学はまぎれもなく科学だ。だが、あまりにも不完全すぎる世界をよくしたいという熱い欲求から生まれている。そして経済学の任務は、世界をつくりなおして、前よりもよいものにすることだ。経済学者は、左派から右派まで、そう思っている。カール・マルクスはこんな有名な言葉を残している。大切なのは、世界を解釈するだけでなく、世界を変えることである。[9]

ピグーの先達であるアルフレッド・マーシャルは、経済学は「日常生活を営む人間の研究」であるとした。その言葉が思い起こさせるように、経済学は高尚な目標や願望を追求するためだけのものではない。低級な衝動だけのためにあるものでもない。お金と富だけに関する学問ではない（お金と富に関する学問でもあるが）。マーシャルにとって経済学は、ありとあらゆる人間の欲求や行動、人間の厚生に結びつく活動を研究する学問である。正しい取り組みがなされて、貧困だけではなく無知も徐々に解消されることをマーシャルは願っていた。

いわゆる「下層階級」がそもそも存在すべき理由があるのかをようやく真剣に問うようになったのである。数多くの人が、他人が洗練された文化的な生活を送るのに必要なものを提供するためにつらい仕事をすることを生まれながらにして定められているのに、彼ら自身は貧困と労苦のせいでそうした生活にあずかれないというのはあるべきことなのかと。[10]

貧困と無知はなくせるとマーシャルは考えた。経済学をうまく使えば、ウェルビーイングは万人の手の届くところにある。

経済学に最も影響を与えた考え方の一つに、ロンドン・スクール・オブ・エコノミクスのライオネル・ロビンズの見解がある。一九三二年に初版が発表された『経済学の本質と意義』は、経済学の方法論に関してこれまでに出版された書籍のなかで最も有名なものだろう。ロビンズはそのなかでこう書いている。「経済学は人間の行動を、目的と代替的な用途をもつ希少な手段とのあいだの関係として研究する科学である」[11]

経済学は、ものが希少な状況下での人間の行動を研究する。お金は希少である。ものが希少な状況とは、平たく言えば、必要なものが不足していることを意味する。お金は希少である。家賃を払うと、食べものに使えるお金がそのぶん減る。そして食べものにお金を使うと、母親や配偶者への贈り物に使うお金がそのぶん減る。大富豪にとってさえ、お金は希少だ。イーロン・マスクやジェフ・ベゾスのような人たちでも、お金を貯めて、寄付して、虚栄心を満たすための意味のないプロジェクトに全財産をつぎ込むことは同時にはできない。時間は希少である。働いている時間には寝ることができない。そして寝ている時間には、映画を観に行けない。注意力も希少だ。注意力には限りがあり、それをどう使うか、なんらかの形で決めなければいけない。政府も希少性に直面する。個人と同じように、政府が銃に大金を使っていたら、バターに使えるお金はかぎられてしまうし、逆もまたしかりだ。政府はあなたやわたしとちがって、借金して赤字を埋められる。しかしそれにも一定の限度があり、希少性はある。

希少性の下では、人も国も欲しいものをすべて手に入れることはできない。なにを手に入れるか決めなければならず、それを決めるにはトレードオフをしなければいけない。つまり、あるものを得るために別のものをあきらめるということだ。朝寝坊するなら、仕事に行ったり、読みかけの小説を終わらせたり、日の出を見たりはできない。なにを選んで、なにをあきらめるべきかは、目的や目標、意図によって変わる。それについて経済学に言えることはほとんどない。目標は高いときもあれば低いときもあるし、物質的な目標であるときも、そうでないときもある。選択が経済学の対象になるのは、トレードオフをしなければいけないからにほかならない。なにかを達成するためには、なにかを犠牲にしなければならない。ネットで悪い情報ばかり検索しているときは、本を読むために使える時間を犠牲にしている。そして国防費が支出の一〇パーセントを占めているときは（アメリカがそうであるように）、そのぶんほかの多くのことにお金を回せなくなる。[12]

　このように、経済学の領域はお金の問題にかぎらない。物質的なものだけでさえない。芸術と文化も、戦争と平和も、労働と娯楽も、すべてロビンズのいう意味で、経済学の対象である。芸術家が作品をつくるときは、時間と労力と注意力を犠牲にしている。政治家が戦争をはじめるときには、ほかの人の命を犠牲にしている。一方の親が家にとどまって赤ちゃんの世話に専念することにしたときは、一定の収入と、共働きがもたらす家庭内の平等を犠牲にしている。こうした選択の結果には、選択をしたときに犠牲になったものが反映される。ロビンズはあえて、「免罪符がなければ信仰や道徳に反する罪とみなされるであろう耽溺（たんでき）」と彼が呼んだもの——要するに、セックス、ドラッグ、ロックンロールでさえ、経済学の対象に入るとはっきり示している。[13] 売春をする、違法なドラッグを使う、音楽を演奏したり楽しんだりするという決定は、すべて希少性の下での選択である。ギャンブルやマリファナを合法化するときにコミュニティが直面する意思決定もそうだ。そのすべてが経済学である。

　ピグー、ハイエク、マーシャル、ロビンズのビジョンは、現代経済学の基礎を形づくった。経済学は、希少性の下での個人の選択を研究する学問だが、そうした選択が社会全体に与える影響も研究する。経済学は小さなことを扱う。生活、仕事、遊びに関して毎日する小さな決定がそうである。そして大きなことも扱う。なぜ貧しい国と豊かな国があるのか、甚大な気候災害のリスクにどう対処するのがベストかといった問題がそうだ。経済学は、人びとにとってなにがよいことか、人生を生きる価値のあるものにするのはなにかを考える学問であり、人びとが暮らす世界をどう改善するかを考える学問である。世界をよくすることに焦点を絞っている点で、経済学はほかの多くの学問と一線を画している。

ここで重要なのは、経済学は世界がどう動いているかを理解するだけでなく、世界をどう変えるかも問うることである。経済学は、薄情で冷淡で打算的なものなどではなく、世界の状態に対する深い失望と、世界をよくしたいという熱い欲求から生まれた。経済の片隅をあれこれいじるテクノクラートの取り組みどころか、むしろ貧困や無知を解消するなどして、世界をつくりなおし、よりよいものにすることをめざしている。お金や富にかぎらず、人間が求め必要とするあらゆるものを扱う。経済学は、人びとが満足感とやりがいのある充実した人生、そう、生きる価値のある人生を送る手助けをするあらゆることを研究する学問である。

経済学の方法

この本では、よりよい世界をつくる——人びとがより意味のあるよい人生を送る世界をつくるうえで、経済学がどのような手助けができるかを見ていく。経済学は、大きな問題に対し、現実に即していて、実行可能で、エビデンスにもとづく解決策を提示する。経済学の解決策は、私生活でも、コミュニティでも、ビジネスでも、政治でも役に立てる。そして独特で、革新的で、多くは直感に反する。ほかの分野、たとえばほかの社会科学や行動科学が提示するものとはまったくちがう。

みなさんがわたしの言うことをそのまま受け止めるとは思っていない。この後の各章では、わたしたちが個人として、そしてコミュニティとして直面している大きな課題に焦点を当てる。経済学者が提案する対処策もざっと説明する。経済学を使ってどうやって貧困をなくし、不平等を減らすか、どうしたら親に不利益をもたらすことなく子育てを改善できるか、反社会的な行動にどのように対処するか、どうすれば人の命を救えるか、どうしたらしあわせになり、謙虚になり、お金持ちになれるか、どうすればコミュニティをつくって資源を救えるか、といったことを述べていきたい。

経済学の解決策を使えば、それだけで世界が魔法のようによくなるわけではない。あなたが魔法の杖や特効薬とでも言うほかないものを求めているなら、フィクションの売り場に行くことをおすすめする（念のために言っておくが、フィクションはなにも悪くない）。それにかわる次善の策であり、現実的に望める最善の方法は、エビデンスの裏づけがある解決策を見つけることだ。それこそが経済学のもたらすものである。エビデンスはわたしたちが行動を起こす理由を与えてくれるし、自分たちの行動がちがいを生むかどうか考える理由になる。もちろん、経済学のアドバイスは、慎重かつ周到に実行する必要がある。なにより適切な倫理観と組み合わせなければいけない。よき人生、よき社会のビジョンもそれに含まれる。美学の視点をとりいれる必要があるとも言っておきたい。よりよい世界をつくるなら、詩人や画家や芸術家の助けを借りて、美しい世界にしたほうがいい。

経済学が提示する解決策には驚くようなものもあるだろう。経済学者はあらゆる問題を民営化や規制緩和、自由化によって〝解決〟するものと思っている人もいる。実際に経済学者がそうした策を提案するときもある。だが、それに積極的に反対するときもある。アドバイスの中身は、解決しようとしている問題はもちろん、当事者の価値観を含め、問題をとりまく文脈によっても変わる。経済学者が、増税する、貧しい人にお金をわたす、平等を促進する、謙虚になるように奨励する、あるいはコミュニティに権限を与えることで解決したいと思っている問題がある。こうした解決策に共通するのは、現状を擁護するという意味では、保守的とはほど遠いということだ。経済学の解決策は穏やかに過激であり、解放を唱えるものも多い。たいていは豊かで権力をもつ者ではなく、最も不利な状況にある人たちの利益を促進しようとするものである。

「これがほんとうに経済学なのか？」。思わずこう問いたくなる人もいるだろう。経済学者が扱う問題、提案する解決策はじつに幅広い。しかし、先の問いに対する答えは一も二もない。「イエス！」である。経済学は人間のウェルビーイングに関係するありとあらゆるものを研究する学問だということを、ここで思い出す必要がありそうだ。経済学者が招かれても歓迎されてもいない領域にまで足を踏み入れるとして、〝経済学帝国主義〟がやり玉にあがるときもある。だが、帝国主義とされているもののかなりの部分は、経済学の間口の広さを反映しているにすぎない。それは特徴であって、欠陥ではない。しかも、最近の最もエキサイティングな経済学は学際的なものである。経済学だが、経済学だけでなく、心理学、神経科学、さらには文学、神学まで、幅広く影響を受けている。

経済学の道具

経済学者はなにがうまくいくかをどうやって知るのだろう。現代はソーシャルメディアや伝統的なメディアに考えられるかぎりのトピックの「専門家」があふれているだけに、そこは大きなポイントになってくる。この本を読めば、本物の経済学はそれとなにがちがうのかがわかるはずだ。経済学者の解決策は、だれとは言わないが一部の発信者の解決策などとちがって、単なる思いつきではない。ただ、さまざまな解決策の背後にある経験的記録をここで全部検討することはできそうにない[14]。それでも、経済学者の解決策がどこからきているのか、経済学者がなぜその提案がうまくいくと考えているのか、その両方をざっと説明していきたいと思う。

ここでのカギは、経済学者が経済の現実を調べて改善するために使う**道具**を理解することだ。そうした道具はたくさんある。**ラボ実験**、**フィールド研究**、**フィールド実験**、**アンケート**を駆使すれば、人びとの信念、選好、行動に関するデータを集められるようになる。**計量経済学**（経済学者のための統計学）はデータに語らせる。**理論**と**モデル**は、経済学者が世界の全体像を描き、経験的データを構造化し、推論するときの指針を示す手助けをする。世界を調べるために経済学者が使う道具の数は増えつづけ、質の面でもどんどん高度になっている。いまの道具箱には、神経科学から借用した未来的な脳画像技術が標準装備されている。この技術を使うと、わたしたちが選択をしているときに脳のなかでなにが起こっているのかを見ることができるようになる。

経済学者の道具箱には、世界を見るための方法も入っている。**経済学の考え方**がそれだ。[15] 経済学の考え方は、ヒューリスティクスや経験則の集合体である。ヒューリスティクスはそれだけでは世界についてなにも教えてくれない。教えてくれるのは、世界にどうアプローチするか、ということだ。ある重要なヒューリスティックは、社会の現象を個人の選択がもたらす意図しない結果、おそらくは予期しない結果として考えることを教えてくれる。なかにはなんでも陰謀に結びつける人もいる。陰謀論者は、すべての出来事はなんらかの邪悪な意図などによるものにちがいないと信じている。だが経済学者は、数々の社会現象がなんの意図もなく生まれると知っている。ほかのヒューリスティクスは、人は本質的に同じものとして扱うべきであること、限界で考えること、機会費用を意識すること、長い目で見ること、均衡を求めることなどを教えてくれる。この本では、こうしたヒューリスティクスが実際になにを意味するのか、わたしたちが直面しているさまざまな課題に正しい考え方を示すのはなぜか、そして課題にどう対処するのがベストなのかについてなにを教えてくれるのかを見ていく。

経済学の道具、なかでも経済学の考え方を理解すると、経済学とはなにか、経済学者はなにをするのか、どうして経済学者の解決策はほかとちがうのかがわかるようになる。経済学を学ぶことは、道具箱のなかにある道具にくわしくなることだと考えていい。一人前の経済学者とは道具の使い方をマスターした人だと考えることもできる。経済学の道具を一貫して適用しているから、経済学の提案は、心理学でも、社会学でも、文学でもなんでもなく、経済学の提案だと言えるのだ。あなたが経済学者でないなら、この本を読み終わるころには、あなたもちょっとした経済学者に近づいているだろう（そしてそれは悪いことではない）。

どうして気にするべきなのか

どうしてこういったことを気にするべきなのだろう。そもそもなぜ経済学に目を向けるのか。真っ先に思い浮かぶ理由は、わたしたちは自分自身、ほかの人びと、人間のコミュニティ、そしてわたしたちが暮らす世界を気にしていることだ。経済学はあらゆる疑問に答えを出せるわけでも、あらゆる問題を解決できるわけでもない。少なくとも経済学だけではできない。経済学があなたの恋愛問題を克服するとは思っていないし、革のハーフパンツについた頑固なビールのシミを落としてもくれない。しかし、経済学がわたしたち自身、わたしたちの生活、わたしたちのコミュニティ、そしてわたしたちをとりまく世界をよくできる力になれるのであれば（実際なれる！）、そうしたことを気にしているだれにとっても、経済学がなにを教えてくれるのかを知ろうとするべき理由がある。

この本でわたしが話す課題をどれもこれも気にしているわけではないという人もいるだろう。しあわせになること、お金持ちになることには興味がなくて、ほかの目標や関心事のほうが重要かもしれない。それならそれでかまわない。あなたの究極の目標や目的はこうあるべきだと言うつもりはない。

それでも、ここでとりあげる課題のなかには、あなたが気にしていることがいくつかあるはずだ。気にしていることが一つでもあれば、その問題に対して、現実に即していて、実行可能で、エビデンスにもとづく解決策がないか気にしているはずである。気にしている問題が一つもない――気候変動も、しあわせも、コミュニティも、なにも気にしていないというなら、一冊の本には収まりきらないような、もっと大きな問題に頭を悩ませているのだろう。

　経済学は、人類が直面している問題を理解するだけでなく、それを解決するための手段を生み出す。情報に翻弄される時代において、これはとくに重要になる。経済学は、希望がどうしようもなく不足しているところに希望の光をともすことができる。気候変動に関するファクトを聞いた人が経験する無力感や麻痺（まひ）状態を表す言葉がある。「気候絶望」がそれだ。飢餓、不平等、汚染、差別などについて読んだときも同じように落胆した感じがするという調査結果もある。これは憂うべきことだ。ある課題についてより多くの情報を得たために、それに対してなにかしようという熱意が衰えるようであってはならない。科学者たちがある問題についてみずからの知識を伝えたことで、人びとがその問題を克服する可能性が低くなるようなら、科学者たちは失敗している。だからといって問題について語るのをやめるべきだと言っているのではない。行動を引き出すように議論を組み立てられるのであれば、そうするべきだと言っているのである。経済学が人びとに希望を与えるなんて考えたことなどないかもしれない。しかし、経済学は徹底した政策志向で、問題を解決することに重点を置いた学問であり、そうなることができる。

　経済学について理解を深めるのがよいことである理由はもう一つある。あなたが経済学の解決策をもっとよいものにし、人びとのニーズにより適したものにできるようになる。経済政策には、コミュニティなどの利害関係者からのインプットが必要だ。経済学それ自体は、なにが緊急の問題であるかを教えてくれない。それを決めるのは心（そして哲学的な省察）である。どの解決策が道徳的に許されるかも教えてくれない。どの価値観が最も重要か、どのことがらを費用便益分析に組み入れるべきかもそうだ。経済学がその可能性を最大限に発揮するには、コミュニティからの資源のインプットが欠かせない。熟慮された経済政策でさえ、受け手側の人びとがある程度のことを引き受けて取り組まなければうまくいかない。そもそも政策を実行するには、政策立案者と彼らが説明責任を負う国民の双方に支持される必要がある。

政治的信条がどのようなものであっても、経済学について学ぶのは同じように役に立つ。自分は右派だと考えているなら、いまの自分の考え方に合う提案が見つかるだろう。だが、あなたが左派とみなすであろう介入、たとえば貧しい人たちにお金をわたすという介入にもよい点があるかもしれないと気づくようにもなるだろう。あなたが左派でも同じである。左派の人たちは品位ある社会を実現できていない。生産と分配の問題がいまだ解決されていない。貧しく虐げられた人びとを助けるために使える資源が十分でないなら、だれかがそれをつくらなければいけない。品位ある社会——あなたが誇りに思うような社会を運営するには、経済学が必要になる。

よいニュースがある。いまの状態からほんの少し学習するだけで、理解は大きく進むかもしれない。経済学者がこれまでなにをしてきたか知る機会がなかったなら、あなたの学習曲線は急上昇するだろう。時間と労力を少し投資するだけで、新しい知識をたくさん得られるはずだ。経済学者風に言えば、投資の限界収益率は安定的である。

そして最後に、経済学がなにをするかについて学ぶと、経済学を学問として評価できるようになる。経済学はずっと不当なまでの批判にさらされてきた。経済学が生まれてからこのかた、経済学者を非難し、前提を攻撃し、結論を拒否し、影響力に抗議する運動が影を落としてきた[16]。経済学史家のウィリアム・オリヴァー・コールマンは、この運動を**反経済学**と呼ぶ。反経済学者は経済学のなかの特定の理論や慣行に異を唱えるだけではない。経済学そのものを追放し、経済学を生まれ変わらせようとしている。しかしだ。経済学がよいか悪いかは、経済学がなにをするかで変わる。どんな課題に対応できるか、どんな問題を解決できるか。こうした疑問に答えが出るまでは、経済学がよいか悪いかを判断することはできない。

そうだとすると、つぎのような疑問に答えを出す必要がある。「経済学にはなにができるのか。なにを実現できるのか」。わたしはこう主張したい。「たくさんある」と。

未来を見据える

これから一〇章にわたって、世界をよりよいところ、人間が豊かに繁栄できるところにするために、経済学になにができるかを見ていく。経済学は大きな問題にも小さな問題にも解決策を提示する。医学が体を治すように、世界をよくすることができる。反経済学者はまったくの思い違いをしている。そして、経済学の道具について学んでいくうちに、あなた自身がちょっとした経済学者になっていくだろう。経済学の用語をマスターしやすくなるように、二七四ページに用語集を載せている（例の「秘密の握手」をした方にはわたしがマンツーマンでレッスンいたします）。

ピグーとその支持者は正しかった。経済学は完璧ではないが、ないよりもあるほうがいい。経済学は科学である。そう、物理学のようなものだ。経済学を「道徳科学」と呼ぶのは矛盾しない。それだけではない。経済学以外の方法では理解できないようなものごとを説明し予測するのに役に立つ。わたしたちの生活を改善する、そして、わたしたちとわたしたちの子どもにとってよりしあわせで、よりよく、より公正な世界にするという約束を守る。権利を奪われた貧しい人たちにとってはとくにそうだ。それは、その悲惨さにピグーとその支持者が一世紀前に憤った人びとである。

経済学はほんとうに世界を救うことができる。

第1章　貧困をなくすには

わたしの祖母は貧しかった。祖母は第一次世界大戦の最中に六人の子どもの五番目として生まれた。一六歳のとき、結核と診断される。当時、結核は最大の死因であり、貧しい人のあいだではとくに多かった。祖母の母と祖父は亡くなったが、祖母は一命をとりとめた。そして九二歳まで生きた。これには本人が驚いていた。それでも結核の後遺症で障害が残り、入退院を繰り返した。わたしが結核の予防接種を受けたとき、孫が同じ思いをしなくてすむのだと知って、祖母は涙を流した。

祖母は正規の教育も職業訓練もほとんど受けていない。学校を途中でやめるまで、成績はクラスで一番だった。学びたいという情熱は最後まで消えなかった。遺品整理の販売会や中古品店で辞書と百科事典を買い集めていたので、言葉やものごとをほんとうによく知っていた。語学が好きで、趣味で何カ国語も勉強していた。フランス語を学んだことはなかったのだが、わたしがフランス語の宿題をしていると、ほかの言語や語源学の知識を駆使して助けてくれた。毎日、新聞を熱心に読んで、メモをとり、わたしに電話をかけてきた。わたしが大学院に進んで時差のあるところに住んでいたときには、国際ラジオ放送のＢＢＣワールドサービスで聴いたばかりの国際政治などのニュースについて話したくてたまらなくなったら（祖母の時間で）午前三時でも電話できると喜んでいた。

祖母が貧しかった理由はすぐにわかる。祖母はほかの家族のだれにも劣らないくらい頭がよくて、好奇心旺盛で、新しいことに進んで挑戦した。祖母が貧しかったのは、お金がなかったからだ。お金がなかったのは、親が困窮していたうえ、自分も障害のせいでほとんど働くことができなかったからである。社会福祉のセーフティネットもかぎられていたため、わたしの母（つぎの世界大戦の最中に生まれた）は児童養護施設と路上生活を行き来しながら育った。祖母が貧困を緩和するために、つまり、よりよい生活を送り、娘を養うためになにが必要だったのかもすぐにわかる。必要だったのは、食べるものを買い、雨露をしのぐ家を見つけ、子どもに教育を受けさせるためのお金である。お金がもっとあれば、祖母と母の暮らしはうんとよくなっていただろう。

F・スコット・フィッツジェラルドとアーネスト・ヘミングウェイには、こんな有名なエピソードがある。「金持ちはおれたちとは人種がちがうんだ」と言うフィッツジェラルドに、ヘミングウェイはこう反論した。「いいや、連中はおれたちより金をたくさんもっているだけだ」[1]。いまは伝説になっているこのやりとりは実際にあったわけではないのだが、そこは気にしないでほしい。この原理はわたしの祖母に当てはまる。祖母に足りなかったのは、なんといってもお金である。まじめな性格でもなければ、しっかりした道徳観念でも、優れた遺伝子でもない。祖母がこれほど長く、これほど貧しくなかったら、いったいどんなことをなしとげていたのだろう。

実は、貧困に対する経済学的なアプローチにも同じことが言える。貧困と窮乏は、経済学が生まれてからずっと中心的な関心事である。貧困に対する経済学的なアプローチの基本は、貧しい人にお金を与えることだ。お金でなければ、ほかの種類の資源や機会を与える。経済学的なアプローチは、貧しい人はその一つの点を除いて、ほかのすべての人と本質的に同じであるという前提からスタートする。つきつめれば、問題は性格がだらしないことでも、道徳観念がないことでも、遺伝子が劣っていることでもない。貧しい人はほかのすべての人と同じようにお金をきちんと管理できる、それ以上でもそれ以下でもないと、経済学者は考えている。貧しい人にお金と資源と機会を与えれば、貧困の問題は解決する。

この章では、貧困に対する経済学のアプローチについて説明する。それがどのようなものか、どこからきているのか、どんなエビデンスに裏づけられているのか、そして、経済学者がランダム化比較試験という手法をどのように使っているかを見ていく。この章を読めば、経済学は多くの人が考えているよりも科学の発展や経験的証拠に敏感に対応していることがわかるだろう。また、経済学が「陰鬱な科学」と揶揄されている理由も明らかにする。この言葉を使う人には経済学に懐疑的な進歩主義者が多いのだが、背景を知らずに使っているとしか思えない。この後で述べるが、これほど人種差別に満ちた言葉はそうざらにはないだろう。これは道徳改革者と手を組んで奴隷制を廃止しようとしていた経済学者たちを非難するために使われたものである。奴隷制を擁護する人は、黒人は生まれながらにして劣っているのだから、「慈悲」の鞭でしつけなければいけないと主張した。奴隷制支持派が経済学者を嫌ったのは、すべての人間は生まれながらにして平等であり、等しく自由と繁栄を享受するに値すると説いたからだった。

貧困の問題に対する経済学のアプローチは、経済学の真髄を知る「窓」になる。経済学とはなにをなしとげようとしているのか。歴史の文脈に照らすと、経済学を「道徳の科学」と呼ぶのは矛盾していない理由が見えてくる。

貧しい人にお金を与える

マーガレット・サッチャーは苛立っていた。保守党は政治的中道にシフトし、資本主義と社会主義のあいだを縫うように進むべきだと、同僚の議員たちは詰め寄っていたが、イギリス首相のサッチャーは意に介さなかった。ブリーフケースに手を突っ込み、ハイエクの『自由の条件』をわしづかみにすると、本をテーブルにたたきつけ、こう言った。「これがわたしたちの信じているものだ」[2]。ハイエクは財とサービスを分配する手段として自由市場を強く支持していることで知られていた。一九七四年にノーベル記念経済学賞を受賞している[3]。いまもリバタリアンと保守主義者のあいだでアイドルのような存在だ。サッチャーはハイエクのファンだった。当時のアメリカ大統領、ロナルド・レーガンもそうだった。

政府は貧しい人にお金をわたすべきだとハイエクは考えていた。政府が「すべての人にある種の最低所得を保障することは完全に合法である」と書いている[4]。ハイエクのいう最低所得とは、わたしの祖母のような人が、自分で生計を立てられないときでもそれ以下に落ちなくてもいい所得の水準である。すべての人が等しく豊かになるべきだとはハイエクは考えていなかった。最低限の尊厳ある生活を送るために必要な所得をすべての人が得るようになってほしいと思っていただけだ。ハイエクによれば、たとえ豊かな人からお金をとりあげることになるとしても、政府は貧しい人に現金を配るべきであり、そうした再分配は自由市場と両立する。自由市場を支持しながら所得保障にも賛成することはできる。全員がそれなりのお金をもっていて、それを使えたら、自由市場はも﹅っ﹅と﹅う﹅ま﹅く﹅機能すると主張することだってできる。とても貧しくて、市場で行なわれる取引に加われない人がいたら、市場は役割を果たせないのだから。

サッチャーとレーガンがハイエクの本のこの部分を読んだかどうかはわからない。だが、経済学者にとっては、ハイエクが言っていることは特別でもなんでもない。

貧困の経済学は、経済学のなかで活発に議論されている分野である。貧困の経済学の最適な導入書となるのが、『貧乏人の経済学』と『絶望を希望に変える経済学』の二冊であり、とてもすばらしい本だ。[5] どちらも二〇一九年にノーベル賞を受賞したアビジット・バナジーとエステル・デュフロが書いたもので、二人はともにマサチューセッツ工科大学（ＭＩＴ）で経済学を教えている。この分野ではさまざまな研究が進んでおり、ここではほんのさわりしか紹介できないのが残念だ。

しかし、この分野の貧困研究の大部分は、貧しい人にお金をわたすだけでいいという考え方を支持している。バナジーとデュフロは「お金とケア」について触れたくだりで、政府が貧しい人に現金を給付している発展途上国二〇〇カ国弱のデータを引用している。[6] そのほとんどの国がなんらかの形の無条件現金給付を行なっている。必要最低限の受給資格を満たす人全員が、自由に使える一定額の現金を受け取るシステムだ。お金の使い道にしばりはない。受給者は自分の使いたいように使うことができる。この調査で少なくとも一つのプログラムの受給対象になっている人の数は合わせて一〇億人だった。これはものすごい人数であり、ものすごいデータの量である。

貧しい人に使い道にしばりのないお金をわたすプログラムには大きなメリットがあることを、二人は明らかにしている。この仕組みはコストがかさまず、管理しやすい。現金を送るのは、穀物や牛乳など、かさばるうえに傷みやすい物資を配給するよりもずっと簡単だ。無条件で給付するなら、審査も監督もほとんど必要ない。受給する資格があるかどうか、不正がないか一人ひとりチェックするのは大変だし、対象から漏れてしまう人が出てくるリスクもある。さらに、そのお金をいちばん必要としているものに使えるようにもなる。食べるものが必要な人もいれば、薬が必要な人もいる。住むところが必要な人もいるし、家業に投資する必要がある人もいる。使い道に制限がないと、給付金を最も有効に使える。無条件の現金給付は全員に同じ金額が支給されるので、公平だと言っていい。また、支給基準があると受給した人に貧困の烙印を押すことにつながりかねないが、無条件給付ならそれもない。そして、お金の適切な使い方を自分で決めるようにするというのは、貧しい人の自主性と尊厳を尊重するものとなる。

用途にしばりをつけないと、給付金を無駄遣いしたり、無責任でモラルのない使い方をしたりする危険はもちろんある。受給者がそのお金を食べるものや薬や住まいに使わず、たばこやアルコールに使うのを止める手だてはない。懸念される副作用はほかにもある。なにもしないでお金がもらえるなら、人は働こうとしなくなるかもしれない。だとすると、人びとが給付金に依存するようになって、経済の発展が妨げられるおそれがある。そうなってしまったら、現金を給付して是正しようとしていた問題以上に有害な結果を招くことになりかねない。経済学者は一般に、意図しない結果や望ましくない結果が生じる可能性にとても敏感だ。こうしたテーマをめぐるハイエクの論述は、彼の著作のなかでもとくに有名である。このような不安とは真剣に向き合わなければいけない。

この問題に答えを出すために、経済学者はデータを、それこそ膨大な量のデータを調べる。その不安に根拠はない。それがバナジーとデュフロが出した結論である。二人はつぎのように書いている。

一連の実験から、貧しい人が必需品を買わずに無駄遣いするという主張にはデータによる裏づけはないことがはっきりわかる。逆に、現金給付を受けた世帯は、合計支出に占める食費の割合が上がっている……栄養状態はよくなり、教育費や医療費も増えている。たばこやアルコールが支出に占める割合が高まったことを示すエビデンスも見当たらない。全体として、現金給付では現物給付とほぼ同じくらい食費が増えている……。現金給付を受けると人は働かなくなることを示すエビデンスはない。[7]

この調査で報告された数字は平均である。一〇億人の受給者のなかには、無責任な人、モラルのない人、怠惰な人がたくさんいると考えたほうがいいだろう。こうした国には給付の対象から漏れた家庭がたくさんあるにちがいない。それに、どんなに慎重を期しても、自由に使えるお金をわたすのが世帯や村のためになる保証はない。バナジーとデュフロが言っているのは、平均すると、現金を給付する仕組みはかなりうまくいっているようであり、マイナス面はほとんどない、ということだ。無条件の現金給付でもコストはかかる。現金はどこからかもってこなければいけない。しかし、このデータを見るかぎり、無条件現金給付は効果がとても大きく、害や無駄がほとんどない。ハイエクが生きていたら、きっと喜んでいるだろう。

世界中の人たちの生活や選択を調べて二人が驚くのは、最貧困層の人でさえ、ほかのすべての人となにも変わらないことである。貧しい人はお金が足りない、場合によってはひどく足りないが、それ以外の点では、ほかの人たちよりも合理性が劣っているわけではない。バナジーとデュフロに言わせれば、まったく逆である。「貧しい人は、持っているものがあまりにも少ないからこそ、選択をするときにはとても慎重に考えることが多い。生きていくだけでも、高度な経済学者にならなければいけないのだ」[8]。貧しい人に欠けているのは、知性でも、好奇心でも、人柄でも、生きる意欲でもない。足りないのはお金であり、資源であり、機会である。賢明な政策が実行されて、必要なものが与えられるようになれば、貧しい人びとがよりよい暮らしを送れるようになる。そして、貧しい人びとの暮らしがよくなれば、わたしたち全員が「人間らしく生きることのできるよりよい世界」[9]で暮らせるようになる。

だが、どうやってそれがわかるのだろう。コウノトリが現れると、その前後に赤ちゃんがたくさん生まれることに気づいたとしよう。コウノトリが赤ちゃんを連れてくるわけではないことはわかっているが、この二つの出来事には共通する原因があるかもしれないこともわかっている。季節が関係しているかもしれない。この結びつきが逆であることも、原理としてはありうる。赤ちゃんがコウノトリを引き寄せているのかもしれない。二つのことがいっしょに起こりやすいからというだけで、一方がもう一方の原因だとは言えない。これは重要なポイントになる。経済学者風に言うと、**相関関係**は**因果関係**を意味するものではない。

これは他愛もない話だが、問題そのものは経済学ではとても大きな意味をもつ。いま、子どものいる女性はキャリアの成功度が低いことに気づいたとしよう。なぜそうなるのか。真っ先に思い浮かぶ仮説は、「子どもが生まれると、キャリアをスローダウンさせなければならない」である。働く母親に対する差別があるかもしれないし、ほかの面でも労働市場は母親にやさしくないかもしれない。だが、共通する原因もありそうだ。野心が強くない女性のほうが子どもをもつことが多く、かつ、仕事のパフォーマンスが低いことが多いのかもしれない。そうであるなら、キャリアの成功度が低い原因は野心のなさであって、子どもがいることではない。また、キャリアが停滞したから子どもをもつようになるとも考えられる。キャリアアップは望めないと感じている女性は、そう感じていない女性よりも子どもをもつ人が多いのかもしれない。相関関係だけでは、なにがなんの原因になったのかはわからない。

今度は、無条件の現金給付を行なっている国の貧しい人のほうが、それ以外の国の貧しい人よりも生活の状態がいいことに気づいたとしよう。それを説明する理由としてすぐに思いつくのは、「無条件で現金が支給されると、貧しい人たちがよりよい有意義な生活を送れるようになる」である。しかし、共通する原因があるかもしれない。無条件の現金給付を行なう国のほうが統治がうまくいっていて、政治家が誠実で、役人がひどく腐敗しておらず、教育システムもよく、社会資本が多く、法の支配が浸透しているとも考えられる。そうだとすると、こうした要因を組み合わせれば、その国の貧しい人のほうがほかの国の貧しい人よりも生活の状態がいい理由に説明がつくだろう。因果関係が逆の可能性もある。ある国の貧しい人がしっかりやっているから、その国の政治家がお金を届けて助けようと考えるのかもしれない。

　これは経済学にかぎらない。医学にも同じ問題が生じる。いま、病気の人に医薬品や治療、手術、あるいは聖水を与えるとしよう。また、患者は時間とともに回復していくとする。薬であれ、聖水であれ、介入はちがいを生んだかもしれない。それでも、患者が時間とともに回復していくのを追跡するだけでは、そう推論することはできない。医学界では、かなり前からこの問題をランダム化比較試験を用いて解決している[10]。この手法は信頼性がとても高いとされており、「黄金律」と言われている。手順を説明しよう。最初に参加者を集める。参加者は大きな集団で、かつ、興味の対象となっている母集団を代表しているのが望ましい。つぎに参加者を二つのグループに無作為（ランダム）に分ける。「実験」群は介入を受けて、「対照」群は受けない。正しくランダム化されれば、二つのグループは統計的に同じ性質をもつことになる。調べられるかぎりでは、介入の前に二つのグループにちがいはない。介入の後に実験群のほうが対照群よりも結果がよければ、介入に効果があったと考えるエビデンスとなり、結果にちがいがなければ、エビデンスは得られない。

経済学者たちはランダム化比較試験を積極的にとりいれている。外から見れば、経済学は画一的で変化がないように思うだろうが、経済学者がランダム化比較試験を使って実験をはじめると、一気に標準的な道具の一つになった。この「黄金律」は、なにがなんの原因であるかを突き止める新しい手段を経済学者に与えるものであり、長年にわたる数々の疑問を解き明かせるようになる。職場での差別に関する疑問がそうだし、貧困の削減に関する疑問もそうだ。ランダム化比較試験の結果は、古くからある疑問に対する経済学者の答えを形づくる力になっているだけでなく、そこから新しい疑問も生まれている。

経済学者の場合は、実験の参加者を実験群と対照群にランダムに分けられないケースもあるだろう。そうすることが現実的に無理かもしれないし、倫理に反するときもあるかもしれない。たとえば、子どもがいることが女性のキャリアにどう影響するか知りたいとしよう。さきほど説明した理由から、子どもをたまたまもっている女性と子どもをたまたまもっていない女性をただ比べるだけでは十分ではない。だからといって、赤ちゃんを数百人調達して、働く女性にランダムに配るわけにもいかない。

しかし、創意に富む経済学者がたいていかかわりの方法を見つけ出す。すでに自然にランダム化されていれば、自分でやらなくてすむことがある。数年前、経済学者のペター・ルントボルク、エリック・プラグ、アストリッド・ヴュルツ・ラスムセンは、不妊治療がランダム化と同じように作用することに気づいた。三人は人工授精を行なった、子どものいないデンマーク人女性一万八五三八人のデータを使った。人工授精はうまくいくときもあれば、うまくいかないときもある。成功するかどうかはほとんどランダムに決まる。少なくとも、それまでの職歴などに左右されると考える理由はない。そのため、子どもの有無以外は統計的に同じである二つの大きな女性のグループを比較できた。すると、子どもがいるかどうかは女性の収入に明らかに影響を与えることがわかった。そして、子どもがいる女性のほうがキャリアの成功度が低いこともわかった。影響は「マイナスで、大きく、長くつづく」という。産休・育休制度が整っていて、保育費用に補助金が出るデンマークでさえそうなのだ[11]。三人はさらに、そうなる理由を解き明かそうとした。最も重要な結論は、「子どもがいる女性は、収入は減るが自宅から近い仕事に転職する」というものだ。三人の研究は、子どもが生まれるとキャリアはスローダウンするという仮説を裏づける確固たるエビデンスを提示しただけでなく、そのメカニズムについて納得のいく説明をしている。

その後、ランダム化比較試験が自然に起こったかのような状況をうまく利用して、ある疑問が解き明かされた。それは経済学がずっと強い関心をもっていたが、運用面や倫理面に障害があって実験できずにいた疑問である。

貧困に関心をもっている経済学者のほうが、ある意味では楽だ。子どもとちがって、お金はランダムに配ることができる。乗り越えられないような運用面や倫理面での障害はない。わたしの同僚であるヨハネス・ハウスホーファーがそれをやった。彼は同じ経済学者のジェレミー・シャピロ、非政府組織（ＮＧＯ）〈ギブダイレクトリー〉とチームを組んだ[12]。ギブダイレクトリーは、発展途上国の貧しい家庭に使い道にしばりのないお金を支給している。ハウスホーファーらはケニアの農村部でランダム化比較試験を実施した。ランダムに選ばれた村の、ランダムに選ばれた家庭がお金を受け取った。それ以外の家庭は受け取らなかった。受給家庭は必要最低限の基準を満たすだけでよく、支給された金額はかなりのもので、平均的な家族の数カ月分の生活費に相当した。

結果はどうだったのか。研究チームは九カ月後に事後調査を行なった。すると、無条件の現金給付を受けている家庭は、支出も貯蓄も増えていた。まず食費が増えた。フードセキュリティ（食生活上のニーズと嗜好を満たす食料を安定して入手できる状況）が高まった。また、金属の屋根や家畜などへの投資が増えた。事業をはじめたり農業収入が増えたりしたという点で、投資は効果をあげた。お金があることで心理的なウェルビーイングが高まり、女性の能力強化も進んでいるようだ。その一方で、受け取ったお金がたばこやアルコールなどの「誘惑財」に使われることはなかった。[13] 全体として、結果は良好だった。そして懸念されるような逆効果はいっさいなかった。

このランダム化比較試験の結果は、無条件の現金給付が有効であることを示す確かなエビデンスになる。繰り返すが、一連の結果は平均である。現金給付があまり役に立たなかった家庭もあったのはまずまちがいない。ハウスホーファーとシャピロが出した結論は、平均すると、結果は望ましいものだったということにすぎない。さらに、ケニアの農村部で現金給付がうまくいっているからといって、バングラデシュやフィジーでもうまくいくとはかぎらない。そうはいっても、一〇〇パーセント正しい科学的エビデンスなどない。結果が持続しなかったり、広く適用できなかったりする可能性はつねにある。二人が提示した分析はほぼ完璧である。十分な情報にもとづいて貧困根絶政策を選択する基礎として、とても優れた基準になる。

「よい経済学だけでは人びとを救えない」とバナジーとデュフロは言う。「しかし、よい経済学がなければ、過ちを繰り返すことになる。無知と直感とイデオロギーと怠惰の組み合わせからは、もっともらしく見えて、とても有望そうだが、結局は期待を裏切る答えしか生まれない[14]」。貧困をなくしたいのなら、経済学はないよりもあるほうがいい。もちろん、無条件で現金を支給すればだれもが助かるわけではないし、それだけであらゆる問題が魔法のように解決することはけっしてない。バナジーとデュフロのいう「ケア」と組み合わせる必要がある。貧しい人に現金をわたして、そのまま放っておくのは、理想的なやり方ではないだろう。ならば、ほかになにができるのか。

欠乏感

行動経済学者のセンディル・ムッライナタンとエルダー・シャフィールは、持続する貧困の問題に別の角度からアプローチする。二〇一三年の共著書『いつも「時間がない」あなたに——欠乏の行動経済学』は、貧困がもつ心理的な側面により重点を置いている。[15]ムッライナタンはインドの小さな農村で生まれた。ハーバード大学、MITを経て、いまはシカゴ大学で教えている。シャフィールはアメリカの行動経済学者で、行動決定研究と行動経済学を長く牽引してきた。現在はプリンストン大学の教授である。二人は行動科学を応用して困難な社会問題への解決策を設計するニューヨークの非営利組織〈アイデアズ42〉を共同で設立している。

多くの貧困根絶プログラムは「貧しいのは努力が足りないからだ」という考え方にもとづいていると二人は指摘する。[16]貧しい人が子どもを養って教育を受けさせ、仕事を探し、貧困から抜け出せるようになるには、やる気にさせる動機やインセンティブを与える必要があるという考え方だ。生涯に受けられる生活保護の年数に上限を設けるのがその例である。給付に条件や制限をつけて、貧しい人がお金を好き勝手に使えないようにするのもそうだ。たとえば無料で食品が買えるアメリカのフードスタンプは、調理済みの温かい食べものを買うのには使えない。条件や制限をつければお金を正しく使うようになる、少なくとも散財したり無責任に使ったりはしなくなる、というわけだ。

ムッライナタンとシャフィールに言わせれば、それはまったく逆である。貧しい人はやる気がないわけでも、無責任なわけでもない。問題は別のところにある。貧しい人が自力では貧困から抜け出せないのには心理面の理由があると、二人は考えている。解決策は、貧しい人たちの生活を楽にすることであって、生きるのをむずかしくすることではない。

二人は「欠乏」という言葉をほかの経済学者とは少しちがう意味で使う。欠乏とはふつう、必要なものが不足している状態を表す。それに対し、二人が関心をもっているのは欠乏感である。それは「足りていない」という主観的な経験だ。「ここでいう欠乏とは、自分のもっているものが必要と感じるよりも少ないことである」[17]。お金が足りないと欠乏感が生まれるときがある。むしろそうなることが多い。しかし、それはお金にかぎらない。食べもの、時間、エネルギー、健康、雇用、人間関係など、その人が気にかけていて、もっと欲しいと思うものならなんでもそうだ。この意味では、貧しい人でなくても欠乏を経験することになる。だがどう考えても、貧しい人は強い欠乏感に襲われやすい。人生を価値あるものにするものの多くが不足しているのだから。

ムッライナタンとシャフィールによれば、欠乏感は強力に作用する。わたしたちがどう考えるか、どう行動するかに幅広く影響をおよぼす。二人はつぎのように述べている。

どんなものだろうと欠乏を経験すると、そればかり考えるようになる。心は無意識に、満たされていないニーズに強く引きつけられる。お腹がすいている人なら、心は食べものに向かう……。金欠の人だと今月の家賃かもしれないし、孤独な人は話し相手かもしれない。欠乏は、もっているものがとても少なくて不満を感じるようになるだけではない。人の考え方を変える。ずっと心にとどまるのだ[18]。

欠乏感は心のいちばん上にずっといる傾向がある。そのため、人がなにに注意を向けるか、なにに集中するか、どう検討するか、なにを優先するか、そして最終的にどんな生き方を選ぶかに影響する。

欠乏は心を占拠するのだ。

欠乏による心の占拠がプラスの効果を生むときもある。[19] 欠乏状態にあると注意深くなり、効率が上がる。時間などの資源が足りなくなると、目の前のことに意識が集中するようになる。終わりの時間が近づくと会議が進むようになるのも、欠乏が理由である。締め切りが迫ると、生産性が上がり、新しいアイデアが生まれ、筆が進むようになる人がいるのもそうだ（それについてはわたしに訊いてください！）。また、欠乏は注意力を高めるので、ケアレスミスが減る傾向もある。

逆に、それがマイナスに作用するときもある。欠乏感が強くなると、そのことで頭がいっぱいになってしまう。そうなったら、注意力や集中力、思考力、選択能力が下がりかねない。ムッライナタンとシャフィールは人間の脳の容量を「処理能力」と呼ぶ。欠乏は処理能力を低下させる。それもときには劇的に。流動的知能（情報を処理して判断する能力）を邪魔する。衝動を抑える実行制御力がはたらかなくなる。視野が狭くなり、先のことを考えられなくなり、自分をコントロールできなくなってしまう。

研究者たちは欠乏をどうやって調べるのだろう。これは例をあげて説明するとわかりやすい。ローレル・アイン・クックとライカ・サデガインは、なぜ欠乏を感じる人が給料日ローンを借りてしまうのか、その理由に興味をもった。[20] 給料日ローンはつぎの給料を担保に貸し出される短期のローンで、金利はとても高いが、とりあえず急場はしのげる。しかし、給料日ローンはかなり高くつく。借りすぎて返せなくなってしまうことも少なくない。そうなると最初の給料日ローンを返すために新たに給料日ローンを借りなければいけなくなる。その悪循環にはまったら抜け出せなくなってしまうかもしれない。給料日ローンの貸し手は欠乏を強く意識している人をターゲットにする（欠乏を経験していない人はそんな条件でお金を借りようなんてふつうは思わない）。

クックとサデガインは、アメリカの成人を対象に実験の参加者をオンラインで募集した。参加者は最初に「出費をカバーするために五〇〇ドル工面する必要がある」と伝えられる。その後、二つのグループにランダムに割り振られた。一方は給料日前でお金がないと想像してほしいと言われ、もう一方は給料が支払われたばかりだと想像してほしいと言われた。また、一方はお金を工面できないとなにかとても大切なもの、たとえば愛車を失うことになると言われ、もう一方は買おうとしていたものを買えなくなると言われた。さらに、一方は現金を用意するには給料日ローン以外に方法がないと言われ、もう一方は、お金を工面する手段はほかにもあるが、給料日ローンを借りてもかまわないと言われた。

二人は、欠乏を強く意識している人のほうが給料日ローンをたくさん借りるだろうと予測した。なかでも**三重苦**に直面している人はとくにたくさん借りるのではないかと考えた。二人のいう三重苦とは、給料日前でお金がなくて、大切なものを失うかもしれなくて、ほかに選択肢がほとんどないという状況である。そして実際、三重苦にある参加者は必要以上に多く借り入れた。五〇〇ドルの出費をカバーするために平均で七二五ドル借りたのだ[21]。欠乏を痛切に意識している消費者はまずい判断——コストが高くつき、すでに金欠なのに状況をさらに悪化させることになる判断をしてしまいやすいと、二人は結論づけた。

余談だが、社会科学や行動科学は最近、いわゆる**再現性の危機**に大きく揺れている。再現とは、ある実験を同じ条件で繰り返して同じ結果が出るかどうかを確かめることをいう。再現研究は、独立した研究者が論文の原著者の研究をチェックするという意味で、一種の品質管理である。「危機」が叫ばれているのは、驚くほど多くの有名な研究が実験結果を再現できないと指摘されたからだ。再現に失敗すれば、論文の執筆者は当惑するし、研究の質に疑問が投げかけられる。経済学の実験でも検証が進んでおり、再現率は一〇〇パーセントではないものの、関連する学問分野より高いという結果が報告されている[22]。実際、クックとサデガインの研究は再現されている[23]。

欠乏は持続する貧困とどう関係するのだろう。欠乏は長引く。それが答えである。欠乏がものごとをきちんと考えて、合理的に行動する能力を損なうなら、失敗しやすくなるだろう。問題が起こるサインに気づかないかもしれないし、サインを読み違えるかもしれないし、ものごとを筋道立てて考えられなくなるかもしれないし、その結果として正しい行動をとれなくなるかもしれない。失敗したことに気づきさえしないかもしれない。かぎられた資源でやりくりしているときにミスをしたら、欠乏がさらなる欠乏を生む。すると処理能力はさらに下がり、ものごとをきちんと考えて、合理的に行動する能力はさらに落ちる。ムッライナタンとシャフィールの言葉を借りれば、「欠乏はそれ自体が罠（わな）になる[24]」。

クックとサデガインはこのプロセスを確かめるため、アメリカ消費者金融保護局に寄せられた苦情を検証した[25]。二人は給料日ローンを借りた人からの苦情のうち二〇〇件をランダムに選んで分析した。苦情の多くは三重苦にある人からだった。現金を工面する必要があった。いますぐお金を用意しなければ、健康や家や移動手段を失うかもしれない人が多かった。そしてほかに選択肢はほとんどなかった。苦情の中身は、給料日ローン返済のためにまた給料日ローンを借りなければいけないというものが多かった。高い金利でお金を借りているので精神的に追い詰められているという声もあった。貸し手からの嫌がらせがそれに追い打ちをかけ、自宅や勤務先に返済を求める脅迫まがいの電話が頻繁にかかってくるというケースもあった。また、ローンの金額や金利、返済の履歴などに関する情報を教えてもらえないという苦情もあった。それがわからないと期限どおりに返すのがさらにむずかしくなる。支払いが遅れれば、遅延金が追加でかかり、ストレスが増して、さらに悪い判断をしてしまう。

こうして、欠乏が欠乏を生み、ほかのあらゆる種類の欠乏へとつながる悪循環にはまっていく。ムッライナタンとシャフィールは、貧しい人はほかの人となにも変わらないと、わざわざ指摘している。[26] 処理能力がほかの人よりも生まれつき低いわけではない。視覚系、認知機能、情報をとりこんで判断する能力なども同じである。貧しい人とお金持ちのちがいは、貧しい人のほうがさまざまな面で欠乏を経験しやすいことだ。欠乏は処理能力を低下させ、ものごとをはっきり考えて賢く行動する能力を邪魔する。するとますます軽率な判断をしがちになる。お金についてはとくにそうだ。そしてそれがさらなる欠乏を生み出し、処理能力はますます下がる。貧しい人が貧しいままなのは、ものがあふれる世界で欠乏を抱えて暮らすことの心理的なストレスが一因である。遺伝子に欠陥があるなど、生まれもったちがいがあるからではない。

欠乏を理解すると、貧困や孤独、絶望から抜け出す手助けをするにはどうすればいいか、そしてそもそもそうならないようにするためにはどうすればいいのかがわかる。[27] 処理能力が足りないと、情報キャンペーンやインセンティブのようなものの恩恵を受けにくくなる。そういった介入がうまくいくのは、情報をとりこんで、自分の行動を合理的に変えられるときだけだ。貧しい人に必要なのは、処理能力を増やすことである。介入をするときは、欠乏感を軽くすることに重点を置かなければいけない。そうすれば貧しい人たちが生活をうまくやりくりできるようになる。それは失敗に寛容なプログラムを設計するということだ。解決策としては、金融商品の提供、事業計画の立案の支援、労働環境の改善などが考えられる。このような介入があれば、貧しい人が経験する経済的な不安定さを減らす助けになり、非常に強い欠乏感をやわらげるクッションになって、生活を改善するために必要な処理能力を取り戻せるようになる。

現金給付に欠乏感を軽くする効果があるのはだれの目にも明らかだ。購買力と処理能力の両方を与えることで、貧しい人びとに自信をもたせ、自主性を高めるはたらきをする。しかし、貧しい人に必要なものを与えるだけのほうがいいときもある。一例が保育サービスだ。働いているのに生活が苦しいワーキングプアが貧困状態から抜け出せるようにするには、保育サービスが欠かせない[28]。働く貧困層にお金をわたせば、保育サービスを市場で買うこともできる。だが、そうするにはたくさんのことを検討しなければいけない。さまざまな選択肢を分析し、どれくらい費用がかかるか計算し、どのやり方がいちばんいいか子どもごとに評価する必要がある。このプロセスをこなすことがストレスのもとになりかねない。それには処理能力が求められる。すでに欠乏を経験している人にとっては、政府が補助金をたくさん出して、質も管理してくれる保育プログラムを提供するほうがいいだろう。

貧しい人の生活を楽にすることは個人の責任を求めないことだと考える人もいるだろう。ムッライナタンとシャフィールは、実際はその逆だと主張する[29]。処理能力が高まれば、欠乏の罠にはまって失敗することはあるとしても、自分の人生に責任をもって生きられるようになる。

繰り返すが、こうした介入だけで貧困が魔法のように解消するわけではない。全員が救われるわけでもない。それでも、欠乏の罠から逃れる手助けをすれば、平均すると、その人たちの人生が変わり、持続的な貧困から抜け出せるようになる。

陰鬱な科学

「『陽気な科学』ではなく、哀れなもの……、いいや、荒涼として寒々しく、まさにきわめて卑しく、痛ましい科学であり、言うなれば、『陰鬱な科学（dismal science）』とでも呼べるものである」[30]。一九世紀のイギリスの歴史家、トーマス・カーライルは経済学を嫌った。「dismal」という言葉は、古くは悪魔を連想させるものだった[31]。現代では、不運や災厄、破滅や抑圧を意味する言葉として使われ、荒涼として、暗く、わびしく、惨めで、もの寂しい響きがある。経済学はいまも「陰鬱な科学」と揶揄されている。

経済学のなにがカーライルの逆鱗に触れたのだろう。経済学者には気品も知性も欠けていたことか。経済学が富や豊かさといった俗っぽい物質的なことを考えていたからか。あるいは、経済学者が宗教などの伝統的権威を脇に追いやっていたことか。

そのどれでもない。答えは**奴隷制**だった。経済学者は奴隷制に反対し、カーライルは賛成していた。カーライルが経済学を暗く悪魔的だと非難したのは、経済学者たちが肌の黒い人たちの権利を声高に主張していたからである。

ジョン・スチュアート・ミルは、哲学と経済学がまだ分離していなかった時代の哲学者・経済学者である。主著の一つに『功利主義』があり、最大幸福原理を擁護したことで知られる[32]。あらゆる行動、あらゆる組織は、それが生み出す幸福の量で評価されるべきだとミルは訴えた。わたしたちがすること、わたしたちが言うことはすべて、「最大多数の最大幸福」という考え方にしたがうべきである。この言葉は、ミルと同じ哲学者・経済学者であるジェレミー・ベンサムが唱えたものだ[33]。ミルやベンサムのような功利主義者は、快楽と苦痛の量は計算できるとし、どの行動がどれくらいの幸福を生み出すか計算して、その結果にしたがってどう行動するか決めるべきだと説く。

この功利計算の重要な特徴は、すべての人の幸福をまったく同じように取り扱うことである。あなたの幸福はわたしの幸福と同じように数えられる。聖職者の幸福と物乞いの幸福も、国王の幸福と追放者の幸福もそうである。あなたがだれか、どこで生まれたか――（カーライルのように）スコットランドで生まれたか、（ベンサムとミルのように）イングランドで生まれたか、アフリカか、インドか、西インド諸島かは関係ない。「対等な者たちからなる社会は、すべての人の利益が平等に考慮されるという了解があってはじめて成り立つ」とミルは述べている。[34]

この功利計算を基礎として、ミルとベンサムは急進的な社会改革を訴え、さまざまな解放論を唱えた。ミルは女性の権利を強く擁護した。「女性が男性に法律上従属している」ために、夫に妻を支配する権利が与えられ、妻の財産はすべて夫のものになるようなことがあってはならないと強く批判した。[35] ミルが求めたのは、「完全な平等」にほかならない。ベンサムはいまでいうゲイの権利を擁護する論文を書いた。当時、同性愛は自然の摂理に反する犯罪であり、死刑に値するとされていた。そのなかにあってベンサムは、当事者同士の合意の下での同性愛行為は、いかなる苦痛ももたらさず、大量の快楽を生み出すとして、合法化するべきだと訴えた。ミルもベンサムも、奴隷制に反対した。ベンサムは「隷属の悪」を嘆き、奴隷の受ける苦痛が奴隷主の得る利益によって埋め合わせられるはずもないと説いた。[36] 二人の主張はすべて、権利を奪われ、財産を奪われ、弱い立場にある人の幸福をほかのすべての人の幸福とまったく同じように扱っていた。

ミルとカーライルは一八三〇年代には親友だった。しかし、この後で述べる理由から、二人は袂を分かつことになる。[37] ミルはカーライルの執筆活動を後押しし、フランス革命史を書くように勧めて、重要な資料を提供した。ミルがカーライルから預かった原稿を自宅の机の上に置いたまま部屋を離れた間に、原稿がほぼすべて焼失してしまうという不運に見舞われても、二人の友情は揺るがなかった。

カーライルは平等と解放に関するミルの立場をよくわかっていたのだが、どうしても我慢できなくなる。一八四九年、カーライルは「需要と供給の科学」を一斉攻撃する論考を発表した。最初は《フレイザーズ・マガジン・フォー・タウン・アンド・カントリー》誌にフェリム・マクワーク博士という架空の人物の名前で掲載された。四年後、カーライル本人の名前で再掲される。約五〇ページにわたる論考は苛烈なまでに人種差別的だ。タイトルはとても印刷できない。論考の目的は、西インド諸島の奴隷制を擁護することである。内容は不快きわまりない。奴隷は人間より劣るとして「二本足の牛」と呼び、「慈悲の鞭」でしつけなければいけないと説く。もちろん、奴隷自身のためにそうするのである。ミルなどの経済学者は、豊かな国と貧しい国があるのは歴史と制度がちがうからだと主張したが、カーライルはそれを認めなかった。カーライルにとっては人種がすべてだった。奴隷制をなくせば、黒人は働かなくなる。奴隷を解放すれば、西インド諸島は「黒人のアイルランド」になりさがり、「白人と褐色人種のアイルランド」と同じように、「のらくら暮らして飢えることになる」。怠惰は悪である。白人には鞭をふるう権利、いや義務がある！　カーライルはそう断じた。

カーライルがとりわけ激怒したのは、経済学者たちがロンドンのエクセター・ホールでしばしば集会を開いていた福音派のキリスト教団体と手を組んでいたことだった。福音派のキリスト教徒は、すべての人間は神が自分の姿に似せてつくられたものだとして、奴隷制に反対した。経済学を「陰鬱な科学」と名づけた後、カーライルはこうつづける。

エクセター・ホールの慈善主義と陰鬱な科学は、黒人解放という神聖な目的やらなにやらに導かれ、恋に落ちて、結婚する。そして、子孫とともに不吉なるものを生み落とすだろう。種々の邪悪な奇形児、名状しがたき不具者、太い巻き毛の化け物など、この世がまだ見たこともないようなものたちを！

カーライルの攻撃は行き過ぎていた。それでも言おうとしていたことは伝わった。肌の黒い者、肌の白い者、アイルランド人（アイルランド人は白人ではないとカーライルは考えていたのだ！）を平等に扱えば、混血が進み、忌むべきものが生まれ、堕落と恐怖と混沌に突き落とされる。経済学者はそんなものを支持するのか。まったく陰鬱な科学だ。

分析的平等論

科学はすべての人を本質的に同じものと扱うべきだとする考え方には、立派な名称がある。**分析的平等論**だ。この言葉は、経済学史家のサンドラ・J・ピアート、デヴィッド・M・リーヴィが提唱した[38]。「分析的」なのは、ものごとをどう分析するかを示しているからである。そして「平等論」であるのは、底辺にいる人を平等に扱うように説いているからである。これは自然法ではない。世の中とそこにいる人びとをどう研究するかを示す経験則だ。

分析的平等論は、むかしから経済学的な考え方の要である。ピアートとリーヴィによれば、その起源は経済学の黎明期（れいめいき）にさかのぼる。現代経済学の基礎を築いたとも言えるアダム・スミスの『国富論』の一節を以下に示そう。

人がそれぞれ生まれもった才能のちがいは、実際には考えられているよりもずっと小さい。成人すると、職業によって天賦の才に大きなちがいがあるように見えるが、それは多くの場合、分業を生む原因というより、分業の結果である。仕事の性格がまったくちがう職業、たとえば哲学者と街でよく見かける荷物の運搬人の差は、生来のものよりも習慣や慣習、教育のちがいによるものだと思われる。生まれたときから六歳か八歳までのあいだはおそらく差はほとんどなく、親も遊び仲間もこれといったちがいは感じない。しかし、その年齢か、少し後になると、それぞれがちがう職業につく。すると能力のちがいが現れ、差が広がっていき、やがて哲学者は虚栄心から荷物の運搬人と似ているところがあるとは認めようとしなくなる。[39]

スミスは人間は本質的に同じだと考えており、分析ではそのように扱うべきだと訴えた。職業のあいだで、たとえば社会的地位の高い哲学者と社会的地位の低い運搬人のあいだで能力にちがいがあるのは否定しない。スミスが言おうとしているのは、能力の差は「習慣や慣習、教育」のちがいによるところが大きい、ということだ。人によって能力に差があるのは生まれつきのちがいによるものだと語るだけでは説明がつかない。そのような説明は上流階級の自尊心を満足させるものでしかないとスミスは考えた。そうではなく、習慣や慣習、教育のどのようなちがいが能力のちがいを生み出したのかを探らなければいけない。

ミルもそう考えた。人は同じものとして扱われなければならないとするミルの姿勢がなによりも明確に表れているのが、同じ《フレイザーズ・マガジン》誌に掲載されたカーライルへの反論である。[40]「ある種類の人間が別の種類の人間のしもべとして生まれつくという教義ほど忌むべきもの」はないとミルは述べている。ミルにとって、人間の目に見えるちがいはどれも「生来の性質のちがい」によるものとする考え方は「誤った俗説」である。ある木が別の木よりも高かったら、その種子が別の種子よりも強かったにちがいないと考えなければいけないのか。土壌や気候、日当たり、湿度、害虫、草食動物、人間の干渉、単なる偶然でちがいが生まれることはないのか。ミルに言わせれば、その差が種子のちがいによるものだと考えるのはばかげている。表面的なちがいはあっても、人は本質的に同じであり、そのように扱うべきである。一方が貧しくて、もう一方が裕福でも、それは貧しい人が生まれつき裕福な人よりも劣っているからではない。黒人と白人のちがい、貧しい人と裕福な人のちがいは、「外的影響」で説明できるはずである。外的影響のいずれかが変われば、大勢の人を進歩させられるし、そうすることが望ましい。ピアートとリーヴィが指摘するように、ミルにとって人種は「分析には関係ない」[41]。

ミルの研究では、道徳と方法論が結びついている。ミルは**道徳原理**を出発点とし、それにしたがって、どの人も同じ価値があるとした。それが功利原理である。その道徳原理から、分析では科学者はすべての人は本質的に同じものとして取り扱うとする**方法論的経験則**が導かれた。それが分析的平等論だ。この方法論的経験則をもとにすれば、一方が裕福で、もう一方が貧しい理由を決定する外的要因に集中できるようになる。そうした外的影響がなんであるかがわかれば、科学者はどうすれば大勢の人を進歩させられるかがわかる。道徳原理に導かれているなら、そうする。道徳原理と方法論的経験則が組み合わさることで、科学者は世界をよくする手助けができるようになるのだ。奴隷制の廃止もその一つである。

人は同じものとして扱うべきだとする考え方は、アダム・スミス、ジョン・スチュアート・ミルの時代からずっと経済学の要であり、世界を理解しよう、世界をもっとよくしようとする経済学者たちの取り組みを形づくりつづけている。

現代の反平等主義

人は本質的に同じものとして扱うべきだとは考えない科学者はいる。そうした科学者は、不平等を見つけるとかならず個人の差を探しにかかる。とくに有名な例が、リチャード・J・ハーンスタインとチャールズ・マレーが書いた『ベル曲線』という本である[42]。この本は一九九四年に出版され、いま者である。

もつづく大きな論争を巻き起こした。著者は経済学者ではない。一人は心理学者、もう一人は政治学者である。

二人は本の冒頭で、アメリカ社会は階層化が進んでいると指摘する。富める者はますます富み、貧しい者はますます貧しくなっている。階層化は分離へとつながり、富裕層はどんどん物理的に貧困層から離れていく。[43] 階層化と分離を理解するには、人は生まれながらにちがうこと、とくに知能の点ではそうであることを受け入れる勇気をもたなければいけないと二人は説く。そうしなければ悪いことが起きる。「知能が果たす役割を理解せずにこの国の問題と向き合っても、原因ではなく症状を探ることにしかならず、うまくいく見込みのない対処策に行き着いてしまう」[44]。階層化と分離を拡大させているのは知能の差だということを理解しなければいけないと二人は述べる。認知能力の差は「両者を分ける決定的な要因」であるため、「社会的な地位は遺伝的な差によってある程度決まっている」[45]。豊かな人が豊かなのは、貧しい人よりも頭がいいからだ。生まれもった知能の差を埋めるためにできることはほとんどないので、階層化と分離をなくそうとするのは、よく言えば無益であり、悪く言えば有害である。

実際、人はそれぞれちがう。少なくともその一部は生物学的なものであり、遺伝も関係する。個人のちがいが社会全体に影響をおよぼすことがある。したがって個人のちがいはすべて科学的調査の対象になる。人はそれぞれちがうと認めたり、そうした現象を科学的に研究することに関心をもっていたりするからといって、かならずしも人種差別主義者のような悪い人間というわけではない。

わたしが言いたいのは、方法論の選択は重要だということだ。科学者がどのように世界を調べようとするかによって、結果は変わる。方法がちがえば、見えてくるものはちがう。見えるものがちがえば、そこから浮かび上がる解決策がちがってくる。ハーンスタインとマレーが、その前にはカーライルがそうだったように、科学者が生まれもったちがいを探すなら、それが見つかるのも驚くようなことではないはずだ。そして結局、社会をよくするには貧しい人の願いや望みから裕福な人を隔離する以外にできることはほとんどないと科学者が推論したとしても、驚くことではないはずである。

道徳の科学

経済学の考え方は、強い道徳的衝動を反映している。貧しく、奴隷にされ、権利を奪われ、弱い立場にある人びとをほかのすべての人と同じように評価しなければならないという考え方が生まれたのは、経済学の黎明期にさかのぼる。その考え方は、世の中とそこにいる人びとに対する経済学者の見方を形づくる要素の一つになっており、いまも深く刻み込まれている。世界を理解しようとする経済学者の取り組みだけでなく、世界をよくしようとする経済学者の提案にも反映されている。と同時に、貧しい人も裕福な人も本質は同じであるとする考え方は、経済学の成果でもある。それは経済学者が貧困の問題、その原因と帰結を何十年、いや何世紀にもわたって研究してたどり着いた結論だ。

経済学者はこの歴史を誇っていい。カーライルは苛烈なまでの人種差別主義者であり、彼が擁護した制度は非道で不当なものだった。ベンサムとミルは歴史の正しい側にいた。女性の権利でも、ゲイの権利でも、奴隷制の廃止でもそうである。人は平等に扱うべきだと考えているのは、なにも経済学者だけではない。個人のちがいを研究しているからといって、悪い人だというわけではない。経済学を批判する人だってそうだ。カーライルの「陰鬱な科学」という揶揄を使う人は、その言葉の背景にある悪意に満ちた人種差別の歴史をきっと知らないのだろう。

このエピソードはもっと知られていいはずだ。それが知られていないのは、経済学にとっては機会損失である。黎明期からつづく道徳的衝動を理解すれば、経済学とはなにか、世界を見るほかの方法とどこがちがうのかがよくわかる。人を同じものとして扱うという約束が「陰鬱な科学」という批判を生むことになった。しかし、この約束があるからこそ、人びとが最良の生活を送るのになにが妨げとなっているのかが見えてくる。するとと状況を改善するにはどうすればいいかわかってくる。最も弱い立場にある人にとってはとくにそうだ。経済学は、なんの面白みもない冷徹なテクノクラートの学問ではまったくなく、いまもむかしも、道徳に深く根ざした科学である。すべてがうまくいけば、貧しく、財産を奪われた人たちに寄り添い、彼らが置かれている状況をなんとかしたいという気持ちを呼び覚まし、そのための現実に即した実行可能な戦略を組み立てることができる。

貧困の経済学に陰鬱なところはなにひとつない。人びとを鼓舞し、希望を与え、そしてなにより役に立つ。

第2章　心を整えながらしあわせな子どもを育てるには

　長女が三歳くらいのころの話だが、娘はなにしろ寝ない子だった。わたしたち夫婦もほとんど寝られなかった。娘は寝つきが悪いうえ、やっと寝てもすぐに起きてしまう。わたしたちは日に日に疲弊していった。寝不足はどうしようもなくつらい。思考力や集中力、記憶力が下がり、気分が不安定になるばかりか、免疫系にまで悪影響をおよぼす。夜寝られないと、日中ぼーっとしてしまう。そして、いっしょに暮らす二人がどちらもイライラして頭がまともにはたらかなくなれば、家のなかの雰囲気は最悪になる（あなたが子どものころ、親は間抜けなことばかりしてうんざりすると思っていたら、その感覚は正しかったのかもしれない。けれど、それはあなたのせいだった可能性もある）。

　これはどうにかしなければいけない。わたしたちはもう限界だった。妻もわたしも社会科学者で、二人合わせて博士号を三つもっている。そこで訓練されたとおりのことをやってみた。子育てや寝かしつけのガイド本を山ほど買ってきて、一つひとつ読み込んでいったのだ。

　ガイド本を読んでも、フラストレーションがたまるだけだった。著者たちはきっとよかれと思って本を書いたのだろう。しかし、そこに書かれているアドバイスはほとんど役に立たなかった。とにかく言っていることが矛盾している。[1]アドバイスがまるで逆なときもあった。赤ちゃんが寝るまで抱っこして歩きましょう、赤ちゃんが起きたらすぐに抱き上げなければいけませんという本もあれば、赤ちゃんが起きても抱き上げてはいけません、たとえ泣いてもそのまま朝まで寝かせておきましょう、という本もあった。だが、これは問題の一つにすぎなかった。

二つ目の問題は、ガイド本にエビデンスがほとんど示されていなかったことだ。著者たちは、たどり着いた結論はばらばらなのに、みんな自信たっぷりだった。妻とわたしは社会科学者であり、どうして著者たちがこんなに自信をもっているのか、理由を知りたいと思った。データを見つけようとしたのだが、これがほんとうにない。「三〇年にわたる小児科医としての経験から」などと書かれているだけのことが多かった。もしも同じくらい著名な二人の医者が正反対の結論にたどり着いていたとしたら、「三〇年の経験」にどれほどの意味があるというのか。

最悪なのは三つ目の問題だろう。どの本も、著者の言うとおりにしなかったら、子どもや親自身や親子の関係に問題を引き起こすおそれがあり、その影響は長くつづくという印象を刷り込むものだった。たとえば、抱っこ歩きでの寝かしつけ派は、赤ちゃんが泣いてもあやさずにそのままにしておくと、感情の発達が遅れ、親の情動反応に鈍感になり、子どもの愛着心が育たなくなると言う。

要するに、ガイド本は役に立たないどころか有害だった。選択を誤ったら子どもの将来を台無しにしてしまいかねないという印象を強く植えつけるだけで、なにが正しい選択であるかはろくに教えてくれない。わが子に害を与えてしまうという不安は吹き込んでも、それを回避する方法はほとんど示さない。

フラストレーションがたまったわたしは、〈パブメド〉で検索してみることにした。パブメドはアメリカ国立医学図書館が運用している巨大なデータベースで、生命医科学に関する文献を無料で検索できる。すると、権威ある小児医学雑誌《ペディアトリクス》の最近の論文がヒットした[2]。それはまさにわたしが探し求めていたものだった。その論文は、子どもが夜に寝て朝まで起きないようにするために親ができることを調べていた。そして親が知る必要があることを教えてくれていた。

この研究はランダム化比較試験だった。第1章で紹介したのと同じ手法である。研究チームは乳児がいる家族を募集して、三つのグループにランダムに振り分けた。

対照群（グループ1）はとくになにも言われなかった。乳児の睡眠パターンに関する説明と寝つきの悪い子どもがスムーズに眠れるようにするヒントが書かれた情報冊子だけわたされた（ほかのグループも同じ情報を受け取った）。

二つ目のグループ（グループ2）は、**ファーバー・メソッド**と呼ばれるものを試すように指示された（この手法を開発したリチャード・ファーバーにちなんでこう呼ばれる）。まだ起きている状態で子どもをベッドに寝かせて、一定の時間、たとえ泣いていても一人にする。時間がきたら子どものところに戻って、しばらくあやし（このときに抱き上げたり部屋を明るくしたりしない）、また一人にする。子どもが寝入るまでこれを繰り返す。一日目の夜は、子どもを一人にしておく時間は一度に数分だけにする。そうしてその間隔を少しずつ長くしていく。これを一週間つづけ、子どもを一人にしておく時間を約三〇分まで延ばす。子どもには一人で寝入ることを学ぶ機会が必要だという考え方である。

三つ目のグループ（グループ3）は、**ベッドタイム・フェイディング**と呼ばれる、就寝時間を調節する方法を試すように伝えられた。まだ起きている状態で子どもをベッドに寝かせて、寝入るまでの時間を測る。一五分以上かかったら、つぎの日の夜は三〇分遅くベッドに寝かせる。一五分未満だったら、三〇分早く寝かせる。子どもがいつも一五分以内に眠りにつくスイートスポットが見つかるま考え方である。

で、これを繰り返す。子どもの体内時計を調節して、時間がきたら一人で寝入る手助けをするという考え方である。

結果は明快だった。処置群（グループ2とグループ3）の子どもは対照群（グループ1）の子どもより寝つくのが早く、途中で起きる回数が少なく、眠っている時間も長かった。二つの睡眠トレーニング方法はどちらもうまくいき、結果からわかる範囲では、同じくらい効果があった。しかし精神的な負担はどうだろう。研究グループは実験中に子どもと親のストレスレベルを測った。子どもがよく眠るようになるにつれて、数カ月でストレスはむしろ減った。そして親子のきずなについてはどうか。一年後に親子の愛着度を測るテストを実施したところ、三つのグループのあいだに差はなく、子どもの感情面や行動面になんの問題もなく、子どもや親、さらには親子関係にマイナスの影響は認められなかった。

わたしたちはこの研究から睡眠トレーニングについてたくさんのことを教わった。安心することもできた。子どもが大きくなれば、どちらの方法を使っても睡眠トレーニングは効果をあげるようだ。マイナスの影響もとくにない。親は自分のやりたい方法を選んでいい。子どもや自分自身や親子の関係に問題を引き起こしてしまったらどうしようと心配する必要はない。この結果は、睡眠トレーニングがわたしたちはもちろん、だれでもうまくいくと保証するものではない。これでこの問題に最終的な答えが出たわけでもない。だがわたしたちにとっては、この一本の論文は子どもの寝かしつけ本の山に勝る価値がある。睡眠トレーニングを試す理由が見つかっただけでなく、やれることは全部やっているのだと自信がついた。結局、パブメドの無料検索のほうが何百ドルもする数々の子育て本よりも頼りになったし、イライラも落ち着いた。

この章では、経済学を使ってもっとよい親になりたいという思いをかなえる方法を考えていく。経済学者は、母乳育児から睡眠トレーニングまで、あらゆることにアドバイスができる。子どもの人生のあらゆる段階で子どものためになる戦略を組み立てる手助けができる。そのアドバイスが役に立つ保証はない。それでもあなたが親として受け取るほとんどのアドバイスとちがって、データの裏づけがある。データがあると試してみようという気になるし、うまくいくかもしれないと思える。子育てはなにかとストレスがたまりやすい。環境が整っていてもそうだ。これからもずっとそうなんだろう。だけどあなたはラッキーだ。経済学者は親にもアドバイスができる。子どものためになることをしながら、あなたの心を整え、さらにはハッピーになれるようにするアドバイスだ。それだけではない。子育て論争を終わらせる手助けができる。子育てをめぐっては母親同士の意見が驚くほど激しくぶつかることがある。争いはエスカレートしやすく、冗談抜きで「ママ戦争」という言葉があるくらいだ。経済学が教えてくれるように、ある人にとってよいことが別の人にとってよいことだとはかぎらない。それぞれが置かれている状況と個人の選好がとても重要だ。多くの場合、万能の解決策はない。そして個人の選好については、親の判断にしたがうべきだろう。だいたいのことはお母さん（そしてお父さん）がいちばんよくわかっている。

わたしの言うことを疑っている人もいるだろう。なるほど子育てに関する文献はすでに大量にある。経済学者が付け加えられることはほとんどないのではないか。それに経済学者が子どもを研究することはふつうはない。仕事として子どもと向き合っている医師や看護師よりも不利な立場にあるのはこれからも変わらないと考えていい。それでも、先の文献が示唆するように、睡眠トレーニングのようなことに関しては、たとえ何十年もの経験があったとしても、現場の医師は自分たちが思っているほど、あるいはわたしたちが思っているほど、多くを知っているわけではないかもしれない。いずれにしても、経済学者にできることがたくさんあるのはたしかだ。

経済学者や当事者である親がいちばんよくわかっていると言っているのではない。医師や看護師や保健師などの医療の専門家の意見に耳を傾けるのをやめるべきだと言っているのでもない。しかし、もっとよい親になりたい、疲弊せずもっとしあわせを感じられる子育てをしたい、できたら無用な争いも避けたいと思っているなら、経済学の知見は役に立つ。もちろん、あなたがわたしの言うことを聞かなくても怒ったりしないので、どうかご心配なく。

子育てする経済学者

エミリー・オスターは、アメリカのロードアイランド州プロビデンス市にあるブラウン大学の経済学教授である。本来の専門は開発経済学だった。貧しい国と豊かな国がある理由を研究する経済学の一分野である。だが、オスターは経済学の研究とは別に、育児に関する二冊の本『お医者さんは教えてくれない妊娠・出産の常識ウソ・ホント』『米国最強経済学者にして2児の母が読み解く子どもの育て方ベスト』の著者として知られている。[3] 二冊とも大ベストセラーであり、さまざまな親たちがオスターの本は役に立つし、自信と安心をくれると感じていることがわかる。どちらも現実のデータにもとづいて実践的なアドバイスをしてくれる本だ。

オスターはなぜ、子育てに関するガイドブックを書こうと思ったのか。オスターも親なのだが、そこは関係ない。経済学者として受けた訓練が、新米の親が直面している課題に対処するのに役立つからである。[4] 課題の一つは情報の洪水だ。友人から、家族から、インターネット上の見知らぬ人から、子育てに関する情報がどっと押し寄せる。みんなよかれと思って助言してくれているのだが、相矛盾していることが多く、かえって混乱してしまう。しかもすでに毎日がいっぱいいっぱいで、まともに寝られていないときにそれが襲ってくる。必要なのは、すべての情報をふるいにかけ、不要なものを取り除き、残った情報がなにを意味するのか読み解くことである。そこで経済学の出番となる。

経済学者は、信頼できる情報とそうではない情報を選り分ける訓練を積んでいる。信頼できる情報は、適切に設計された調査から生まれる。信頼できない情報は裏づけに乏しく、体系化されていない。また、データから**因果関係**を導く、つまり、なにがなんの原因であるかを明らかにする訓練も受けている。たとえば、母乳育児に関するデータを調べるときには、母乳で育つ子どものほうが発育がいい傾向があるかどうかを知りたいと思っているだけではない。発育がいいのは母乳で育っているからなのか、それとも、母親の学歴が高いなど、ほかに理由があるのかを知りたいと思う。経済学は、注目するに値しない情報を取り除き、残ったもののなかから実行可能な知見を引き出して、新米の親が情報過多の問題に対処する手助けができる。ここではほんの一例しかとりあげないが、おおよそのイメージはつかめるだろう。

母乳育児はいいのか。この疑問は驚くほど論争の的になっている。さまざまな情報が飛び交っているうえ、質は玉石混淆（こんこう）で、出所が不確かなことが多い。オスターはエビデンスを確かめたいと思う。そして、赤ちゃんにとってのメリット、母親にとってのメリット、そして世界にとってのメリットを検討する。すると、母乳で育てると乳児湿疹や感染性胃腸炎のリスクが下がることがわかる。[5] あるランダム化比較試験で母親に母乳育児を推奨すると、乳児湿疹の発症率が約六パーセントから三パーセントに下がった。感染性胃腸炎の発症率は約一三パーセントから九パーセントに下がった。また、母乳育児をすると母親が乳がんになるリスクが下がる、場合によっては二〇～三〇パーセントも下がることを示すエビデンスも見つけている。[6] オスターによれば、育児用ミルクは牛乳からつくられており、牛乳の生産はメタンガスを発生させるので、気候に悪影響を与える。母乳には数多くのメリットがあるとされているが、体系的に研究されていないか、エビデンスがまちまちである。しかし、たとえそうだとしても、メリットはほんとうにたくさんある。

そう聞くと、母乳育児はすばらしいことのように思えてくる。頭を悩ませる必要などないかもしれないとさえ感じる。だが、結論を急いではいけないとオスターは言う。母乳育児にメリットがあるからといって、それがあなたにとって正しいことだとはかぎらない。なにかしらの不確実性はつねに残る。完璧な研究などないし、研究がまちがっていることだってあるだろう。そもそも研究されていないメリットやコストがあるかもしれない。いまの時点で説得力のあるエビデンスがないというだけで、母乳育児がたとえば赤ちゃんの性格や親の社会的生活の質に影響しないとは言い切れない。合理的な意思決定をするには、不確実性を考慮に入れるべきだ。そして、合理的な意思決定をするために重要なのは、科学的エビデンスだけではない。個人の選好に加えて、状況要因も大切である。どうしても母乳で育てたくないという人もいる。母乳で育てたくても母乳が出ない人だっている。もしあなたがそうだとしても、赤ちゃんにとっても、あなたにとっても、世界にとっても、取り返しのつかないようなことにはならない。

経済学のほかの分野でよく使われる言葉を借りれば、こう言うこともできる。母乳育児は優れた**デフォルト・オプション**（初期設定）である。ほとんどの人にとってよい出発点になり、よほどのことがないかぎりそうしない理由はない。子育てにもっとやさしい世の中にするのは当たり前のことだ。子どもを大切に育てたいと思っている人が助けを必要としていたら、いつでも自由や時間、空間などの資源を提供して、子育てを支援するのである。しかしだ！　たとえあなたの子育てがうまくいっていなくても、罪悪感をもたなくていい。子育てがうまくいっていない人を見下し、さらには親失格だとたたく理由もない。母乳で育てないと乳児湿疹や感染性胃腸炎になりやすいというデメリットをもたらす可能性はあるが、重篤なものではない。しかも、母乳を与えられないことが原因でこうした結果になる可能性は低い。母乳育児をすると乳児湿疹の発症率が六パーセントから三パーセントに下がるというのは、相対的には大きい。五〇パーセントも低くなるのだ。それでも絶対値としては低い。三パーセントポイントしか下がらない。繰り返すが、母乳育児がうまくいけば最高だ！　もしうまくいかなくても、それは悲劇ではない。

オスターはさらに、赤ちゃんを親のベッドで眠らせる「添い寝」にも目を向ける。いまは添い寝を避け、コットかゆりかごに一人で寝かせることが推奨されている。最大の理由は乳幼児突然死症候群（ＳＩＤＳ）だ。ＳＩＤＳは「コット・デス」とも呼ばれ、一歳未満の乳幼児がなんの前触れもなく死亡してしまうことをいう。オスターはエビデンスを検討して、添い寝が実際にＳＩＤＳのリスクを高めることを突き止めている。重要な要因はほかにもある。母乳育児はＳＩＤＳの発症率を下げる。親の喫煙・飲酒は発症率を上げる。ＳＩＤＳの出生一〇〇〇人当たりの発症率は、赤ちゃんが母乳で育っていて、親が喫煙も飲酒もせず、添い寝しない場合は〇・〇八例だが、添い寝する場合は〇・二二例に増える。赤ちゃんがミルクで育っていて、親が喫煙・飲酒し、添い寝しない場合は一・七七例だが、添い寝する場合は二七・六一例になる。[7]

データを見るかぎり、添い寝しないのは優れたデフォルトである。親にとってはよい出発点になり、添い寝をするべき理由は見当たらない。新米の親を手助けするのも当たり前のことである。フィンランドでは、出産を控えるすべての親に「ベビーボックス」が無料で届けられる。ベビーボックスには育児用品がたくさん入っており、外箱はベビーベッドとしても使える。ＢＢＣの報道によれば、フィンランドの乳児死亡率が世界最低水準なのは、ベビーボックスがあるからかもしれない。[8]オスターはそれでも、親がデフォルトを選ばずに添い寝をしたいと考えるかもしれない理由があることはわかっている。データを見る角度を少し変えて、絶対数で見れば、ＳＩＤＳが発症するケースはさいわいなことにいまもまれである。しかし、不幸にしてＳＩＤＳに見舞われたら、その害は重篤だ。子どもの突然死はどの親にとっても最悪の悪夢である。そのため、添い寝するかしないかを判断するときにはとても慎重に考えて、やむを得ない理由があるときだけ添い寝するようにするべきだ。また、添い寝以外のことにも十分な注意を払い、喫煙と飲酒はなにをおいても避けなければいけない。

子どもの数を増やす利己的な理由

もちろん、子育てに関心を向けている経済学者はオスターだけでない。ブライアン・カプランはワシントンＤＣ近郊にあるジョージ・メイソン大学の経済学教授である。専門は移民や高等教育といった大きな政策問題だ。カプランの研究のなかで最も知られているのは、イラストレーターのザック・ウェイナースミスとともに移民の科学と倫理をマンガ形式で解説した本だろう[9]。カプランの著書の一つには『子どもの数を増やす利己的な理由』というタイトルがついている[10]。だからといって利己的な人でなければこの本を楽しめないわけではない。子どもの数を増やしたいと思っている必要もない。カプランが言いたいことはサブタイトルに集約されている。「最高の子育ては思っているよりラクで楽しい」

カプランがとくに感銘を受けたのが、**行動遺伝学**の調査である。行動遺伝学は、遺伝子と環境が人のふるまいや態度にどう影響するかを研究する学問だ。遺伝子が行動と態度に与える影響を取り出すため、乳児期に養子となった子どもと大人を調べる。こうすれば生物学的な親（遺伝）の寄与と里親

（環境）の寄与を分けられる。カプランの結論を以下に引用する。

　養子が小さいときは、毎日会う里親と、一度も会っていない生物学上の親の両方に似ている。ところが、養子が成長するにつれて、物語はショッキングな展開をみせる。生物学的な親との類似性は残るが、里親との類似性はほとんど消えるのだ。[11]

　子どもが育つ環境は、里親の養育スタイルを含めて、子どもに影響を与える。だが、その影響は大部分が一時的でしかない。長い目で見ると、行動と態度は主に遺伝子で決まる。身長や体重のようなものだけでなく、「知能、性格、学業成績、価値観など」もそうである。

　だとすればわたしたちはまちがった子育てをしていることになると、カプランは言う。この行動遺伝学の研究結果がもつ意味合いを読み解くと、子育てに対する考え方は大きく変わり、気持ちが楽になる。

（1）肩の力を抜こう！[12]　親は心配しすぎるし、罪悪感をもちすぎるため、本来なら楽しいはずの子育てが楽しくなくなってしまっている。知育玩具・教材に囲まれた環境を提供しなければいけない、運動などの習い事をいっぱいさせなければいけないというプレッシャーがのしかかる。子育てを成功させるには、時間と心配とお金をすべて子どもにささげる必要があるというなら、それはものすごい重圧だろう。しかしそうする必要はないし、プレッシャーを感じることもない。優秀な子どもになるのに、アインシュタイン・ブランドのおもちゃは必要ない。バレエ教室も、ピアノ教室も、サッカースクールも、語学教室もいらない。あれもこれもやらなければいけないのにできていないと、多くの親は罪悪感をもっているが、そんなことで負い目を感じる意味はほとんどない。あなた自身が基本的なことをできていれば、あなたの子どももできるようになるだろう。たとえあなたが手抜きをしても、それは変わらない。カプランの言葉がすべてだ。「あなたのお子さんはきっと、あなたの頭脳、成功、魅力、謙虚さをそっくり受け継ぐだろう[13]」

（2）子どもにはやさしさと敬意をもって接しよう。厳しくしつけることは子どもの人格形成の役には立たない。やさしく育てても子どもは軟弱にはならない。子どもにどう接したところで、子どもの行動や態度に与える影響はかぎられる。ただし、子ども時代の経験、親の記憶には影響する。育児のスタイルはその瞬間瞬間には大きな意味をもつ。大事なのは、旅の目的地ではなく、旅そのものだ。カプランはこう呼びかける。「愛情をもって子どもを育て、自分の感情をコントロールし、家族の時間を楽しもう[14]」

（3）自分も大切[15]！　自分のしあわせと子どもの将来は、一方を選択すればもう一方が犠牲になるという、明らかなトレードオフの関係にはない。あなたの努力はあなたが思っているほど重要ではないのだから、もっと手を抜いていい。子どもにはずっとなにかをやらせなければいけないという考え方を捨てたら、あなたが楽しむために使える時間とエネルギーはぐっと増える。まずは好きでもない習い事をやめることからはじめよう。あなたも子どもも楽しんでいるなら最高だ！　楽しくないなら、すっぱりやめていい。すると子どもがルールや指導などのないなかで自由に遊ぶ「じぶん時間」が増えるので、親も自分の時間をもてるようになる。そうと決めれば、どれも信じられないくらい簡単なはずだ。カプランが言うように、「現代の子育てはこんなにも大変になっていることがわかったら、親をしあわせにするのはわけもない[16]」。おまけのボーナスもある。親がしあわせだと、子どももしあわせになる。あなたのストレスが減って楽しい時間が増えているのを子どもは感じとるものだ。心配しないで楽しくいこう。

誤解のないように言っておくと、カプランは子育てを完全に放任するようにアドバイスしているわけではない。調査の大半は、先進国の中間層の家族が対象だった。一連の結論は、そうした家庭のなかで子どもが経験する状況の通常の範囲内しか当てはまらない。標準的な量の食べもの、飲みもの、住まい、世話、愛情、思いやり、時間、注意などを子どもに与えていることが議論の大前提である。暴力や虐待も懸念される。実際に大勢の子どもが暴力や虐待を受けている。しかし、多くの親が心配しているようなこと（見知らぬ人による誘拐など）が起こる可能性はきわめて低い。全体として見れば、子どもがこれほど安全だった時代はない。カプランによると、赤ちゃんを重要な例外として、「アメリカで最も安全なのは子ども」であり、たとえば一九五〇年代よりもはるかに安全である。[17] それに、子育てスタイルは短期的には影響を与えることがあるので、もっと行動主義的なアプローチをとってもいいかもしれない。なんらかの構造を示し、場合によっては訓練して、子どもたちの行儀がよくなれば、あなたの生活はもっと楽になる。子どもたちにとってもそうだ。

（４）子どもの数を増やそう！　お金も、起きているあいだの時間も、すべて子どものために犠牲にしなくていいとわかれば、子どもをもつのはかなりお得だということになる。あの愛らしさやかわいさ、つぎの世代に命のバトンをつなげているのだという満足感などを、思っていたよりもずっと低いコストで手に入れられるのだ。すべての人に最適な子どもの数はないとカプランは念を押す。それぞれの状況と個人の選好によって答えは変わる。「わたしがこの本を書いたのは情報を提供するためであって、あなたの人生に口出しするつもりはない」とカプランは釘を刺す。子どもをもとうと少しでも考えているなら、いま望んでいる子どもの数より一人か二人多くしても大丈夫だろう――これがカプランのメッセージである。

問題の一つは、意思決定するときの考え方がまちがっていることだ。[18] 子どもには大きな先行投資をしなければいけない。子どもが小さいときは、多くの時間と注意を投じる必要がある。お金だってそうだ。子育ては犠牲が多い。睡眠時間はとくにそうである。多くの人は**近視眼的**であり、目の前のことしか見えなくなっている。先行コストはとにかく重い。いま、あなたは若くて、子どもは二人しか育てられないと考えているとしよう。あなたが近視眼的になっていたら、先行コストだけを考えて判断するだろう。だが、あなたが望む子どもの数は、時間とともに増えるかもしれない。中年期には二人の子どもが一〇代になって生意気になるのを考えると、三人目がいたら寂しくないだろう。そして、孫たちが頻繁に会いにきてくれる老後を送りたいなら、子どもは四人は必要になる。そうだとするとその平均をとって三人もつことをめざしたほうがいいとカプランは提案するが、近視眼的になっているあなたは子どもを二人しかもたない。この問題を合理的に考えるには、先行コストと生涯にわたる報酬を、孫の存在を含めて秤にかけなければいけない。

カプランの研究が物語るように、経済学が新米の親を手助けするためにできることはほんとうにたくさんある。まず、利用できる情報をふるいにかけて読み解くのに役立つ。行動遺伝学がもたらすデータもその一つだ。カプランがくわしく解説してくれなかったら、そんなデータがあると気づかなかったかもしれないし、子育てと関連づけて考えるなんてまずなかっただろう。また、たとえデータがかぎられていても、利用できる最良の情報にもとづいて判断をくだせるようにもなる。とくに意思決定における時間軸をどう考えればいいか、そして近視眼的な見方に陥らないようにするにはどうすればいいかを教えてくれる。そして環境と個人の選好がとても重要であることがわかる。それは「（さまざまな）子育てスタイルを尊重する」ということだ。[19] 経済学的な視点に立つと、子育てに余裕が生まれ、罪悪感が減り、親自身が毎日を楽しみ、子どもとすごす時間が豊かになり、自分とはちがう選択をする親を批判しなくなる。これはとてもよいことだ。

子育ての経済学

これのどこが経済学なのかと思う人もいるだろう。オスターやカプランの研究は、経済学と聞いて頭に浮かぶであろうものとはあまりにもかけ離れている。保育所は有限責任会社とはまるでちがうし、子育ては投資とはほど遠い。しかし子育ては、マーシャルのいう「日常生活」の一部でもある。子どもをもつことは当事者には奇跡のように感じられるだろう。だが、家庭をもち、親になり、子どもを育てることは、人類が誕生してから連綿とつづいてきた営みである。それでも、子育てに投じる時間、お金、注意の量を考えれば、「一大事業」だと言っていい。

子育ては、ロビンズのいう意味での希少性の下での人間の行動でもある。親が利用できる資源、つまり時間、お金、注意などは、実際に希少である。多くの親が、とにかく時間が足りない、子どもを育てるにはなにしろお金がかかると痛切に感じている。アメリカでは一人の子どもを一七歳まで育てるのに二〇万〜三〇万ドルかかる[20]。大学の学費を含めるとゆうに二倍になるはずだ。そして親がする選択はまちがいなく経済的行為だ。親と子どもにとってきわめて大きな意味をもち、コミュニティと経済全体に影響を与える。

経済学者はこれまで、伝統的に男性のものとされる仕事や活動のほうに重点を置いてきたことはたしかだ。ステレオタイプで女性の役割とされてきたものは、子育てを含めて、軽視されてきた。これは残念なことである。ある活動が伝統的に女性のものと考えられてきたからといって経済的行為としての意味が薄れるわけではないし、経済学者が研究する価値が下がるわけでもない。さいわいなことにそれも変わりつつある。子育ての経済学がよい例だ。

実際、子育ての経済学を見ると、経済学の道具立てがよくわかる。経済学者は数字に強く、データから情報を取り出すのがうまいことはすでに述べた。情報を適切に処理できるのは、計量経済学の訓練を受けているからだ。計量経済学は経済学の道具箱のなかでも非常に重要なものの一つである。経済学のどの専門的なカリキュラムでも核になる要素だ。計量経済学は多くの場合、因果関係を明らかにし、あることが別のことが原因で起きている状況と、二つのことがたまたま同時に起きている状況とを見分ける手段となる。そのような知識がなければ、前に進めないだろう。同じくらい有能で経験豊かな専門家が正反対のことを言っていたら、どうすればいいのかわからず、途方に暮れてしまうのではないか。経済学者でなくてもデータを読み解くことはできるが、経済学の知見は役に立つ。

情報をもとにどうするか決めるときにも、経済学は力になれる。そのデータがなにを語っていて、なにを語っていないかがわかっても、それだけでどうすればいいかはわからない。気象予報士は雨が降る確率を教えてくれるし、そもそもなぜ雨が降るのか説明してくれる。その情報は、朝出かけるときに傘をもっていくかどうかを判断するときに関係してくる。しかし、気象予報士は確率は教えてくれても、あなたにかわって判断してくれるわけではない。あなたがどうするべきであるかは、確率がどうかだけでなく、あなたの目的や価値観によっても変わる。傘をもたずに雨に降られるとどれだけ困るか。晴れの日に傘をもち歩くのはどれだけ面倒くさいか。気象学はこうした疑問には答えてくれない。

経済学は、意思決定をするときには**それぞれが置かれている固有の状況**と**個人の選好**を考慮しなければならないと強調する。[21] 固有の状況とは、あなたに当てはまるが、ほかの人に当てはまるとはかぎらず、ほかのだれもよく知らないであろう事実である。どうするか決めるときに科学的データは大事だが、固有の状況も大事である。選好にはその人が欲しいと思っているものが表れる。親の選好はたいてい子どもに関することだ。親は子どもにある種のこと、健康やしあわせのようなことを求める。どちらも重要である。また、選好は親に関するものというときもあるはずだ。わたしたちは自分にある種のことを求める。たとえば、多くの親にとっては睡眠と心の健康がリストの上位にくるのではないか。それも大切である。通常であれば、人が置かれている状況はそれぞれちがうだけでなく、個人の選好もちがうだろう。そうだとすると、あなたにとってベストなアプローチがわたしにとってベストであるとはかぎらない。あなたとわたしがレストランで同じメニューを見て、別々の料理に決めてもおかしくないのと同じことだ。

不確実性があると、科学的な結果から実行可能なアドバイスを導くのがとくにむずかしくなることがある。子育ては不確実性に満ちている。親が自分はなにをしたいのか全部わかっている状況は、あるとしてもまれだ。これをしたりあれをしたりするとどうなるかはもちろん、確率すらわかりそうにない。しかも子どもは待ってくれない。いま注意を向ける必要がある。どのみち選択はしなければならないが、その選択がとてつもなく大きな意味をもつ場合もある。

幸運にも、経済学はなにより個人の行動を研究する科学である。経済学者は、科学的な情報をもとにどうするべきか判断する訓練を積んでいる。合理的選択理論も道具箱のなかの中心的なツールである。どの経済学者もその理論を学んでいる。合理的選択理論はまさに、それぞれの信念と選好にもとづいてどうするべきであるかを教えてくれる理論だ。リスクと不確実性にどう対処すればいいか知ることができる。利用できる最良のエビデンスに照らして意思決定をしようとしているなら、この理論は一つの指針になる。

合理的選択理論は、たとえ完全な情報をもっていなくても、より賢い選択をする手助けができる。いまある情報を最大限に活用するにはどうすればいいか、完全な情報をもっていなくてもどう意思決定するか教えてくれるからだ。経済学者はこうしたことに対処する訓練を受けている。経済学者でなくても、よい意思決定はできる。なかにはひどい意思決定をする経済学者もいる（意思決定をするのが下手だったから経済学者になったのではないかと思われる人をわたしは知っている）。それでも、合理的選択理論は役に立つ道具になるはずだ。

そして最後に、経済学は人それぞれの状況、目標、選好を尊重しながら、あなたにとってなにがいいのかを判断する手助けができる。選好の理論は、選択の経済理論の核である。「人びとの選好を考慮せよ」という命令は、経済学的な推論の要だ。選好が重要な役割を果たすのは、人びとがしていることを説明しようとするときである。しかし、経済学者がある人にとってなにがいいかを判断しようとしているときにも関係してくる。母乳育児はあなたとあなたの家族にとってよいことか。答えは多くのことに左右される。まず、母乳育児に関する一般的な事実がそうだし、あなたが置かれている固有の状況もそうだ。だが、あなたの選好にも左右される。あなたが自分と家族のためになにを求めるか。あなたと子どもにとって母乳育児はどれくらい重要か。その一方で、母乳育児をするためにあなたがあきらめなければいけなくなることがどれくらい重要か。

このように、あなたの選好はあなたの意思決定に関連しているが、それだけではない。あなたの選好は、あなたにとってなにがいいかを決める要因の一つでもある。少なくともあなたが十分な情報をもっているときはそうだ。十分な情報をもっている場合には、それにもとづく選好を単純に満たすことが、あなたにとってよいことになる。

ちなみに、経済学でいう「効用」とはなにを意味するかも、この理論で説明される。この言葉は誤解されていることが多い。経済学者が「効用」について語るときには、ある人の選好がどの程度満たされるかという話をしているにすぎない。効用はあなたが直接体験するものでもなければ、頭の中にもやもやと浮かんでいるものでもない。「効用を最大化する」とは「あなたが好きなものを選ぶ」ということでしかない。効用が大きいのはよいことだ。あなたが好きなものを手に入れるのは、あなたにとってよいことなのだから。

この選好の物語は重要である。少なくとも二つのことが明らかになる。

第一に、あなたにとってよいことがわたしにとってよいことだとはかぎらない。通常は万能の解決策などない。あなたのウェルビーイングにとって意味をもつのはあなたの選好であって、わたしの選好ではない。あなたの選好がわたしの選好とちがっていることだってある。あなたはコリアンダーが好きで、わたしは嫌いだとしよう。あなたがコリアンダーが好きで、それがスープに入っていたら、それによってあなたの気分はよくなる。わたしがコリアンダーが嫌いでそれがスープに入っていたら、それによってわたしの気分は悪くなる。同じことは母乳育児、添い寝、子どもを増やすことにも言える。あなたと家族にとってよいことが、わたしと家族にとってよいことである必要はない。

いずれにしても、子育て論争は、「母乳育児はいいのか」といった疑問には正解が一つしかないことを前提にしているものがあまりにも多いようにわたしには思える。「ママ戦争」が激化するのも、子育て論争がこれほど多いのも、それが大きな原因ではないかとオスターは指摘する。仮にすべての人にとっての正解が一つで、あなたとわたしの意見が対立したなら、どちらか一方がまちがっているにちがいない。しかし、正解はかならずしも一つではないと、経済学は教えてくれている。二人とも正しいことだってある。あなたにとってうまくいくことがわたしにとってうまくいくとはかぎらないし、逆もまたしかりだ。そこまで争うことではないのではないか。

第二に、この物語が示唆するように、ある人の選好を最もよくわかっているのは、その人自身である。もちろん例外はあるし、話はそこまで単純でもない。だが、ざっくり言ってしまうと、あなたの選好をあなた以上に知る人は、結局はだれもいない。あなたにとってよいことがあなたの選好によって決まるのであれば、あなたにとってなにがよいのかをいちばんよくわかっているのはあなただ、ということになる。あなたにとってよいことはあなたの選好以外のこと、たとえば事実などに左右されるかもしれないし、それらに関してはあなたがいちばんよくわかっているとは言えないかもしれない。それでも選好は重要である。あなたが母乳育児を選好しているかどうかをだれが最終的に判断するのか。それはあなたなのだ。

この二つのポイントを忘れないようにしておくとどうなるのだろう。あなたにとって正しいことがわたしにとって正しいとはかぎらないと覚えておくようにするとどうなるのか。そして、あなたの選好をいちばんよくわかっているのはあなたであり、わたしの選好をいちばんよくわかっているのはわたしであることを頭に入れておくようにすると、どうなるのか。正直な話、ここで報告できるような確かなデータはない。しかし、子育てをめぐる数々の対立は減っていき、お互いを尊重し合うようになり、もっと生産的な話し合いになると信じたい。わたしにとってうまくいくことがあなたにとってもうまくいくとはかぎらないとわかっていれば、気持ちが少し楽になるかもしれないし、他人をむやみに批判しなくなるかもしれない。選好が重要だと気づけば、他人のニーズや目標、目的にもう少し敬意を払えるようになるかもしれない。信じようと信じまいと、経済学はその手助けができる。

一流大学(イェール)か刑務所(ジェイル)か

二〇〇七〜〇八年の世界金融危機は重大な出来事だった。発生直後にエリザベス女王（当時）がロンドン・スクール・オブ・エコノミクスを訪れた際、とても信じられないといった面持ちでこう質問した。危機はあれほど大きかったのに「どうしてだれもそれがくるのをわからなかったのですか」[22]。この問いは大きな共感を呼んだ。経済学が役に立つことが一つあるとしたら、それは金融危機を予測することだと思うかもしれない。それなのに、経済学者は未曾有の危機を予測できていなかった。その姿は、巨大な鯨が船に衝突しようとしていることに気づかなかった『白鯨』のエイハブ船長を思わせた。多くの人にとって、それは〝裸の王様〟の虚構があばかれた瞬間だった。「社会科学の女王」は服を着ていないことが、本物の女王によって白日の下にさらされたのである。

だが、子育ての経済学が示すように、これにとりたてて困惑するようなところは一つもない。子育ての経済学に目を向けると、経済学とはなんではないかが見えてくる。

経済学が金融市場のようなものを第一に研究する学問ではないことはすでに見たとおりである。そうしたものを研究している経済学者はいる。しかし、経済学者の大多数はそうではない。経済学の対象はそれよりもはるかに広い。

経済学はそもそも未来を予測する学問でもない。オスターが母乳育児をすると感染性胃腸炎のリスクが低下すると言うときには、つぎのようなことを言っているのである。「半分が母乳育児、半分がミルク育児という赤ちゃんのとても大きなグループを調べたら、母乳育児グループの赤ちゃんのほうが感染性胃腸炎になるリスクは低いだろう」。これは一種の予測であり、それが役に立つこともある。ハイエクはこの種の予測を「パターン予測」と呼ぶ。ある大きな集団に現れるかもしれないパターンを予測できるからだ[23]。だが、ある子どもがイェール大学に行くか刑務所（ジェイル）に行くか、ある国が二〇二三年に金融危機を経験するかどうかを予測できると言うのとはまるでちがう。経済学者は基本的に自分たちにそうしたことができるとは考えていない。

それは経済学にかぎらない。地震や地震に関連する現象を研究する地震学を考えてみよう。まともな地震学者なら、つぎにいつ大地震がサンフランシスコを襲うかを正確にわかるなんて言ったりはしない。経済学者も地震学者も、将来の危機や惨事を予測できるようになりたいと思っている。しかし、それができないからといって、経済学や地震学の科学としての価値が下がるわけではない。科学にできることは予測以外にもたくさんある。ものごとが説明されるようになることがそうだ。有益な意思決定ができるようになることもそうである。地震学と同じく、経済学は、たとえつぎの危機がいつ起こるか予測できないとしても、より強靭(きょうじん)な世界をつくる力になれる。

経済学と寛容の心

ほんの数年前まで、子育ての経済学は存在していなかった。それがいまでは一つの分野として確立している。オスターやカプランのような本物の経済学者が経済学の地図に載せたのだ。子育ての経済学は興味深く、なんといっても楽しい。そのうえきっと役に立つ！（どれとは言わないが）どこかの子育て本とちがって、二人の本は、すべての人に当てはまる万能の戦略がありますとは言わないし、言うとおりにしなかったら大変なことになりますよと脅したりもしない。研究はデータを起点とし、エビデンスにもとづいている。母乳育児と添い寝。息抜きとスクリーンタイム〔テレビやタブレット、スマホなどの画面を見る時間〕。しあわせで情緒が安定した子どもに育てるにはどうすればいいか、その過程で親であることをどうしたら楽しめるか。そしてまた、どうやってそうできる社会をつくっていくか。子育ての経済学はそういったことを考える学問であり、あなたの子どもがイェール大学に入るようになるかどうかを予測するものではない。

お察しのように、パブメドで寝かしつけに関する論文を見つけてからは、わたしはほかの子育て本はあまり読んでいない。見落としていることはたくさんあるだろう。そのせいでわたしの子どもに長く残るような悪い影響がないように願うばかりだ。それでも、わたしにとっては子育ての経済学のほうがはるかに参考になったし、安心することもできた。

子育ての経済学のようなものまであると聞くと、多くの人は驚く。しかし、妊娠・出産と子育ては、まちがいなく経済学の範疇に入る。このトピックには、計量経済学、合理的選択理論など、経済学の道具箱にある標準的なツールを総動員してアプローチする。とくに重要な役割を果たすのが選好に関する物語である。わたしにとってうまくいくことがあなたにとってうまくいくとはかぎらないし、だいたいのことはお母さんとお父さんがいちばんよくわかっているものだと、選好の理論は教えてくれる。

貧困に対する経済学的なアプローチが人を思いやる気持ちを呼び覚ますことができるとしたら、子育てに対する経済学的なアプローチは、さまざまな考え方を尊重する寛容の心を呼び覚ますことができる。

第3章　気候変動を食い止めるには

「地球規模の気候変動は、国家がただちに対応するべき重大な問題である」。これは二〇一九年に発表された公開書簡の冒頭の一文だ。気候変動は現実であり、人間の活動が引き起こしている。迅速かつ抜本的な行動で対抗しなければいけない。書簡はそう訴える。

この一文はどこかの気候変動活動家グループが書いたのかもしれない。しかし、この書簡は二つの点で異例のものである。

第一に、これはアメリカの経済学者の団体名で発表された。タイトルは「炭素配当に関する経済学者らの声明」である。[1] 二〇一九年一月、アメリカ経済学会年次大会が開かれてから半月後に、《ウォール・ストリート・ジャーナル》紙に掲載された。これを書いている時点で、アメリカの経済学者三六二三人が署名しており、「アメリカの経済学者らによる史上最大の公式声明」と銘打たれている。経済学者がこれほど断固とした姿勢を打ち出した問題はほかにないのではないか。署名者の数はさらに増えていたかもしれない。なぜわたしの名前がないのかふしぎに思う人がいるといけないので、念のために言っておくと、わたしの署名は拒否された。ピッツバーグ大学で博士号を取得して市民権ももつ、れっきとしたアメリカ人なのに署名が認められなかったのは、わたしがアメリカ国外で活動しているからかもしれない。それはそうとして、署名者の数は少なくとも三六二四人になっているはずだった。

ほかの署名者たちはまさに錚々（そうそう）たる面々で、ノーベル経済学賞受賞者二八人、アメリカ連邦準備制度理事会（ＦＲＢ）の歴代議長四人が含まれている。だが、なによりも目を引くのは、この集団のイデオロギーが多種多様であることだ。共和党政権時と民主党政権時に強い影響力をもつ大統領経済諮問委員長を経験した一五人をはじめ、左派から右派までの経済学者が名を連ねる。

第二に、この書簡はなにかをしなければならないと言うだけではない。気候変動に対処する計画のあらましも示している。その計画は、炭素税と呼ばれるものを汚染者が支払うようにする、というものだ。炭素税は化石燃料会社が炭素を排出したことに対して支払わなければならない費用である。こうした税金は、序章に登場したピグーの名前をとってピグー税と呼ばれる。基本となる考え方は一〇〇年前から変わっていない。入門ミクロ経済学コースをとっていた人なら、きっと聞き覚えがあるはずだ。炭素税は懲罰的な課税で、汚染物質を出した者に発生した損害の費用を支払わせるようにする。その一方で、税収はアメリカ市民に還元される。大半の人にとっては、エネルギー価格の上昇分を還付金で埋め合わせる形になる。恩恵がとくに大きいのは、最も貧しい層と、炭素を大量に排出しない生活様式を送っている人たちだ。

経済学者はときに「市場原理主義」を批判される。市場原理主義とは、経済や社会の問題は市場に委ね、政府は介入しないのがいちばんだとする考え方である。しかし、規制のない自由市場に任せても最良の結果が得られるとはかぎらないことは、まともな経済学者ならだれでもわかっている。政府の介入によって市場の機能を高められるときがあることもみんな知っている。化石燃料の市場はその最たる例だ。化石燃料の市場は規制のない自由市場であることが問題の一因である。市場にすべてを任せると、生産者は生産しすぎるようになるし、消費者は消費しすぎるようになる。その結果が気候変動だ。この場合は税金が解決策になる。

この章では、気候変動を解決するための経済学者の提案について解説していく。その提案とはなにか。どう機能するのか。そこにいたるまでのロジックがある。提案の内容と利点を理解するには、経済学のロジックを理解しなければならない。気候変動に対する経済学者の解決策を理解すると、経済学者がどのような政策の解決策を推奨しているのかはもちろん、どのような分析手法が使われているかが見えてくる。経済学者が示す解決策は汎用性がとても高い。アルコールの乱用、受動喫煙、薬剤耐性化、汚染など、数々の問題に効果的に使うことができる。

経済学者が気候変動対策を提案したなんて聞いたことがないという人がいても、わたしは驚かない。わたしがこの話をした人の大半がそうだった。気候科学や気候政策にかかわっているのに、このような提案があったことを知らない人もいる。これはもったいない。気候変動の問題はもう十分に大きく、もう十分に差し迫っているので、真剣な解決策があればどれも耳を傾ける価値がある。この提案は魔法の杖ではない。うまくいく保証はない。これだけで問題が解決するとはだれも言っていない。ほかの行動と組み合わせる必要がある。それでも、変化をもたらすかもしれないし、どちらにしてもよい出発点になる。危機の大きさを考えれば、あらゆる可能性を探るべきだ。この提案はもっと知られていい。

経済学者の提案

「炭素配当に関する経済学者らの声明」は、気候リーダーシップ協議会と呼ばれる組織のウェブサイトに掲載されている。[2] 大量の追加情報も読みやすい形式で公開されており、訪れてみる価値がある。この章に示されている提案に関する引用や参考文献は、このサイトからのものである。

提案の核となる考え方は、石炭、石油、ガスなど種類を問わず、化石燃料を使う人に課税することで炭素の排出をコントロールできる、というものだ。税金を支払うのは生産者であり、消費者ではない。金額は生産者が使う燃料に含まれる炭素の量に比例して決まる。企業が排出する炭素の量が多ければ多いほど、その企業が支払う税金は増える。

この提案は、生産者に炭素の排出を減らすインセンティブを与えることで機能する。炭素税がかかると、化石燃料を使うコストが高くなるので、化石燃料の使用を抑えるようになる。また、より持続可能な生産方法にシフトするインセンティブもはたらく。炭素コストの少なくとも一部は消費者に転嫁される。大量のエネルギーを使う炭素集約度の高い商品は価格が上がる。そのため、消費者にもカーボンフットプリントが大きい商品の消費を減らすインセンティブが生まれる。そうした商品を避けて持続可能な商品を選ぶようにするインセンティブもはたらく。すると、炭素集約度の低い商品を開発しようと企業が競争するようになって、イノベーションがうながされる。さらに、エネルギー効率の高い生産方式に投資するようにもなる。

その結果、炭素の排出は減る。炭素税が導入されると、生産者も消費者も、高炭素型の経済から離れていくようになる。消費パターンのシフトをうながし、イノベーションと投資を刺激することで、その流れを後押しする。

問題を解決するためにどれくらいの税収規模が必要か、厳密にわかっているのだろうか。答えは「ノー」だ。しかし、わかっている必要はない。あなたはいま、摂取するカロリーを抑えて体重を減らそうとしているとしよう。自分にとって最適なカロリー摂取量はどれくらいか、たぶん厳密にはわかっていない。しかし、わかっている必要はない。食べるものや飲むものを少し減らすことからはじめればいい。やがて結果が出る。体重が減っていれば最高だ！　減っていなかったらダイエットをつづける。結果に満足したらそこで止める。「カロリーの摂取量を厳密にどれだけ減らす必要があるかまだわからないから、ダイエットはしない」というのは、やる前からあきらめている敗北主義者の発想だ。

同じことは炭素ダイエットにも言える。カーボンフットプリントを厳密にどれくらい減らす必要があるかわかっている必要はない。なにが最適な税率であるか、厳密にわかるわけがないので、経済学者たちはまずは「手堅く」スタートし、問題が解決するまで段階的に引き上げていくことを勧める。提案では、炭素税の当初の水準を二酸化炭素一トン当たり四〇ドルにするべきだとしており、これによってアメリカの排出量は二〇三五年までに半減するという。この税率では低すぎるかもしれない。減少幅や減少ペースが十分に劇的でなければ、そうなるまで税率を上げていく。最適な税率がまだわからないから炭素税をとりいれるべきではないというのは、敗北主義者の発想である。

くわえて、生産拠点を外国に移して炭素税を逃れようとする動きを封じるために、同じような炭素税がない国から輸入する財には関税をかけることを提案している。炭素税がある国は対象外になるので、アメリカへの輸出に頼っている中小国には、同じようなシステムをとりいれるインセンティブがはたらくようになる。

さらに、政府が徴収する税金は市民に還元するべきだと訴える。税収は国庫ではなく、市民の懐に入るということだ。声明の試算では、四人家族だと年間約二〇〇〇ドルが一括で支払われる。ほとんどの家族にとってはかなりの金額だ。物価が上昇したとしても、大多数の世帯は差し引きでプラスになる。とくに効果が大きいのは、もともと使えるお金がそれほど多くない低所得層と、カーボンフットプリントが小さい人たちになる。政府から受け取るお金のほうが、エネルギー価格が上がって失うぶんよりも多くなるからだ。提案の効果は、炭素の排出が減り、気候変動のペースが減速することだけではない。不平等も減る。気候行動のコストを最も弱い立場にある人たちが背負わされることはない。

税収を市民に還元するのは、気候変動を止めるための取り組みがアメリカの一般の労働者や消費者に利益をもたらすようにするためだ。気候行動が抜本的で、炭素税が高いほど、多くのお金が一般市民に回るようになる。「これによって一般のアメリカ市民の経済的な利益が気候問題の進展とはじめて連動するようになる」という。[3] そうなれば政治的な支持を広く集めやすくなるはずだ。

気候コミュニケーションを研究している行動科学者なら、前向きなメッセージが重要だと説くだろう。この点については、オンライン学術誌《ビヘイビオラル・サイエンティスト》のある論文がとても参考になる。[4] 執筆者のデズモンド・カーワンは、気候変動に関するメッセージはネガティブなものが多すぎると指摘する。聞こえてくるのは、終末論を唱え、罪悪感や恥に訴える話ばかりだ。そうしたメッセージを送る人は、行動をうながすには強く不安をあおるほうがいいと信じているのだろう。未来は明るいわけではないのだと。ところが、強く不安をあおるメッセージを送るのは逆効果になるおそれがある。行動を引き出したいなら、もっと前向きで建設的な表現方法をとるといいと行動科学者たちは言う。経済学者の提案は、前向きに取り組めるものだ。イノベーション、投資、より持続的な消費パターンへの移行が進めば、いま生きている人間が大きな恩恵を受ける。そして炭素税収入が一括還元されれば、人生の新しい選択肢ができる。貧しい人やカーボンフットプリントが小さい人はとくにそうだ。生活の水準が上がるだけでなく、環境にいい生活を送れるようにもなるかもしれない。こんな損失をもたらすと脅すだけでなく、こんな利得が手に入る可能性があると強調すると、望ましい行動を引き出しやすくなるだろう。

この提案にはほかにも利点がある。高い炭素税をかけると、限定的で効率の悪い、つぎはぎだらけのルールや規制を合理化できるようになるという。炭素税が十分に機能するようになれば、不要になるルールも出てくるだろう。そうなったらなくしてしまえばいい。規制が減ることは生産性にもイノベーションにもプラスにはたらくはずだ。とはいえ、数々のルールや規制はそのまま残しておく必要があるだろうとあえて指摘されている。なかには炭素税では対応できない問題を解決するためにつくられたものもある。ほかの温室効果ガスの排出は、別のルールや規制でコントロールしなければいけない。さらに、炭素税を非常によく補完するとされるものもあり、その一つとしてエネルギー効率基準があげられている。このルールはたとえ炭素税が導入されても大いに役立つだろう。

この提案がうまくいく保証はあるのか。答えは「ノー」だ。経済学のロジックにもとづいており、数々の利点はあるが、それでも失敗するかもしれない。この提案では気候変動をコントロールできないとしよう。そうだとしても、炭素税が導入されれば、イノベーションが生み出され、投資が刺激され、持続可能な消費パターンへの移行がうながされるとともに、所得格差も減る。これが最悪のシナリオなら上等だろう。かなりいいほうだ。一か八か（ばち）やってみる価値はある。ほかの効果的な気候行動を補完する手段としてとりいれられるなら、実害はなさそうだ。この提案は、ほかのすべての規制をなくすべきだとも、気候変動を制御するためのほかの適切な手段を追求するのをやめるべきだとも言っていない。

提案の原文には「健全な経済学の原則にしたがう」と明記されている。そうした経済学の原則とはどのようなものなのか。提案の内容は経済理論とはそれほど関係がないように思えるかもしれない。結局は税金なのだから。ところがそこにはもっと深い意味がある。この提案は、合理的選択理論にもとづいている。さらに、経済学の考え方の中心的な要素である「限界」という概念とも結びついている。

どういうことか説明していこう。

ある生産者の視点に立って、この問題を見ていく。この会社はどれだけ生産するのだろう。石油一バレルを生産すると、生産にかかる費用を大きく上回る利益を得られるとする。その場合、生産を増やそうとするのはほぼまちがいない。つぎの一バレルも、生産にかかる費用を上回る利益を得られるだろう。しかし、生産を増やせば増やすほど、一バレルを追加で生産する費用は割高になっていく。やがてどこかの時点で、一バレルを追加で生産する費用は、それがもたらす利益を上回るようになる。そこでこの会社は増産を止める。生産者にとっての**限界費用**（追加で一バレル生産するためにかかる費用）が**限界便益**（追加で一バレル生産して得られる便益）が等しくなるところで生産は安定する。このときには、生産を増やしても減らしても、利益を増やすことはできない。この会社は利益を最大化している。

今度は石油の生産がほかの人に影響をおよぼすとしよう。これを経済学では**負の外部性**があるという。平たく言えば、第三者になんらかの望ましくない影響を与えるということだ。ここでいう第三者とは、取引の当事者ではないという意味で、罪のない傍観者である。生産者が一バレル追加で生産するたびに、傍観者はなんらかの損害を受ける。負の外部性がある財はたくさんある。アルコール消費は自動車事故につながり、罪のない傍観者が犠牲になる。たばこは不快かつ有害な煙を生み出す。工場畜産は、動物に多大な苦痛を与える以外にも、薬剤耐性をもつ細菌を培養する場になる。化石燃料の増産にともなう炭素の排出は、古典的な負の外部性である。その石油の生産にも消費にもかかわっていなかった人に害がおよぶ。

負の外部性がある場合には、一バレル生産されるごとに**社会的費用**が発生する。社会的費用とは、第三者が受ける害である。社会的費用は生産者の費用便益分析には影響しない。利益だけを追い求める生産者は、みずからの限界費用（私的費用）とみずからの限界便益（私的便益）が等しくなるまで、生産を増やしつづける。石油の生産に正の外部性がないと想定できるなら、最後の一バレルを生産するのに要した総費用は総便益を超えることになる。総費用は、私的費用と社会的費用を合わせたものである。私的費用と社会的費用の合計額が総便益を上回るということは、最後の一バレルは利益より損害のほうが大きくなることを意味する。したがって、人びとは社会全体にとって最善になるであろう水準よりも多く生産し、消費することになる。社会的に最適な産油量は、限界総費用が限界総便益に等しくなる水準である。そしていまはそれ以上に生産している。負の外部性があると、規制のない自由市場で生産される量が社会的に最適な水準を上回ってしまう。

ピグー税はまさにこの問題を克服するためのものだ。ピグー税は政府が徴収する賦課金である。税の規模は、負の外部性の規模に応じて決まるのが理想だ。負の外部性は第三者に影響をおよぼすのに対し、ピグー税は生産者に影響を与える。すると生産者は注意を向けるようになる。ピグー税がうまく設計されれば、生産者は社会的最適量になるまで生産を増やす。それ以上でもそれ以下でもない。経済学者風に言うと、外部性は内部化される。

税金は歪みと非効率をもたらすという話を聞いたことがあるだろう。自由な市場は効率的な結果をもたらし、自由市場に「干渉」や「歪み」が生じると効率が下がるという考えだ。それが的を射ていることも多いが、負の外部性があるときはそうではない。前に述べたように、経済学の標準理論によると、適切な費用を課せば社会の効率性を高められる。もちろん話はそんなに単純ではない。それでも要点は変わらない。もう一度言おう。経済学の標準理論にしたがうなら、うまく設計されたピグー税を導入すると、世の中の効率は上がる。汚染者に費用を支払わせるようにすれば、社会の状態はよくなる。

この話は、標準的な合理的選択理論から直接導くことができる。非効率な状況は、供給曲線と需要曲線を用いて図で示せる。需要供給曲線とは、ある価格で消費者がどれだけ買いたいと思っているか、生産者がどれだけつくりたいと思っているかを表す線である。需給曲線は、消費者（そして生産者）は経済学者のいう意味で合理的であるという前提から直接得られる。需要と供給の関係は、ここでわたしが説明するよりも複雑な話になる。だが、需給の原理は経済学の初歩の初歩であり、ミクロ経済学の入門書にはかならず出てくる。著者が政治的右派とされているか（N・グレゴリー・マンキューなど）、左派とされているか（ポール・クルーグマンなど）は関係ない。こんなに多くの経済学者があの提案を支持できたのも、これである程度説明がつく。それが拠って立つ理論は、まさに標準理論なのである。

しかし、うまくいくのか

経済学者に関するこんなジョークがある。「実践はうまくいっているようだね。しかし理論上はうまくいくのか？」。炭素税は理論上はうまくいく。多くの経済学者はそれに満足するだろう。それでも、ふつうの人は実践ではうまくいくのかと問うのではないか。炭素税は有効な手段であることを示す大量の経験的証拠はない。だが、楽観できる理由はある。

経済学者のユリウス・アンデションによると、スウェーデンでは一九九一年に炭素税が導入された。[5]気候変動を食い止めるために炭素税をいち早くとりいれた国の一つだ。それと前後して、スウェーデンは付加価値税（VAT）の対象をガソリンとディーゼルに広げた。炭素税率は一トン当たり三〇ドルでスタートした。税率は段階的に引き上げられ、二〇一八年には一三二ドルに達した。炭素税は主に輸送セクターに影響を与える。そのためアンデションは輸送セクターを研究した。

輸送用燃料の増税はどのような影響をもたらしたのか。アンデションは現実のスウェーデンと〝仮想〟スウェーデン（調査期間中に輸送用燃料に炭素税とVATがかからなかった点を除けば、スウェーデンとよく似ている架空の国）を比較している。

調査の結果は、炭素税が二酸化炭素の排出を抑えることを示すものとなった。炭素税が導入され、VATが課されるようになった後、スウェーデンの輸送セクターが排出する二酸化炭素は一一パーセント近く減った。それに最も寄与したのが炭素税だったのだ。

その一方で、炭素税が国内総生産（GDP）の足かせになったことを示すエビデンスは見つからなかった。炭素税はGDPにマイナスに作用する、炭素排出量が減るのは経済全体が減速するからだという説がある。しかし、スウェーデンのデータはそのようなことを示していない。マイナスに作用するどころか、現実のスウェーデンのGDPは仮想スウェーデンのGDPをわずかに上回った。

理論上でうまくいくものは実践でもうまくいくように見える。炭素税の効果は十分に大きくはなかったかもしれないし、排出基準を設けるなど、ほかの介入で補完する必要はあるだろう。だが限界においては、炭素税の導入は想定どおりの効果を生んだ。温室効果ガスの排出は大きく減った。

なぜ経済学者を信頼するのか

気候変動や気候政策をめぐる議論に、経済学はどんな貢献をしているのだろう。ここでは、経済学の標準理論（合理性の前提など）は少なくとも四つのことをなしとげている。第一に、政府が管理するという意味で、実行可能な介入を提案している。課税は、実際上でも法律上でも、政府ができることだ。第二に、提案が受け入れられたら世の中を効率化できるという、説得力のある主張を提示している。この理論が正しければ炭素税をとりいれることで社会全体の状態はよくなる。第三に、炭素税が実践でうまくいくことを示す経験的証拠を与えている。二酸化炭素の排出量が一一パーセント減ったなら上出来だ。第四に、標準理論は協力行動をうながす協調装置の役割を果たし、多種多様な立場の経済学者たちが差し迫った問題を解決するための実行可能な提案で合意できた。さまざまな考え方をもつ人びとの大きな集団が合意にいたったというのは、まぎれもない成果だ。経済学者でなくても気候行動に賛同できるし、賛同しない経済学者もいる。しかし、経済学が提供する資源があれば、実際的な解決策を開発できるようになるだけでなく、それを声高に主張できるようにもなる。

もっと深いところでも、経済学の考え方の核となる原理が反映されている。一つは限界で考えることの大切さだ。理想の世界――平和と正義と相互理解に満ちた世界について考えることからはじめたいなら、そうしてもいい。そして「この理想の世界では、義務と負担と資源と喜びはどう分配されるのか」「生産者はどれくらい生産するべきで、消費者はどれくらい消費するべきか」と問う。この考え方は政治理論によく見られるもので、**理想理論**と呼ばれる。どう見てもこの考え方にまちがっているところは一つもないのだが、いずれにしても、ひとたびそうしたら――ほんとうにそうしてしまったら、ここからそこにどうたどり着くのかは、ほとんどわからないままだ。経済学者は、理想の世界ではなく、わたしたちが暮らしている世界からスタートする。経済学者はこう問う。「いまの状況を与えられたものとして、どうすれば正しい方向に進めるのか」。これが限界で考えるということだ。ここからそこにどうたどり着くのかという問いに直接答えようとする。

その提案がそんなによいものなら、なぜまだ実行されていないのか。それはとても大きな問いだ。これには政治がからんでくるので、わたしの専門領域ではない。わたしが言いたいのは、それは価値のある提案だが、全員が歓迎しているわけではない、ということだ。しかしこの理由には、どこかあきらめのようなものが感じられる。人びとが好ましいと思っている解決策しか使えないというなら、選択の余地はほとんどなくなってしまう。それに、炭素税がうまくいくことを示すエビデンスを受け取るときは炭素税に対する一般の支持は高まると、アンデションは指摘している[6]。もしかすると、ほんとうにもしかするとだが、炭素税が広く支持されていないのは、有権者と政治家が、炭素税とはなにか、どんなロジックに裏づけられているのか、炭素税がうまくいくことを示すどんなエビデンスがあるのか、わかっていないからかもしれない。そうであるなら、導入をあきらめてしまう前に、炭素税がどのように機能するのか説明する努力をしてみる価値はありそうだ。

合理性と非合理性

二人の経済学者が通りを歩いている。一人が言う。「あそこに落ちているのは二〇ドル札じゃないか?」。もう一人が言う。「そんなはずがない。ほんとうにそうなら、だれかがもう拾っているだろう」

経済学者を揶揄するジョークを集めたウェブサイトはいくつかあるが、そこにはかならずこのやりとりが載っている。このジョークがわかる人は、**ホモ・エコノミクス**（合理的な経済人）を知っている人だ。ホモ・エコノミクスとは、私的な領域でも公的な領域でも、合理的に行動する人のことである。多くの人にとってはそんな人がいるとは信じがたいし、傍（はた）から見れば滑稽ですらある。周りをよく見てほしい。人は合理的だとはとうてい思えない。すぐ食べ過ぎる。貯金が足りない。お酒を飲むし、たばこを吸うし、ドラッグもやる。望みのない恋ほど燃えて、思いがかなうと冷める。自分にとって害になる政策を掲げる政治家に投票する。誤って銃で自分の足を撃つようなばかなまねをする。人間がほんとうに文字どおり合理的であれば、そんなことをするわけがない。

合理性はいまも現代経済学の柱である。経済学を学ぶとなったら最初に習うだろう。博士課程に進んだ院生は、より高度な形ではあるが、これを最初に教わることになる。合理的選択理論の授業が最初にくるのは、現代経済学の大部分がその基礎の上に築かれているからだ。ゲーム理論家のアリエル・ルービンシュタインに言わせると、それは「経済理論の世界への入門の儀式」のようなものである[7]。なので儀式にふさわしい厳かなファンファーレを鳴らしながら講義をはじめなければいけないのだという。合理的選択理論は現代経済学を支配しているだけでなく、政治学、社会学などの隣接する学問、さらには生物学のいくつかの分野まで進出して占領している。

炭素税の導入案は、合理的選択理論にもとづいている。これはちょっと問題なのではないかと思っている人もいるだろう。経済学に懐疑的な人はたいてい、前提がそもそもまちがっていると指摘する。そして前提がまちがっているのだから計画そのものがまちがっていると推論する。人間は合理的だという前提から導かれたものなのに、炭素税の導入を真剣に検討できるわけがない。

問題は、攻撃のアプローチそのものが的外れであることだ。ある科学理論が正しいかまちがっているかは、基本となる前提を精査するだけでは判断できない。それがどんな理論であるかを評価しなければいけない。その理論でなければ読み解けないことを説明できるのか。あなたにとって大切なことを予測する助けになるのか。わたしたちが関心をもっているもの、橋梁から医療システムにいたるまであらゆるものをつくって管理するのに役立つのか。ある科学がなにかの役に立つかどうかを知りたいなら、こうしたことを問うべきであって、その科学の基本となる前提が部外者の目から見てもっともらしいかどうかではない。

一つ例をあげよう。アイザック・ニュートンの力学体系は科学史上最も成功した理論の一つである。ニュートン力学はいくつかの法則をもとにしている。どれもとてもシンプルなので、高校でも教えることができる。ニュートンの法則を使うと、地球や月などの天体の運動、潮の満干、振り子の動きなどを説明できる。しかしだ！　ニュートン力学の大前提はどう見てもおかしい。すべての地上の物体と天体は小さいと仮定している。ただ小さいだけでなく、無限に小さいのだ。ニュートン力学は見えない力（引力）の存在を前提とし、無限大の速度で伝わる魔法のような力が宇宙全体に広がるとする。ニュートンの理論をその前提がもっともらしいかどうかで評価できるのであれば、発表された時点で即却下されていただろう（そして、ニュートン力学の大前提がおかしいとしたら、量子力学の前提はいかれていかれているとしか言いようがない）。だが、そうしたことは問題ではない。ニュートンの理論が成功したとされているのは、それが役に立つからだ。ものごとを理解し、予測し、つくって管理する助けになる。

テレビの料理コンテスト番組と同じで、プディングがおいしいかどうかは食べてみなければわからない。ニュートンの理論を、その前提がわたしたちの非科学的な直感や日常の観察と一致するかどうかで判断することはないし、そうするべきでもない。ニュートンの理論に言えることは、物理学か経済学かに関係なく、広く当てはまる。重要なのは、その理論でなにができるようになるかだ。どんな疑問に答えを出せるか、どんな謎を解けるか、どんな構造物をつくれるようになるか、どんな問題を解決できるか。経済学も同じである。ある前提がおかしく感じられても、それは経済学がよい科学か悪い科学かという疑問とはなにひとつ関係ない。

合理的選択理論は傍目（はため）には奇妙に映る。しかし、経済学者がそれを使いつづけているのは、その理論がいつも文字どおり正しいと信じ込んでいるからではない。わたしたちが求めるものを与えてくれるからだ。気候変動に対する実行可能な解決策もそうだ。それはエビデンスに裏打ちされた解決策である。正しく理解し、適切に使えば、合理的選択理論は数々の行動を理解するのに役立つ。外部性がどこからくるのか、たとえばどうしてこれほど汚染が進んでいるのかを理解するのにも役立つ。だが、それ以上に重要なのは、人類が直面している非常に大きな問題を克服する力になれることである。気候変動もその一つだ。経済学を使えば、よりよい世界へと向かう道筋を描けるようになる。

第4章　悪い行動を変えるには

屋外排泄とは、野原や草むら、運河、その他の空き地など、屋外で用を足す慣習である。[1] 国連児童基金（ユニセフ）と世界保健機関（ＷＨＯ）によると、五五カ国の人口の五パーセント以上が屋外で排泄している。この慣習はさまざまな悪影響をおよぼす。不衛生である。病気を蔓延（まんえん）させる。河川を汚染する。子どもの栄養状態や公衆衛生を脅かす。にもかかわらずこの慣習は根強く、現地政府がトイレをつくり、情報キャンペーンを展開して、屋外排泄をなくそうとしているが、それでもつづいている。

児童婚とは、配偶者の少なくとも一方が一八歳未満である結婚のことをいう。[2] ユニセフの推計では、新型コロナウイルス感染症のパンデミックが発生する前の時点で、一〇年間に一億人の少女が一八歳未満で結婚した。パンデミック後、その数は一〇〇〇万人増えた。児童婚には多くの弊害がある。一八歳未満で結婚する少女は、そうでない場合に比べて、夫やその家族から暴力を受けやすい。学校を卒業できる可能性が低い。妊娠や出産で命を落とすリスクも大きい。その子どもも大きなリスクにさらされ、死産や新生児死亡の割合が高い。児童婚の根絶に向けてさまざまな取り組みが行なわれてはいるが、いまも後を絶たない。

女性器切除とは、非医学的な理由から女性の外性器を切り取ったり傷つけたりする行為をさす。[3] 主に乳児期から一五歳未満の少女に行なわれる。ＷＨＯの推計では、毎年三〇〇万人の少女がその危険にさらされている。現在生きている二億人以上の少女と女性が女性器切除を経験しているが、この慣習に健康上の利点はまったくなく、激しい痛みをともなうばかりか、感染症や出血で命を落とすリスクもある。生き残った少女も、心身への後遺症に一生苦しめられる。

屋外排泄、児童婚、女性器切除にはどんな共通点があるのだろう。それは人びとのあいだで受け継がれてきた慣習であることだ。どれも長くつづいてきた。広く行なわれてもいる。そしてきわめて有害だ。そんなに悪いものなら、それをなくすことにみんなすんなり同意するだろうと考えるかもしれない。ところがいずれも驚くほど根強く残っている。その慣習が有害であることを、それにかかわる人たちが理解していてもそうなのである。

こうした慣習の根絶に取り組んでいる一人が、ペンシルベニア大学の哲学・政治学・経済学コース長、クリスティーナ・ビッキエリだ。ビッキエリはゲーム理論家である。ゲーム理論は、戦略的相互作用を分析する経済理論だ。複数の主体がかかわるときや、みんながどうするかによって最終的にどうなるかが決まるときの意思決定を研究の対象としている。ゲーム理論は現代経済学の多くの分野の基礎になっている。ビッキエリはこの理論を使って**社会規範**の理論を構築しており、『社会の文法』『野生状態における規範』の二冊の著書がある。[4] 屋外排泄、児童婚、女性器切除のような慣習は、社会規範の観点から理解する必要があるとビッキエリは考える。たとえ社会規範の問題ではなくても、社会規範が解決策になりうるという。規範とはなにか。人びとはなぜそれにしたがうのか。規範が明らかに有害であるときですら、なぜこんなに根強いのか。ビッキエリの理論はこうした疑問を解き明かす。それにもまして重要なのは、変化を起こせる可能性が示されていることだ。社会を大きく変え、その変化を定着させる手がかりがこの理論にあると、ビッキエリは信じている。

こうした慣習を根絶するためにさまざまな取り組みが進められているものの、やり方がまちがっているのではないかとビッキエリは言う。[5] 状況を改善しようとする取り組みの多くが、資源を提供することに重点を置いている。たとえばインド政府はトイレをつくって屋外排泄を減らそうとしている。また、情報を提供することに焦点を合わせるときもある。パキスタン政府が屋外排泄は健康に悪影響をおよぼすと広く伝えようとしたが、結果は思わしくなかった。ビッキエリによれば、資源と情報は必要だろうが、それだけではとうてい足りない。悪しき慣習を絶つには、人びとの**期待**を変えるようにするべきだ。ここでいう期待とは、ほかの人はどうするか、ほかの人はどうすることが正しく適切だと考えているかに関する信念である。さらに、**協調**をうながして、人びとが集団として行動を変えやすくするべきである。

悪しき慣習を根絶し、人権を促進するために、ビッキエリは幅広い共同研究プロジェクトに参加している。[6] ビル・アンド・メリンダ・ゲイツ財団とはインドの社会規範と公衆衛生について、ユニセフとはマリの児童婚率が高い背景について、そしてイギリス王立国際問題研究所とはナイジェリアの腐敗の実態について調査した。また、世界中の人権運動家などに向けた講習会も定期的に開いている。いまならオンライン教育サービスのコーセラでビッキエリの研修講座を無料で受けられる。[7] これを書いている時点で、すでに一〇万人以上が受講登録をしている。このアプローチがきわめて有望だと考えているのは、ビッキエリ一人でないことは明らかだ。

ビッキエリの理論は、社会規範が引き起こす社会問題にも、社会規範によって解決できる可能性があるどの問題にも応用できる。そうした問題はたくさんある。即効薬にはならないが、その場しのぎの解決策ではなく、現実に即した実行可能なアドバイスを提示してくれる。この理論は大きな社会問題にも小さな頭痛の種にも使える。シンクに皿を置きっぱなしにする同僚などの困った人たちに対処できるようになる。

規範と行動

なぜ人は悪いことをするのか。その説明はたくさんある。日常の経験から形成される説明はたいてい不十分なばかりか、有害なときもある。マタイによる福音書七章一八節に「よい木が悪い実をならせることはない」とある。わたしたちの多くはお互いについて同じような思いを抱いている。この考え方では、すべての人は二つに分けられる。よい人と悪い人だ。よい人はよいことをする。悪い人は悪いことをする。だれかが悪いことをしているなら、その人は悪い人であるにちがいない。ほかのだれかがよいことをしているなら、その人はよい人であるにちがいない。これを悪い行動の**素朴説明**と呼ぼう。

この素朴説明は、心理学者が**根本的な帰属の誤り**と呼ぶものと関係がある。ほかの人の行動を説明するときには、人格や性格や気質のような、いってみれば固定的な特性を指摘する傾向がある。これに対し、自分の行動を説明するときには、状況や環境や外的な圧力のような、自分が置かれている場面の流動的な特性を指摘することが多い。そのため、通勤のバスで見知らぬ人が乱暴なふるまいをしていたら、こう言いたくなる。「あの人があんなことをしたのは、あの人が乱暴で礼儀を知らない人だからだ」。自分が同じような状況で乱暴なふるまいをしたら、そのときはこう言いたくなる。「わたしがあんなことをしたのは、寝坊して遅刻しそうになって、ものすごく焦っていたせいなのだ！」

悪い行動の素朴説明は、根本的な帰属の誤りと残念な形で結びついてしまうことがある。素朴説明では、悪いことは悪い人がするものとされる。では、その悪い人とはだれなのか。根本的な帰属の誤りによって、それは自分ではないと思い込む。自分はイライラしていたか、その日はついていなかっただけで、悪い人間ではけっしてない。悪い人はだれかほかの人にちがいない。じゃあいったいだれなのか。自分とはちがうだれかに決まっている。地域でゴミ問題が起きていると、犯人は外部から入ってくるよそ者にちがいないとか、地域住民の構成が変わってしまっているのだとか推測しがちである。最悪のケースでは、移民や宗教、民族などのバックグラウンドがちがう人のせいにしようとする。

しかし、この考え方はまちがっている。なんの問題もない状況下で（問題がある状況下でも）、有害で反社会的なことをする可能性は大方の人、いやすべての人にある。自分とちがっている人たちのせいにするのはたいていまちがいだ。社会規範の理論がそれを説明している。

社会規範は、集団や社会のなかで暮らす人びとの行動を支配する非公式なルールである。人は自分のことを、少なくともたいていのときは、合理的な動物だと考えているだろう。人間は習慣の生き物だと認識しているかもしれない。ところが、わたしたちの行動は社会規範にとても強く影響される。外国のレストランで夕食をとろうとしている場面を想像してみてほしい。目の前のテーブルには、おいしそうな料理と食べるときに使う食器がずらっと並んでいる。問題は、どのソースをどの料理に合わせるのか、どの食器をどうやって使うのか、まったくわからないことだ。あなたはたぶん、最初に周りを見て、地元の人がなにをしているか探り当てて、それと同じようにする。なにが規範であるか突き止めて、それにしたがおうとしているのだ。そんなことはきっと意識もしていないだろう。それをはっきり意識していたら、まちがった食べ方をして地元の人に指さされて笑われている自分の姿が浮かんでくるにちがいない。そんな場面を想像しただけで不安でいっぱいになるかもしれない。それが規範の力である。規範はあらゆる種類の行動を決める。よい行動も、悪い行動もだ。なぜ人がそうしているのかを理解するには、社会規範に目を向ける必要がある。小さな頭痛の種をなくしたいか、大きな問題を解決したいか、その両方かを問わず、人がすることを変えたいときもそうである。

ビッキエリの中心的な洞察は、人はおおむね規範にしたがいたいと思っている、というものだ。地元の人がみんなあるやり方で食べているなら、あなたもそのやり方で食べたいと思うだろう。ほかの人がだれもゴミを投げ捨てていなければ、あなたもゴミを放り投げようとはしない。規範に反したら、それこそ悪夢である。卒業式で壇に上がったら裸の王様だったなんて、考えただけでぞっとする。それが規範のもたらす逸脱への恐怖である。わたしたちはそれだけはなにがあってもしたくないと思う。

しかし、規範にしたがいたいと思うかどうかは**条件つき**のものである。いま、ビールを飲みにパブに向かっているとしよう。パブに着くと、ほかの客たちは注文の列にきちんと並んで、自分の番がくるのを待っている。そうした状況では、バーのカウンターに突進して、手をぶんぶん振って、大きな声でパブの主人を呼ぼうなんて考えもしないだろう。注文の列に加わり、自分の番がくるのを辛抱強く待つ。だが、ほかの客がカウンターに群がって、われさきに注文しようとしているとしたらどうだろう。今度は注文の列に加わって自分の番がくるのを待とうなんて考えもしないのではないか。あなたもカウンターに突進して、手をぶんぶん振って、大きな声でパブの主人を呼ぶ。こう考えると、規範にしたがおうとする欲求が条件つきであるとはどういうことか、よくわかる。注文の列にきちんと並ぼうと思うかどうかは、ほかの人が列にきちんと並んでいるかどうかで決まる。カウンターに突進しようと思うかどうかは、ほかの人がカウンターに突進しているかどうかで決まる。あなたがどうやって喉の渇きを癒やしたいと思うかは、ひとえにほかの人がどう癒やしているかで決まるのである。

社会規範にしたがいたいという欲求が条件つきであるというのは、**道徳規範**とちがう点である。道徳規範は道徳のルールや原則だ。「殺人はまちがっている」というものがその一例である。殺人はまちがっていると心から信じているなら、ほかの人がどうしていようと、それだけはなにがあってもしたくないと思うだろう。だれかがあなたのバラ園にたばこの吸い殻を投げ捨てて、あなたはその場で相手を殺したくなったと想像してほしい。そのときに、あなたの隣人が庭にゴミを投げ捨てた者を殺しているかどうかで、相手を殺すかどうかを決めることはない。絶対に人を殺してはいけないと思っているなら、隣人がどうしているか知る必要すらない。しかし、社会規範にはそれは当てはまらない。

先に述べたパブのシナリオは、経済学でいう**ゲーム**の一例である。各個人は意思決定をしなければいけない。注文の列に並ぶか、カウンターに突き進むか。最終的にどのような結果になるかは、一人がどうするかだけでなく、その場の全員がどうするかによっても決まる。この状況にはゲーム理論が当てはまる。

このゲームでは、最終的な結果は二つに一つである。全員が注文の列にきちんと並ぶか、全員がカウンターに群がるかだ。経済学者風に言えば、このゲームには二つの**ナッシュ均衡**がある。ナッシュ均衡は、数学者で映画「ビューティフル・マインド」の主人公にもなっているジョン・ナッシュにちなんで名づけられた。これは、あるプレイヤーが一人だけ選択を変えても、ほかのすべてのプレイヤーが選択を変えないかぎり、それ以上結果がよくならない状況である。言い換えれば、ほかのプレイヤーがどんな選択をしていようと、全員がすでに最適な意思決定をしている状態が均衡である。ほかの人がすることをしたいと全員が思っているかぎり、全員が列にきちんと並ぶか、全員がカウンターに押し寄せるかのいずれかになる。そしてこうした均衡は、つぎに示すような意味で**安定**である。もしもあなたのやろうとしていることがほかのすべての人がしていることと正反対だったなら、自分のやり方はまちがっていると気づき、すぐに意思決定を変えるだろう。たとえば、スマホの画面に夢中になって、ほかの人が並んでいるのに気づかずにうっかり列に割り込んでしまったとする。ふと目を上げると、全員が非難がましくこちらをにらんでいるではないか。この状況では、順番を守らずに注文しようとせず、列のいちばん後ろに並び直したほうが絶対にいい。ちなみに、ゲームの均衡の数は二つとはかぎらない。均衡の数は相互作用の構造によって変わり、人びとの選好も反映される。

ビッキエリによれば、社会規範はすべて均衡である。社会規範はある種の均衡である。均衡はすべて規範というわけではないが、社会規範はすべて均衡である。パブのカウンターでは注文の列にきちんと並ぶというルールは社会規範の一例と言えるだろう。それが均衡になるのは、人びとの選好は条件つきであるからだ。社会規範は**期待**に支えられている。第一に、自分以外の十分に多くの人がその規範にしたがうことを、わたしたち一人ひとりが期待する。ビッキエリはこれを**経験的期待**と呼ぶ。わたしが注文の列に並ぶ理由の一つは、ほかの人も当然そうするものと思っているからだ。そうでなかったら、わざわざ並ばないだろう（繰り返すが、社会規範はこの点が道徳規範とちがう）。第二に、自分以外の十分に多くの人かならその規範にしたがうべきだと判断され、したがわなかったら罰せられるだろうと各個人が期待する。ビッキエリはこれを**規範的期待**と呼ぶ。わたしが注文の列に並ぶ理由の一つは、わたしが列に並ばなかったら、ほかの人はそれを責めるだろうと思うからである。さらに、規範を破ったら制裁を受けるおそれがある。わたしが列に並ばなかったことをよく思わない人が眉をひそめたり、鼻で笑ったり、強く非難したりするかもしれない。

少し単純化しているのはたしかだが、これは理論だ。社会規範は、条件つき選好、経験的期待、規範的期待によって特徴づけられる均衡である。そしてそれが、社会規範とはどのようなものかを規定する。だが、なぜ社会規範がこれほど行動に強く影響するのだろう。ビッキエリはその理由として、なにが正しくてなにがまちがっているかを判断する際に個人の信念より社会規範を優先する傾向があることをあげ、つぎのように述べている。

個人の信念と規範的期待が一致しないときは、個人の信念ではなく、規範的期待が行動を導くと予想される。これは社会心理学者の観察と一致する。関連する集団によって共有されていると受け取られている考え方は行動に影響を与えるが、個人の規範的信念はそうならないことが多い。社会に広くいきわたっている考え方から逸脱するときはとくにそうだ。[8]

いま、わたし個人の信条ではXをすることはまちがっていると想像してほしい。同時に、社会規範にしたがうなら、そのXをするべきだとする。その場合には、わたしはつぎのような経験的期待をもつことになる。「ほかの人はXをするだろう」。同時に、つぎのような規範的期待ももつことになる。「ほかの人はわたしはXをするべきだと判断するだろうし、わたしがXをしなければ罰するかもしれない」。この二つの期待は、わたし個人の条件つき選好とともに、Xをすることはまちがっているというわたし個人の信条よりもはるかに強く行動に影響する。そうだとすると、変化を起こすには情報を与えるだけでは概して十分とは言えない理由に説明がつく。たとえわたし個人の信条が変わったとしても、それだけで行動パターンが変わることはありそうにない。

社会規範は、その行動に関する個人の信条とは比較的無関係に、あらゆる種類の行動を支えるものとなる。それがよい行動のときもある。ゴミを投げ捨ててはいけないという規範は、環境をきれいに保つ役割を果たす。ゴミの投げ捨てに反対しない考えの人がいる社会でもそうだ。公正な取引を行なうべきだとする規範は、詐欺や盗みは道徳に反するとは考えない人がいるときでも、市場の機能を高めるはたらきをする。こうしたケースでは、社会規範は世の中をよい方向に導く力となる。だが、それが悪い行動、場合によっては非常に悪い行動のときもある。「家族に恥をかかせた」という理由で名誉殺人を要求する規範がその一例だ。このような規範が存在すると、たとえ家族一人ひとりはそうしたくないと思っていても、忌まわしい殺人が繰り返されてしまう。こうしたケースでは、社会規範は悪しき力となる。きわめて有害な慣習が強化され、しかもそれが長くつづくようになる。

規範は変わりうる

ビッキエリの理論がもつ意味合いは、興味深く、かつ重要である。

二つの集団、あるいは二つの社会が、同じ相互作用に直面していて（まったく同じゲームをしていて）、まったく同じ選好をもっていても、まったくちがったふるまいをすることがある。二つの集団が別の規範にしたがっているからといって、価値観や責任感がちがうとはかぎらない。行動のちがいは民族性や国民性などに結びつけられやすい。それはまちがいであり、自民族中心主義的な考え方、さらには人種差別的な考え方を生み出しかねない。イタリア人はよくこんなことを言う。「信号機は、ミラノでは指示で、ローマでは提案で、ナポリではクリスマスの飾りだ」。だとすると、イタリア北部と中部と南部のイタリア人は本質的にちがうと考えていいのだろうか。答えは「ノー」だ。車でミラノからローマを通ってナポリに行くと、信号機に対する態度も変わる。周りのドライバーたちが信号機をクリスマスの電飾扱いするなら、あなたもそうするほうがいい。ほかのだれも信号機を指示として扱っていないのに自分だけそうしたら、交通事故を起こして悲鳴と怒号が飛び交うことになる。まったく同じゲームをしているのに、イタリアの別の地域に住む人が別の均衡戦略をとることは、少なくともあり*う*る。第1章でとりあげた分析的平等論を覚えているだろうか。別の集団があなたとはちがう行動をしているからといって、その集団があなたと本質的にちがうはずだと考えてはいけない。

相互作用の構造や人びとの選好が根本から変わらなくても、社会が大規模に変化することはありうる。すでに述べたように、小さな逸脱ではそれを取り除けないという意味で、規範は安定である。しかし、十分に多くの人が突然行動を変えると、逸脱が連鎖していき、新しい規範が確立されることがある。パブにいる客の半分が列を無視してカウンターに押し寄せるとしよう。その状況では規範は崩れる。まだ列に並んでいる人は、期待を捨てる。ほかの人は自分たちにつづいて列に並ぶとはもう考えないだろう。ほかの人が「列に並ぶべきだ」と判断するとも、もう考えない。カウンターに押し寄せる人の群れに加わるのがみずからの利益になるので、そうする。要するに、別の均衡に切り替えることを決める人が一定の規模（クリティカルマス）に達すると、ほかのすべての人がそれにつづくようになる。このシナリオでは、全員が行動を変える。それでも相互作用の性質は変わっていないし、基本的な選好も変わっていない。そのゲームの均衡を別の均衡に切り替えているだけである。

少なくとも一部のケースでは、確立された規範や慣習を取り除くには、集団の四分の一ほどが行動を変えるだけでいいことを示した報告もある。[9] 数は少なくても強い意志をもつ人たちがいれば、変化を起こせるかもしれない。

社会が変化するには、最初に価値観が変わらなければいけないと考える人もいるだろう。そうかもしれないが、そうでなければいけないわけではない。そう、価値観は時間とともに変わる。一つの例として、ゲイの結婚や養子縁組に対する社会一般の態度が、わたしたちが生きているあいだにどう変わったか考えてみてほしい。そして、十分に多くの人が選好を変えたら、ゲームの性質が変わり、その結果として、人びとがそれにしたがって行動できるし、行動しようとする均衡が変わる。だが、まったく同じゲームのなかで、ある均衡が別の均衡に切り替わるだけでも、社会が変化することがある。行動が変化した後で価値観が変わるときもある。自分自身の行動パターンが変化して、なにが正しく適切であるかに関する考え方が変わり、その新しい考え方を自分の価値観として受け入れる場合がそうだ。

社会の変化は一気に進むときがある。社会正義や気候変動などに対する態度については、それほど速く改善していないように思うかもしれない。たぶんそのとおりだろう。価値観がかなりゆっくりとしたペースで変わっていくこともある。ゲイの結婚や養子縁組に対する態度はまさに現在進行形で劇的に変化しているが、それでも三〇年ほどかかっている。かと思えば、ある均衡から別の均衡へと、ほぼ一瞬に切り替わることもある。もう一つ例をあげて、全員が着席しているコンサートを考えてみよう。一人だけが立ち上がって音楽に合わせて踊ると、後ろの人の視界がさえぎられる。だれかが十分に大きな声で抗議したら、また座るかもしれない。しかし、十分に多くの人が立ち上がって踊れば、ほかの人は抗議するのをやめて、自分も立ち上がって踊るだろう。大きな空間であっても、このプロセスはほんの数秒で完了するときがある。社会が急速に変化することは可能である。

規範を変えるには

だが、難問がある。どうやって人の行動を変えるのか。[10] ビッキエリが特効薬をもっていないのはだれの目にも明らかだ。万能薬ももっていない。社会規範はときに問題になる。そうなったらその規範は捨てなければいけない。また、社会規範がないことが問題になるときもある。その場合には、新しい規範を確立しなければならない。ある規範を別の規範に置き換えることが必要なときさえある。なにが解決策になるかは、ありとあらゆる要因によって変わる。それでも、ビッキエリは対処策の選択肢を示している。

最初に、うまくいく可能性が低いことをいくつか話しておこう。一つ目は、人びとの基本的な選好を変えさせることである。「スポーツカーを飛ばして楽しんではいけない。自転車で通勤するほうを選ぶべきだ」「シンクにお皿を置きっぱなしにしてはいけない。食べた後には進んでお皿を洗って片づけるべきだ」。本人がしたいと思っていることをしてはならないと人に指示しても、さしたる効果は得られないだろう。あなたがしてほしいことをしたいと思うようになるべきだと言っているときはとくにそうだ。それに、人びとの選好をなんとかして変えられるとしても、そのプロセスはかなりゆっくりしたものになる。二つ目は、あなたがしていることは道徳的にまちがっていると説くことである。「シンクにお皿を置きっぱなしにするのは悪い人がすることだ」「コンサートの最中にわたしの前の席で立ち上がるのは道徳的に好ましくない」。人に正しい道徳的信念をうまく植えつけられたとしても、行動を動機づける力はかぎられていることはすでにわかっている。ある人がなにをするかは、その人の道徳的信念によって決まるわけではない。個人の道徳的信条と社会規範が対立したら、たいてい社会規範に軍配が上がる。三つ目は、あれこれ命令だけすることである。「座れ！」「片づけろ！」「ゴミを投げ捨てるな！」と指図されると、それがどんな社会規範であっても、自分の選好にしたがいたいという気持ちが強くなり、あなたの命令や指示にしたがいたいという欲求はぐっと小さくなるだろう。

人の行動を変えるには、**期待**に焦点を合わせることがカギになる。社会規範は期待に支えられている。期待を変えられれば、行動を変えられる。

ほかの人がなにを期待しているかを知らせるだけで十分なときもある。大学生の短期大量飲酒は大きな問題だ。大量飲酒がもたらす悪影響として真っ先にあげられるのがアルコール中毒である。それ以外にも、レイプや性暴力をはじめ、さまざまな悪い結果をもたらすリスクがある。多くの大学生はほかの学生の飲酒量を実際より多いと思い込んでいることを示す調査結果がある。学生たちは、これがアルコール消費の規範だと思っている量にしたがおうとして、自分も無理してたくさん飲む。そうすることで、「大学生はたくさん飲む」というほかの学生の印象を気づかないうちに強化してしまう。そうして全員が無理をしてたくさん飲む悪循環から抜け出せなくなる。この問題はどう解決すればいいのか。これについては、情報キャンペーンで十分かもしれないことがわかっている。ほかの学生がどれだけ飲んでいるか（あるいはどれだけ飲んでいないか）を学生たちに伝えるだけでいい。場合によっては、自分のペースならどれだけ飲むか（あるいはどれだけ飲まないか）も同時に伝えると効果的かもしれない。

大学生の大量飲酒の根底にある問題は、心理学者が**多元的無知**と呼ぶものである。あなたも経験したことがあるはずだ。いま、あなたはある講義を受けているが、なにひとつ理解できない。手を挙げて質問したくてたまらない。けれど手を挙げている人は一人もいない。みんなきっと講義を理解しているのだろうと、あなたは考える。簡単だとさえ思っているかもしれない。自分が質問したら、講義を理解できていないと判断されるのではないかと不安になる。だから手を挙げない。しかし、講義を受けている全員があなたとまったく同じように感じている可能性もある。だれも内容をわかっていないのに、だれも手を挙げないと、ほかのすべての人は講義をわかっているという印象を全員がもつ。この例が示すように、ほかの人の行動や態度は直接観察できないことが多い。ほかの人がどれくらい質問したいのかも、ほんとうはどれくらい飲みたいのかもわからない。多元的無知はおそらくどこにでもある。人びとが多元的無知に陥っているときは、規範を簡単に取り除くことができる。経験的期待を修正するだけでいい。

一方で、ほかの人がどうしているかを伝えるだけでは足りないケースもある。女性器切除や児童婚のような慣習は、恐ろしいほど有害であるにもかかわらず、そうするのが広い意味で正しいだろうという経験的期待によって強化されるときがある。ほかの親は実際に自分たちの娘に女性器切除を受けさせるし、幼くして結婚させている。このような慣習がいまだになくならないのは、一つには、女性器切除を受けていない女性は結婚できないのではないかという不安があるからだ。そしてほかのすべての人がその規範にしたがっている社会では、そうした不安は正しいかもしれない。その結果、人びとは否応なく一つの均衡にとどまる。全員が規範にしたがうかぎり、全員にそうする理由があり、だれもちがう行動をとろうとはしない。

そうしたシナリオで個人の行動を変えるには、ほかの人の行動と期待を変えることだ。ほかの人の行動に関する誤解を正すだけでは足りないだろう。逆説めいてはいるが、それほど矛盾してはいない。ここでは、全員の行動をほぼ同時に変えることがカギになる。悪い行動を変えるのがむずかしい最大の理由は、その集団がすでに安定均衡にあると思われることだ。一人ずつ行動を変えることはできない。だれか一人を説得できても、すぐに考え直してやめてしまう。だが、十分に大きな集団を説得できれば、ふと気づくと別の安定均衡にいる、ということになるかもしれない。運がよければ、新しい均衡は古い均衡よりよくなる。

その過程では、四つの原則が役に立つだろう。**変化の四原則**と呼んでもいい。第一に、確立しようとしている新しい規範は共有知識でなければいけない。自分がどの規範に移ろうとしているか、一人ひとりがわかっている必要がある。しかしそれだけではない。規範がどのようなものかをほかの人が知っていて、あなたが知っていることも知っていて、そしてまたそれを……という条件が満たされていなければならない。新しい規範に移ってほしいなら、新しい解決策が共有知識になるようにする方法を見つけることが求められる。それには公（おおやけ）の場で伝えるのが一つのやり方になる。あなたとわたしがあるメッセージを耳にすると、そのメッセージはすぐに共有知識になる。新しい規範が理解しやすくてしたがいやすければなおいい。第二に、行動を変える理由がなければいけない。新しい解決策は自分たちのためになるとわかってもらう必要がある。新しい規範に移ることが自分たちの利益にならないなら、だれも移ろうとはしない。抵抗することだってあるだろう。第三に、人びとの規範的期待にはたらきかけなければいけない。あなたが行動を変えても、そのことでほかの人に判断されないし、罰を受けることもないと伝えるのである。非効率な規範でも、それに反すると社会的な制裁を受けるという期待によって維持される。社会的制裁は、非難から社会的排除まで、あらゆるものが考えられるし、もっとひどい目にあうかもしれない。第四に、**トレンドセッター**を活用する。トレンドセッターとは、ほかのすべての人にしたがうのではなく、自分が正しいと思うことを行動で示して、それをほかの人たちがまねしたくなるような人である。

ビッキエリはこうした原則の例として、屋外排泄の解消に取り組んで成果を生んだ一連のプログラムをあげている[11]。成功した取り組みに共通しているのは、個人の信念と社会的期待が能動的かつ集団的に変化するようにはたらきかけている点だ。あるプログラムでは、屋外で排泄が行なわれている地域にファシリテーターが参加者を案内して、嫌悪感を引き起こさせている。排泄物を食べものの横に置き、ハエが排泄物と食べものを行き来していると指摘したり、炭を手に塗り、それをざっとぬぐって、参加者と握手したりする。構造化された対話を通じて、嫌悪感は変化の要求に変わり、状況に集団で対処する手段が求められるようになっていく。こうした対話を公共の場で行なうことで、規範的期待（ほかの人はなにが正しく適切だと考えているか）の変化がうながされる。そうした変化をうながせたら、経験的期待（ほかの人がなにをするか）を取り除ける。運がよければ、コミュニティの均衡が別のものに移ることもある。

変化の四原則をとりいれると、他人の行動に関する問題が自動的に解決するわけではない。汚れたお皿をシンクに置きっぱなしにすることも、便座のふたを上げっぱなしにすることもそうだし、政治の腐敗もそうである。そうだとしても、この四原則は頭に入れておくといい。ちょっとした例をあげよう。わたしが学生に教えるときは、わからなかったり混乱したりしたら質問するのをためらってはいけないと伝える。あなたが混乱しているなら、ほかにも混乱している人がいる、あなたが質問したら感謝されるだろうと。わたしはこうやって多元的無知を取り除いて、授業に参加するのを思いとどまらせる規範が確立されないようにしている。それはまた、ほかの人は質問する人をその行動で判断しないし、質問をすることで学生が社会的な罰を受けたりはしないのだと知らせる方法ともなる。低コストですぐにできて、効果が出る介入だ。

均衡を求める

最近のことだが、ある地方紙が「パラドクス」を報じた。[12] ストックホルム市は違法駐車に断固たる措置をとると決め、駐車違反の取り締まりを強化した。市当局は違法駐車が減るものと期待した。反則金収入もまた増えるものと期待していたようだ。ところが、取り締まりを強化した結果、駐車違反件数は減ったが、反則金収入そのものも減った。それがこの地方紙のいうパラドクスである。どうしてこのようなことになったのか。

まず、この結果が矛盾しているように見えるのはどんな状況のときか考えてみよう。市側（あるいは少なくとも記事を書いたジャーナリスト）は、つぎのような事態の連鎖を予想していたと思われる。

第一段階　駐車違反の取締官の数が増える。
第二段階　駐車違反で切られる切符の数が増える。
第三段階　反則金収入が増える。

ここまではいい。ここで話が終わるなら、取り締まりが強化されると反則金収入は増えると予想するべきだ。これで反則金収入が減ったらパラドクスになる。

しかし、この話にはまだつづきがある。事態の連鎖は第三段階にとどまらない。したがって、わたしたちの分析をここでやめることもできない。この先があるなら、ここからつぎのような段階をたどると予想するべきだ。

第四段階　違法駐車すると違反切符を切られる可能性が高くなるとドライバーが気づく。
第五段階　ドライバーは駐車のルールをもっと守ることにする。
第六段階　違反切符の数が減る。
第七段階　反則金収入が減る。

この流れを最初から最後まで、つまり第一段階から第七段階までよく考えてみると、反則金収入が増えるとしても一時的であることがわかる。この話が第三段階にとどまるわけがない。ドライバーがここで終わらないようにするのは当然のことであり、そうなるように行動を調整させていく。すると反則金収入はやがて減る。

経済学者はよく、「均衡を求めなさい」と言う。これは単に、ほかの人の行動を含め、条件の変化に合わせて行動を変化させるとどうなるかしっかり考える、という意味だ。反則金収入が増えると予想した人は、均衡を求めなかった。それは人びとが行動を適応させるとどうなるか考えなかったからだ。均衡を求めることは、参加者一人ひとりについて、行動を変える理由があるかを問うことである。答えが「イエス」だと、分析をそこでやめることはできない。そして、だれもそれ以上に行動を変える理由がなくなるまで適応したらどうなるか、よく考えることでもある。これは経済学者のように考えるとはどういうことかを理解するのに欠かせない要素だ。

ビッキエリの研究が示すように、均衡を求める意味はとても大きい。ビッキエリの社会規範論そのものが均衡の概念を中心に組み立てられている。均衡を求めることによって、クリーンで、きちんと整理されていて、強力で、ときに驚くような分析ができるようになる。経済学者のように考えるとどのようなことができるかを示す好例だ。

あなたも社会を変えたいと思っているかもしれない。もしもそうなら、均衡を求める理由があなたにもある。あなたが望む状況やシナリオが均衡でないとすると、そのような結果を得るのはむずかしいだろうし、その状態を維持するのはまず無理だ。

社会科学としての経済学

社会規範の経済学からは、経済学に関して重要なことがもう一つ明らかになる。経済学は社会科学だということだ。経済学は英語で「economics」と言い、語源はギリシャ語で、家計の管理を意味する。いまも、家庭かもっと大きなコミュニティかを問わず、資源がうまく管理されていることを意味するものとして「economy」（経済）という言葉を使う。[13] 現代経済学の狙いは、経済現象を説明し予測することにある。経済現象は人間の**集団**の特徴であることが多い。その集団は家族かもしれないし、企業かもしれないし、非営利組織かもしれないし、市場かもしれないし、ほかのものかもしれない。国全体というときもあれば、世界全体というときもある。経済成長、ＧＤＰ、失業率、金利などを考えてみよう。どれも国や地域、コミュニティの属性である。たとえば*わたし*や*あなた*の失業率については語っても意味がないだろう。それは一〇〇パーセントかゼロパーセントのどちらかしかない。失業率は、ある集団のなかで失業している人の数をその集団に属する人の総数で割ったもので、あくまでも集団とかかわりのあるものなのだ。

社会規範に関する物語は、社会的なこと、つまり社会に暮らす人びとの行動を支配するルールや慣習に関する物語である。ある場所、ある時代の人がある行動をし、別の時代、別の場所のほかの人は別の行動をする理由を説明する。貧困の経済学と同じように、集団のレベルでの差は、それに対応する個人のレベルでの差を反映しているにちがいないとは考えない。規範やルール、慣習を純粋に社会的な現象として記述する。断っておくが、経済学が社会科学であるのは、経済学の定義からも明らかだ。個人の選択に言及している定義のなかで、経済学は個人の選択を研究する学問だが、そうした選択が経済全体に与える影響も研究すると、はっきり示されている。

そうだとすると、現代経済学がしばしば**個人主義**とされることに驚きを感じる人もいるかもしれない。ある意味では、経済学はまさに個人主義である。個人主義とは通常、集団レベルのすべての現象は究極的にはその集団にいる個人の行動や態度を単位として説明されなければならないとする考え方をさすものとして使われる。これは「方法論的」個人主義と呼ばれる。規範に関するビッキエリの物語は、この意味で個人主義である。要するに、ビッキエリは規範とはなにか、それが時間とともにどう変化するかを、個人の選好や行動の観点から説明しようとしている。規範をそうした観点では説明がつかないものとして考えることは可能である。たとえば、規範は人間とは独立して存在するものと考えることもできる。そうすれば、規範が個人の行動を制約する力としてはたらく理由に説明がつく。しかし、変化する規範に順応するのはむずかしい。個人の期待が変化しているがために規範が変化するときはとくにそうだ。そして、前に見たように、社会規範は崩れることがある。それも一瞬のうちに。

だからといって経済学は社会科学ではないと言っているのではない。経済学では、人は社会のネットワークの一部である、そうしたネットワークは行動に影響を与える、個人の意思決定は互いに影響し合うとされている。このような洞察はすべて経済理論に組み込まれている。ゲーム理論が現代経済学の大部分の基礎として用いられているのは、人の行動は互いに影響を与え合うからにほかならない。集団の行動は単なる個人の行動の総和ではないと、ゲーム理論は説く。実際、ビッキエリの物語が示すように、あらゆる点でまったく同じ二つの集団がまったくちがったふるまいをすることがある。

希望と変化

社会規範の経済学では、人間はときにとても悪いことを、とても長い期間にわたってするが、人間は変われる、それもときに一瞬で劇的に変わることができるとしている。社会規範の理論は、どうすれば社会を変えて、人権を促進し、人間の潜在的な可能性を実現できるかをわたしたちに教えてくれる。固定化されている反社会的な行動に直面していると、そうするのが自然であるように思える取り組みがうまくいかなくなるときもあり、フラストレーションがたまるだけになる。しかし社会規範の理論は、人びと、集団、そして社会がよくなるように後押しするにはどうするのがいちばんいいか、実行可能なアドバイスも提示している。

ビッキエリの物語は、技術的な意味では個人主義だが、人間は社会的な存在であり、密に織り上げられた人間関係という布の一部であるという認識にもとづいている。社会規範の経済学は、問題がゴミの投げ捨てか、投票か、腐敗の防止かに関係なく、正しいことをする強力な理由をわたしたちに与えてくれる。ほかの人や社会全体に利益をもたらす向社会的な行動は、環境の清潔さ、政府の腐敗レベル、選挙結果に直接的に有益な効果を生み出すだろう。だが、ほかの人の行動に間接的に与える影響も重要である。むしろこちらのほうが大きいときもある。ほかの人の行動は、わたしの行動や態度に関する期待によって決まる。あなたにもわたしにも、ほかの人にもってほしいと思う期待を強化するように行動する理由がある。

経済学では、規範を究極的に個人の行動と態度の観点から説明するので、個人が自分の運命を自分で決められるようになる。悪い規範は、つきつめれば、個人としてのわたしたちが維持している。悪い規範を支える必要はない。社会規範の物語には、希望を呼び覚ます力がある。たとえ有害な規範や慣習が何世紀にもわたってつづいているとしてもだ。貧困の経済学が人を思いやる気持ちを呼び覚ますことができ、子育ての経済学がさまざまな考え方を尊重する寛容の心を呼び覚ますことができるとしたら、規範の経済学は、社会が急速に変化するのはときに望ましいだけでなく、可能でもあるという、希望の光をともしてくれる。

第5章　必要なものを必要な人に届けるには

二〇二二年二月二二日、クリーブランド・クリニックの外科チームが、わたしの友人であるデボラから腎臓を一つ摘出した。デボラは病気ではなかった。彼女の腎臓にはなんの問題もなく、七二年弱にわたってよく働いてくれていた。腎臓をとる必要はなかったし、外科医たちがそう頼んだわけでもない。デボラはみずからの意思で腎臓を提供していた。理由は二つある。一つは、腎機能が低下していて、デボラの腎臓をデボラ以上に必要とする人がほかにいたことである。デボラと移植を希望している患者は同じ州に住んでおらず、面識はなかった。デボラの腎臓があれば、この患者は何年も生きられる、それも質の高い生活を送れるようになるだろう。もう一つは、デボラには腎臓移植を必要とする孫がいることだ。デボラは孫に腎臓を提供したかったのだが、生体適合しなかった。孫の身体がデボラの腎臓に拒絶反応を示したら、移植した意味がなくなってしまうだろう。デボラが見知らぬ人に腎臓を提供することで、孫の適合者が見つかる可能性を高められる。自分は「グランマ・スペアパーツ」だと考えるようになったとデボラは言う。

人間の腎臓は、供給が絶対的に不足している。これを書いている時点で、アメリカだけで約九万二〇〇〇人が待機リストに登録されている。[1] 待機者の多くは、臓器を提供したいという人（ドナー）が見つかる前に亡くなる。腎臓は、亡くなったばかりの人から提供してもらうことができる。生前に自分の死後に臓器を提供することに同意していたか、少なくとも臓器提供を拒否する意思をはっきり示していない人が対象となる。[2] しかし、死後の腎臓提供者の数はあまりにも足りない。そこで生きているドナーの出番となる。大半の人は腎臓が一つあれば長く充実した人生を送れる。健康な二つの腎臓のうち一つを腎不全の患者に提供するのは可能だ。まったくの善意によって腎臓を提供する人もいる。こうしたケースは「利他的」提供と呼ばれる。また、自分の腎臓を特定の人に提供する人もいる。このケースは「指名」提供と呼ばれる。このシナリオは、親族（場合によっては友人）が愛する人の命を救うためにみずからの意思で腎臓を提供するのがふつうだ。だが、指名提供には厄介な問題がある。デボラと孫のように、臓器を提供しようとしているドナーと移植を希望している患者が適合するとはかぎらないのだ。その結果、臓器を提供したいと思っていても提供できない人が生じるし、移植を必要としているのに受けられない人はそれこそたくさんいる。

経済学では、これは非効率性の問題になる。単なる抽象的な問題ではない。それが原因で人が死んでいるのだ。非効率性を見つけると、経済学者はがぜん燃える。経済学の用語に「パレート非効率」というものがある。二〇世紀はじめのイタリアの経済学者、ヴィルフレド・パレートの名前をとってこう呼ばれる。[3] ほかのだれかの状態を悪くすることなく、少なくとも一人の状態をよくできるとき、その状況はパレート非効率である。腎臓がまさにそうだ。臓器提供をあと一つ増やす方法が見つかれば、ほかのだれも犠牲にすることなく、二人の状態を改善できるようになる。一人は、腎臓を提供することで一人の命を救えるならそうしたいと思っているドナーであり、もう一人は、腎臓移植以外に助かる手だてはないのに、移植を受けられる見込みがない、何千人、何万人もの患者のうちの一人である。これをミスマッチの問題と考えることもできる。経済学者がパレート効率性をさかんに研究しずに一人以上の生活をよくすることがほんとうにできるなら、たいていはそうするのが望ましい。少なくとも、ケチをつける人はほとんどいないだろう。

腎臓をめぐる状況にがぜん燃えた経済学者の一人が、アルヴィン・E・ロスである。ロスは当時、デボラの自宅から通りを一つ隔てたところにあるピッツバーグ大学で教えており、移植できる腎臓をもっとスマートに分配する方法を見つけたい、腎臓を提供する人も増やしたいと思っていた。それには、自分が腎臓を提供すると愛する人が腎臓の提供を受けられる可能性も高まるようにして、デボラのように健康な人に臓器を提供するインセンティブを与える仕組みをつくることがカギになる。ロスは、形式的モデリングからラボ実験まで、経済学の道具を総動員してこの問題を攻略すると決めた。そうして腎臓をより効率的に割り当てるシステムを開発した。さらに、移植外科医をはじめとする医療従事者と協力して、それを実行した。その物語は、ロスの著書『Ｗｈｏ　Ｇｅｔｓ　Ｗｈａｔ――マッチメイキングとマーケットデザインの新しい経済学』で語られている。この本はとても読みやすく、ロスの研究と考え方に触れることができて、じつにおもしろい[4]。

ロスは経済学の新しい分野を切り拓いた先駆者である。**マーケットデザイン**（もっと広く言うと**メカニズムデザイン**）が投げかける問いはシンプルだ。「どうしたらよい結果を生み出す市場（あるいはメカニズム）をつくれるか」。「よい結果」にはあらゆるものが含まれるが、必要なものを必要な人に届けるものであることが多い。腎臓、住宅、教育機会などがそうだ。ある意味で、マーケットデザインは伝統的な経済学の手順を逆転させている。経済学者はたいていつぎのような問いを立てる。「ある種の市場を与えられたものとして、どのようなことが起きると予想されるか、それはどれくらいいいか、あるいは悪いか」。マーケットデザインはこの問いをひっくり返す。マーケットデザイナーは、ある種の市場を出発点にして、なにが起きるかを問うのではなく、なにが起きてほしいかを出発点にして、こう問う。「この結果を生み出すのは、どのような市場（あるいはメカニズム）か」

この問題を考えてみると、あなたが必要としているものを合法的に買えない状況はたくさんある。たとえお金があったとしてもだ。腎臓は数ある例の一つにすぎない。仕事もそうだ。あなたがどれだけそうしたいと思っていても、宇宙飛行士として働きにいってすぐに仕事につけるわけではない。まずは宇宙飛行士として採用されなければいけない。教育機会も同様である。あなたがどれだけ自分の子どもを最も格式高い小学校に通わせたいと思っていても、それだけではどうにもならない。まずは子どもが入学を許可されなければいけない。このような状況は結婚とよく似ている。大好きな歌手や映画スターと結婚したかったら、まず相手があなたと結婚することに同意しなければならない。こういった状況は**マッチング問題**と呼ばれる。賄賂は論外として、市場のもう一方にいる人（人びと）にも選ばれてはじめて、こうしたものの一つを手に入れることができる。マッチング問題は自然に解消されるとはかぎらない。臓器不足問題がまさにそうだ。問題を解決するには、人びとがマッチングを見つける手助けをするメカニズムが必要になる。こうしたメカニズムは**マッチング市場**と呼ばれる。

マーケットデザインはマッチング問題の解決をめざす研究分野である。

マーケットデザインはまったく新しい活動というわけではない。人は有史以前からモノを交換してきた。交換が行なわれる組織された市場（市やバザール）も同じくらい古くからある。ある意味では、わたしたちはみな、メカニズムデザインを経験している。一つのケーキを子ども二人で分ける「ケーキの切り分け問題」をみなさんも聞いたことがあるだろう。まず一人に、ケーキをだいたい同じ大きさに二つに切るように言う。つぎにもう一人に先に選ぶように言う。こうするとケーキはできるかぎり差が出ないように切り分けられるので、子どもは二人とも満足する。そしてあなたも満足する。二人がけんかする可能性がなくなっているのだから。これならうまくいく。あなたはルールを決める。子どもたちはあくまでも自分の取り分を最大化しようとする。結果は公平かつ公正で、当事者全員がそう感じる。これはよいメカニズムだ。

基本となる考え方は古いが、手法は新しい。メカニズムデザインによって、市場がどう機能するかについて多くのことが明らかになっており、ノーベル賞を複数回受賞している。それ以上に重要なのは、分散されていた市場が集権的な一つの市場にとってかわられ、世界がよりよいところになっていることだ。経済学者の解決策を通じて、ふつうの人に大量の仕事と教育機会が与えられている。なににもまして、マーケットデザイナーは何千人もの命を救っている。

腎臓交換のメカニズム

デボラの娘であるウェンディもピッツバーグ大学の教授で、彼女も腎臓を提供した。理由はデボラと似ている。見知らぬ人が新しい人生を歩む役に立てて「しあわせだ」とウェンディは言う。だが、ウェンディの腎臓から恩恵を受けたのは一人だけではない。ウェンディが出発点となって、移植の連鎖がはじまり、彼女の知らないところで三人に腎臓が提供されたのだ。ウェンディには提供できる腎臓が一つしかないのに、どうしてそんなことができたのか。それを可能にしたのが、アルヴィン・ロスである。

ロスはスタンフォード大学でオペレーションズ・リサーチの博士号を取得した。オペレーションズ・リサーチは組織の問題を扱う研究分野であり、組織をどう運営するか、どうすればもっとうまく運営できるかを考える。オペレーションズ・リサーチの研究が人ではなくモノに集中しているのを、ロスはふしぎに思った。投入物（インプット）と産出物（アウトプット）が工場や倉庫をどう移動するかを詳細に記述していたし、モノがどう流れているか、その流れをどうすれば最適化できるかを表現する形式的モデルを提案してはいた。しかし、そうしたモデルは人を軽んじているようにロスは感じた。目標や目的は人によってそれぞれちがうし、適時適材適所の人材配置は成否に影響する。ロスがゲーム理論にひかれたのは、組織の運営で人が果たす役割に焦点を当てているからだ。とくに気に入ったのは、人びとがどのようにして目標を達成するか、そしてどうして失敗するかを探っていく点である。

ロスはゲーム理論の先達であるロイド・シャプレーとハーバート・スカーフがつくった形式的モデルをあれこれ試していた。[5] このモデルが想像したのは、**非分割財**がある世界である。非分割財とは、交換価値はあるが、一ガロン（約四リットル）缶に入った牛乳のように分け合うことのできない財だ。経済学の大部分は**コモディティ市場**に焦点を置いており、財は無限に分割できる、つまり無限に小さい部分に分けられると想定されることが多い。シャプレーとスカーフが研究していた状況はまったくちがっている。二人は、全員が一単位もっていて、全員が一単位必要としているが、どんなものでもいいわけではない、という状況を想像した。特定の市場を想定してはおらず、その意味で純粋な思考実験だった。二人は結果を記述する際に、この財を「住宅」と呼んだ。人が住む家は分割して交換するのがむずかしく、各世帯はだいたい一つの住居を必要としているため、それなりにうまくいった。だが、二人は不動産にはまったく関心がなかった。そこは問題ではなかったのだ。

やがて、二人のモデルは腎臓提供をめぐる状況に完璧に当てはまることにロスは気づく。ドナーと患者のペアを一単位と考えてみよう。そして「住宅」を腎臓に置き換える。それぞれのペアは交換できる腎臓を一つもっている。また、腎臓を一つ必要としている。最善のケースでは、ドナーと患者が

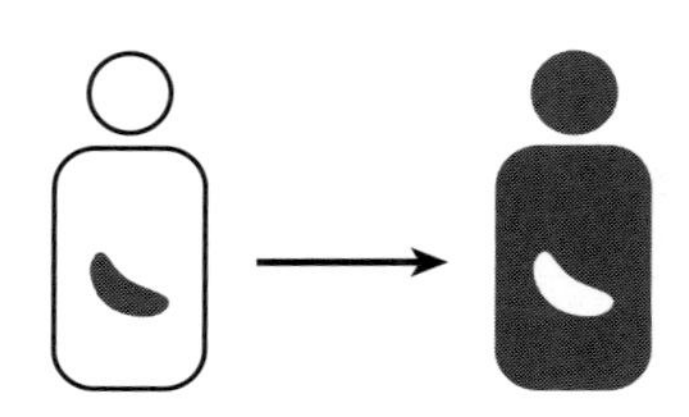

図１　腎臓提供

適合する。その場合、ドナーは自分の腎臓を患者に提供できる。図1はこの状況を示している（ただし解剖学的に正確なものではない）。左側の人（黒い線で描かれている人）がもっている腎臓は、自分が長く充実した人生を送るために必要なものよりも一つ多い。右側の人（黒で塗りつぶされている人）は腎臓を一つ必要としている。このペアの場合は、二人のあいだで移植が成立する。

しかし、ドナーと患者のペアがすべて適合するわけではない。適合しないペアはまだ腎臓を一つもっているし、まだ腎臓を一つ必要としている。だが、自分たちがもっている腎臓で間に合わせることはできない（このドナーと患者が適合していたら、別の腎臓を求めて市場に参加することはないだろう。すでに臓器は提供されているはずである）。さらに興味深いことに、シャプレーとスカーフのモデルは、なんらかの理由で「住宅」をお金と交換できないと想定していた。現実の住宅はそうではないし、天文学的な金額で売買されるときもある。しかし、腎臓はそうである。大半の国では人間の腎臓を売買するのは違法とされている。理由は人道にある。世界中の人が、売買されるべきではないものがこの世にはあり、そうした財を売買する市場は存在するべきではないと感じている。ロスはそうした人道的に受け入れられない市場を**不快な市場**と呼ぶ。[6] どのような市場が不快であるかは地域によってちがうが、たいていは薬物、セックス、食用としての犬な

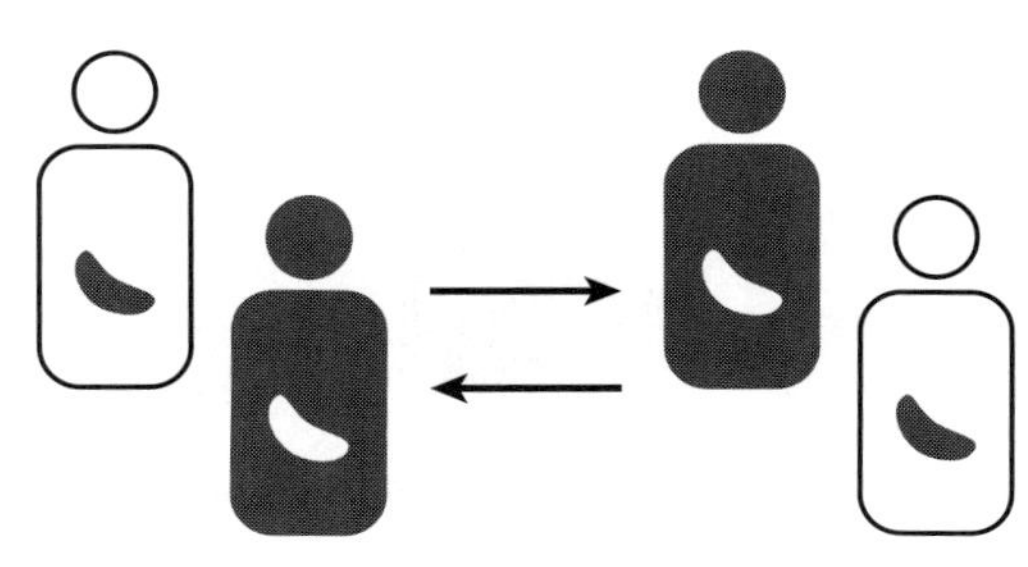

図２　２組間での腎臓交換

どが含まれるだろう。人体の部位もそうである。腎臓を無償で提供することは受け入れられると広く考えられているし、費用の補償も認められている。だが、腎臓と引き換えにお金を受け取ることはそうではない。

ロスの洞察によって、経済学が適用できるようなものではなかった形式的モデルが突然適用可能になった。すると、そのモデルを現実世界に当てはめて解釈できるようになった。そうして、すべての形式的な結果を、少なくとも現実世界の問題に応用できる可能性が生まれた。シャプレーとスカーフは、ほかのだれも犠牲にすることなく、人びとの状態を前よりもよくする交換を実現するさまざまな方法を研究していた。真っ先に思い浮かぶのは、お互いの住宅を交換してもいいと考えている二組のペアを見つけることだ。ジョーンズ家はスミス家の住宅を自分の住宅よりも気に入っていて、スミス家はジョーンズ家の住宅を自分の住宅よりも気に入っているとする。その場合は、ジョーンズ家とスミス家はそのまま住宅を交換すればいい。住宅を交換すれば両家の状態はよくなり、ムハンマド家やバーコヴィッツ家やジャンセン家が犠牲になることはない。これは**パレート改善**となる。

図2は、この状況を腎臓提供に見立てたものだ。左のペアは右のペアに提供できる腎臓を一つもっており、右のペアは左のペアに提供できる腎臓を一つもっている。左のペアのドナーは、右のペアの患者に

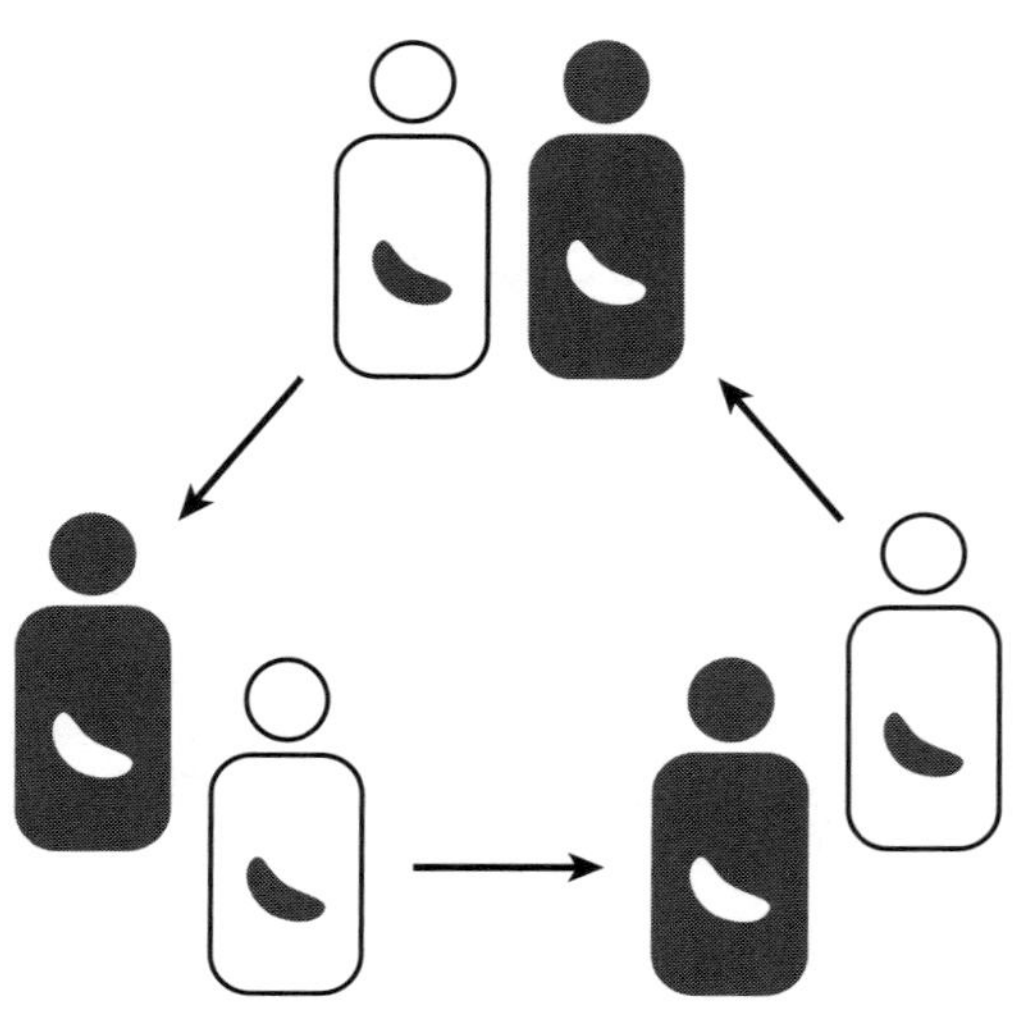

図３　腎臓提供サイクル

腎臓を提供し、右のペアのドナーは左のペアの患者に腎臓を提供する。この交換によって、両方のペアの状態はよくなる。

それ以外のケースでは、二組間での交換は成立しない。しかしだ！　ムハンマド家がバーコヴィッツ家の住宅を気に入って、バーコヴィッツ家がジャンセン家の住宅を気に入って、ジャンセン家がムハンマド家の住宅を気に入っている状況が見つかるかもしれない。そうしたケースだと、三組間での交換を実行できる。このような交換は**トレーディング・サイクル**と呼ばれる。これもパレート改善になる。腎臓の場合はどのようになるかを図３に示している。この図には三組のペアがいる。どのペアも自分たちがもっている腎臓ではうまくいかない。二組間での交換もだめだ。しかし、左下のペアが右下のペアに腎臓を提供して、右下のペアが上のペアに腎臓を提供して、上のペアが左下のペアに腎臓を提供するという解決策がある。理論上では、交換のサイクルを大きくして、ドナーと患者をたくさん組み込むことができる。

このモデルをもとに、ロスは「集権的なクリアリングハウス（情報集約機関）の有望な基本構造」を考えはじめた。クリアリングハウスは腎臓を交換する機会を見つける手助けをする[7]。だれがだれと適合するかなどがわかればいい。十分な数のドナーと患者のペアがいれば、腎臓を交換する機会や交換のサイクルを見つけることができる。交換のサイクルには三組以上のペアを組み込むこともできる。そして全員がパレート改善になる。この基本構造は前に述べた非効率性をなくす解決策になる。ロスが移植用の腎臓を配分する適切なシステムを開発したことで、現実世界でトレーディング・サイクルをつくれるようになった。そして原理上では、参加できるペアの数に上限はない。

だが、そうしたシステムの基本構造は最初からはっきりわかっているわけではない。ロスは失敗を招きかねない要因を一つひとつ洗い出していかなければならなかった。問題の一つは、このシステムがどのようなトレーディング・サイクルを提示しても、参加しないペアが出てくるおそれがあることだ。そのペアはもっとよいサイクルを見つけて、そちらに参加するかもしれない。いま、ムハンマド組、バーコヴィッツ組、ジャンセン組を組み込んだトレーディング・サイクルを提案するとしよう。あなたはいままさに外科医のスケジュールを組んでいる。ところが、ジャンセン組が別のペアを見つけて、別のサイクルに移る可能性が出てきた。なんらかの理由で、そちらの取引ではジャンセン組にとって望ましい腎臓を得られる。ジャンセン組があなたのサイクルから抜けたら、ムハンマド組とバーコヴィッツ組は置き去りにされてしまう。これはよくない。この状況は不安定だ。一つ、あるいは複数のペアがいつ抜けてもおかしくないため、外科医は安全に準備を進めることができない。

この問題を解決するのに、シャプレーとスカーフの形式的モデルが役立つとロスは気づいた。二人はどのドナー・患者のペアにとっても裏切ることが利益にならないトレーディング・サイクルがかならず存在すると証明していた。二人はこれを「トップ・トレーディング・サイクル」と名づけた。どれだけ多くのドナー・患者のペアを組み込んでも、どのような選好を彼らがもっていても、トップ・トレーディング・サイクルを見つけられる。それは形式的な結果にすぎないが、役にも立つ。トップ・トレーディング・サイクルを確実に提案できる、それもトップ・トレーディング・サイクルだけを提案できる仕組みにすれば、だれも裏切らないと保証できる。その意味で、このサイクルは安全である。外科医は準備を進めることができる。

問題はもう一つある。クリアリングハウスが機能するには、ドナーと患者のペアについて、それぞれのニーズや選好に関する情報がたくさん必要になる。そうした情報がなかったら、最も望ましいサイクルを提案できない。必要な情報は患者と担当医がもっている。この情報を手に入れるには、患者と担当医に訊くしかない。だが、患者も担当医も、情報を与えすぎないようにしたほうがいいと考えるかもしれない。提供した情報が自分に不利に使われて、最も望ましい腎臓を得られなくなるのではないかと懸念したら、手の内を見せようとはしないだろう。そうなったらクリアリングハウスは必要な情報を確保できなくなる。

ロスはこの問題をみずから解決しなければならなかった。そして解決してみせた。患者と医師が関連する情報をすべて公開しても損をしないクリアリングハウスを設計するのは可能であると形式的に示すことができたのだ。クリアリングハウスをそのように設計すると、このシステムはもう一つの意味で安全になる。患者と医師はニーズや選好を安全に公開できるようになる。そうしても不都合はまったくない。クリアリングハウスが自分たちをトレーディング・サイクルに組み入れるために求められる情報を提供することは自分たちの利益になるので、そうする。そしてクリアリングハウスは機能する。

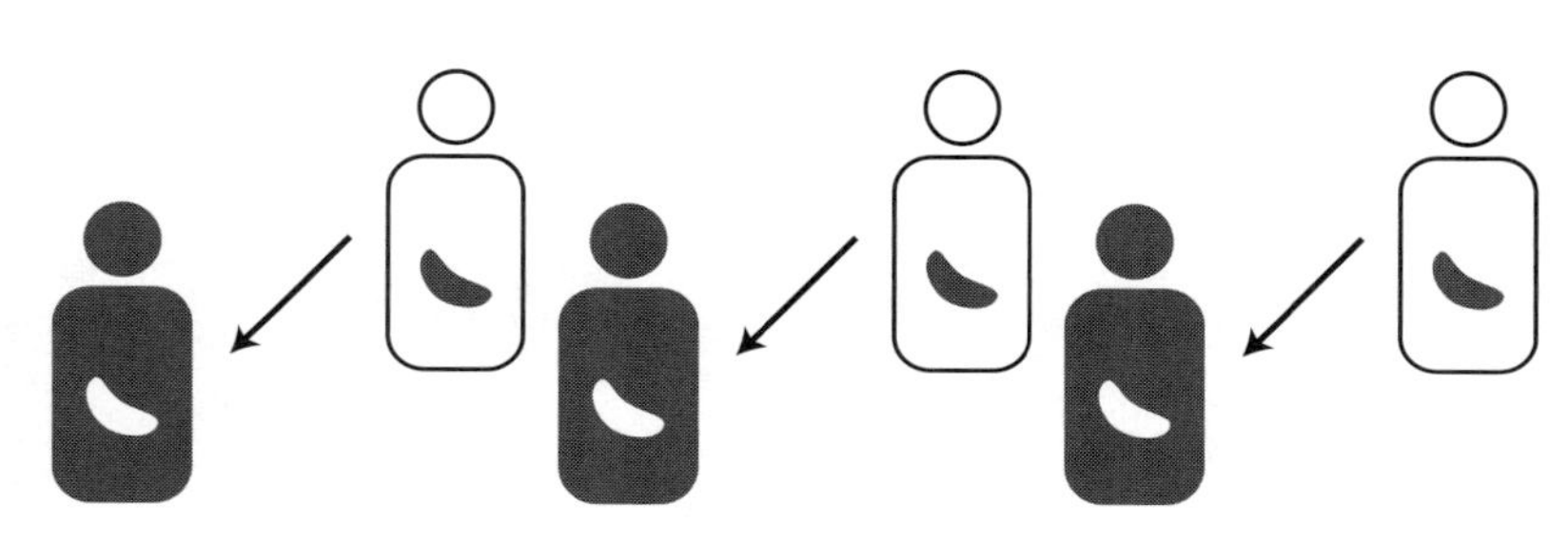

図４　腎臓提供チェーン

ロスは協力者とともに、腎臓をもっているがうち一つは必要としていない人を交換に組み入れる可能性も探った。利他的なドナーと死亡ドナーの両方がそれに含まれる。そうした「提供先を指名しない」ドナーを組み込むことで、サイクルではなく**チェーン**をつくれるようになった。このチェーンは、提供先を指名しないドナーからはじまり、ドナーと患者のペアをいくつか組み込んで、待機リストにいる患者への提供で終わる交換である。それがどのようなものになるかを図４に示している。提供先を指名しないドナーはいちばん右にいる。このドナーが一組目のペアに腎臓を提供し、一組目のペアは二組目のペアに腎臓を提供する、という具合にチェーンはつづいていき、ペアになっていない患者に腎臓が提供されて完結する。この場合も、理論上ではチェーンは無限に延ばすことができる。

偶然にも、図４はウェンディが開始したチェーンを表している。ウェンディが提供先を指名しないドナーになったことで、クリアリングハウスはさらに二人のドナーと三人の患者を見つけて、チェーンに組み込めた。ウェンディは腎臓を四つもって生まれたわけではないが、早急に腎臓を必要としていた三人の患者を助けることができたのだ。

ロスの研究チームはこうして、患者のニーズと選好をインプットとして取り込み、安全で効率的なサイクルとチェーンをアウトプットとして生み出すクリアリングハウスの基本構造を見つけることができた。

うまく機能するクリアリングハウスを設計する方法は形式的に導かれた。あとは移植外科医などの医療従事者を説得して実行に移すだけである。とはいえ、そう簡単にはいかなかった。「医師にとって経済学者は、人を助ける仕事をする仲間には見えない」とロスは言う[8]。そのとおりだろう。経済学者に対する信頼はもっと高くてもいいのではないか。

一応の成果はあった。ハーバード大学の外科医で、ニューイングランド臓器バンクの医療部長も務めていた医師とともに、ニューイングランド腎臓交換プログラム（ＮＥＰＫＥ）と呼ばれる組織の立ち上げを支援した。ＮＥＰＫＥは二〇〇四年に設立された。ニューイングランドの一四の腎臓移植センターが参加し、できるかぎり多くのマッチングを見つけようとした。適合するドナーと患者をマッチングできたという意味では、ＮＥＰＫＥは機能した。それでも、実現したのは二組間での交換だけだった。もっと複雑な交換をたくさん行なうことも可能であるはずなのに、そうはならなかった。最大の理由はロジスティクス（臓器輸送の管理）だった。比較的単純な二組間の交換を行なうにも、四つの手術室で四つの移植チームが連携して手術を進めなければいけない。うまくいかなくなるかもしれないことはたくさんある。トレーディング・サイクルのロジスティクスなど悪夢だろう。すべての手術を同時に行なわなければいけないかぎり、サイクルやチェーンを大きくするのはむずかしかった。

二件の移植は同時に行なわなければいけないのだろうか。そんなことはない。原理としては、移植を一件ずつ行なってもトレーディング・サイクルを完結させられる。その場合に必要な手術室は二つですむ。一つはドナー用、もう一つは患者用だ。ただし問題がある。交換が同時に行なわれなければ、ドナーの一人がチェーンやサイクルから抜けて、そのチェーンやサイクルがそこで切れる可能性がつきまとう。そうなったら移植を受けられたはずの患者がとりかえしのつかない痛手をこうむってしまうかもしれない。今日、ジョーンズ組のドナーがスミス組の患者に腎臓を提供するとしよう。翌日、スミス組のドナーがジョーンズ組の患者に腎臓を提供し、二組間の交換が完了するものと期待して、そうする。ところが次の日、スミス組のドナーが約束に背いてしまう。スミス組は提供しようとしたのだが、この日に腎臓を摘出する担当の移植外科医がこの国にはいなかったのだ。スミス組はハッピーだ。スミス組の患者は腎臓をもらえて、ドナーにはまだ腎臓が二つある。しかし、ジョーンズ組はもうやり直しがきかない。ジョーンズ組の患者はまだ腎臓を必要としているのに、ドナーは腎臓を一つ失ったので、この先、どの交換にも参加できない。ドナーと患者のペアがこれほど大きなリスクを背負わなければいけないのなら、交換に参加しようとはしないだろう。

つぎの展開は読者のみなさんにももう察しがついているのではないか。クリアリングハウスの基本設計を微調整して、このようなシナリオを避けるようにすることは可能だろうかと、ロスは自問した。ロスが出した答えは「イエス」だ。提供先の指名のないドナーから出発するという条件を満たせば、この問題が起こらないように一連の交換のスケジュールを組める。提供先を指名しないドナーを出発点にして、どのペアも腎臓を提供する前に腎臓を受け取るようにするのだ。それでもチェーンが切れるおそれはある。だが、だれもとりかえしのつかないようなことにはならない。たとえチェーンが切れてしまったとしても、最後のペアの状況は、交換に参加する前よりよくなり、悪くなることはない。最後のペアの患者は腎臓の提供を受けて、ドナーにはまだ腎臓が二つある。そしてそのトレーディング・チェーンのなかで新しい腎臓を得られないペアも、提供できる腎臓が残っている。

医療センターを動かすのは、それ以上に大変だった。クリアリングハウスの基本設計を微調整しても、ＮＥＰＫＥはまだ一件ずつの移植には二の足を踏んでいた。新しい挑戦にはリスクがともなう。それにＮＥＰＫＥは、チェーンが切れてしまった場合に悪い評判が立ったり、訴訟を起こされたりすることを心配していた。しかし、オハイオのあるチームが進んでリスクをとりにいった。オハイオでは、アライアンス・フォー・ペアード・ドネーション（ＡＰＤ）という団体がすでにオハイオで臓器交換を手がけており、一件ずつの移植にも前向きだった。ＡＰＤではじめて行なわれた非同時の交換は、ミシガン州の一人の利他的なドナーからはじまった。ドナーの名前はマット・ジョーンズである。ジョーンズの臓器提供で開始されたチェーンは、数年間にわたってつづいていった。最終的に一六件の移植が組み入れられて、待機リストにいる人、つまり臓器の提供者を有しない患者に腎臓が移植されて終わった。

最初の事例が成功し、それが好意的に報じられると、流れが変わる。ロスはこれを「革命」[9]と呼び、こう記している。

腎臓交換はアメリカにおける移植の標準的な手法になっており、世界中に広がっている。経験が蓄積されるにつれて、非同時の長いチェーンを組織するのは腎臓病患者、とりわけマッチングが非常にむずかしい患者のためになることを示すエビデンスが増えている。これまでなら不可能だった移植が何千例も実現している。近年ではその大多数がチェーンを通じて行なわれている。[10]

交換のチェーンがもたらしたメリットの一つは、移植に利用できる腎臓の数が増えていることだ。腎臓交換が確立される前は、マット・ジョーンズのような利他的なドナーは一人しか救えなかった。腎臓交換なら、利他的なドナーが一人現れると、移植の連鎖がはじまって、何十人もの命を救える。利他的なドナーが救える命の数が増えると、腎臓を提供するインセンティブも増える。[11] あなたの腎臓で一人の命が救われるなら、それはすばらしいことだ。自分の腎臓を提供しようと考えているドナーにとっては、それで十分である。だが、何十人もの命を救えるなら、そのほうがずっとずっといい。

一人の命を救うだけでは心が動かされなくても、（たとえば）三〇人の命を救えるならドナーになろうと決める人が出てくるかもしれない。腎臓交換のもう一つのメリットは、腎臓を提供しようとする人が増えることである。イギリスには、デボラやウェンディのように生体ドナーになりたいという人に向けたウェブサイトがある。[12]

それから数年後、シャプレーとロスは「安定配分理論と市場設計の実践に関する功績により」、二〇一二年にノーベル経済学賞を共同で受賞した。[13]

よい結果を生み出す

腎臓交換は、ロスたちが解決を支援したマッチング問題の一つの例にすぎない。ほかの研究では、ロスはこう問いかけた。「医学部を卒業した研修医がはじめてつく仕事となる初期研修（レジデンシー）で希望どおりの病院を見つけて、病院側も優秀な研修医を採用できるようにするにはどうすればいいか」。ロスは解決策として、「マッチ」と呼ばれる別のクリアリングハウスを設計した。[14] このクリアリングハウスは、研修医には既婚のカップルがたくさんいるという事実を考慮し、カップルが近くにある病院を見つける手助けをする。そうすれば家族を築いてずっとしあわせに暮らせるようにもなる。ロスは学校選択の問題も調べて、こう問うている。「生徒たちが自分の可能性をいちばん伸ばせる学校に入れるようにするにはどうすればいいか」[15]。そうして生まれたのが、ニューヨーク市の公立高校で導入された、まったく新しい学校選択制度である。この制度はいまも「よくもちこたえている」とロスは言う。

メカニズムデザインのいちばん有名な例は**電波オークション**だろう。[16] 膨大な数の企業や組織が無線周波数の一部の帯域を利用することを望んでいる。たとえば電気通信産業は、特定の帯域を使わなければサービスを提供できない。問題は、全員が同じ周波数帯を同時に使えるわけではないことだ。全員がそうしたら、その周波数帯は役に立たなくなってしまう。そのためなんらかの調整をする必要がある。一つの方法として、周波数帯を割り当てることが考えられる。一つの周波数帯を一人の利用者だけが使うようにするのだ。一九八〇年代はじめまで、アメリカでは当局による聴聞会が行なわれていた。事業者が政府に電波の利用を申請し、長い審査を経て、政府が適切だと判断した事業者に対象の周波数帯を使う免許が割り当てられた。この方式は時間とコストがかかり、煩雑なうえ不透明だった。そこで一九八二年に抽選（くじ引き）方式が採用された。だれでも申し込みできて、免許はランダムに与えられた。これで時間は大幅に短縮された。くじ引きであれば免許を獲得するチャンスが全員に平等に与えられるため、公平だとも言える。しかし、免許には高い価値がある。もっぱら転売目的で免許を申請する企業もあった。そこで経済学者に依頼して、いちばん高い金額を提示した入札者に免許が与えられるオークションを組織した。最初のオークションは一九九四年に行なわれた。それ以来、無線周波数帯の割り当て、空港の発着枠の配分がオークションを通じて行なわれ、人やものに対する税金をいっさい上げることなく、巨額の国庫収入につながっている。それと同じくらい重要な点として、オークションは政府の収入だけでなく、社会の利益を最大化するようにデザインされている。

理論的・形式的な研究とより実践的な作業の両方が求められるこの取り組みを主導した経済学者のなかに、ロバート・ウィルソンとポール・ミルグロムの二人がいる。二人は二〇二〇年にノーベル経済学賞を共同で受賞した。「彼らの発見は社会に大きな利益をもたらす」とノーベル賞選考委員会は評している。[17]

機能する市場と機能しない市場

うまく機能する市場もあれば、機能しない市場もある。デザインがまずいせいでうまくいっていない市場もあると、ロスは考えている。[18] 交換を管理するルールが目的に合っていないのかもしれない。だとしたら、デザインを改善することで問題を解決できるだろう。市場そのものがないときもある。その場合には、新しい市場をつくり、適切なルールを定めることが解決策になる。だが、現実世界でうまく機能する市場をつくるには、市場のことをよく知る必要がある。市場はどんなときに機能し、どんなときに機能しないのか。そしてなにより、市場の機能を高めるためになにができるのか。

実際、マーケットデザイナーは市場全般についてたくさんのことを学んでいる。以下にロスの知見をいくつか示そう。[19] 一連の知見は、現実の問題を解決する交換を設計するための形式的・理論的な研究と実践的な作業との間の相互作用から得られたものである。

第一に、うまく機能している市場には**厚み**がある。これは、市場の両側に十分な数の参加者がいるということだ。売り手が少なすぎたり、買い手が少なすぎたりすると、よいマッチングを見つけるのはむずかしいか、場合によっては不可能だろう。よいマッチングを見つけられなければ、お互いにとって実りある交換は生まれにくい。腎臓交換を実現するには、十分に大きな数のドナーが必要だ。十分に大きな数の患者も必要になる。そうしてはじめて、大勢の人を助けるサイクルやチェーンを見つけられるようになる。ロスによれば、市場を厚くするには取引できる時間を決めておくことが一つの方法になる。農産物の直売所や証券取引所がいつも決まった時間に開いているのは、（なによりも）市場の厚みを保つためである。

第二に、うまく機能している市場は**混雑していない**。つまり、取引を比較的すみやかに完了させられる。ちょうどよい選択肢を探し当てて評価するのに時間がかかりすぎたり、取引を成立させるのに時間がかかりすぎたりすると、市場は交通渋滞のような状況になって、目詰まりを起こしてしまう。市場が混雑していると、参加者は悪い取引を受け入れるしかなくなるか、取引そのものができなくなる。腎臓交換のように、命にかかわる意思決定をする市場で混雑が生じたら、とりかえしのつかないことになる。混雑が起こらないようにするには、参加者がすぐにどんな選択肢があるか把握できて、どの選択肢が望ましいか評価できて、取引を成立させられるように、市場を組織しなければいけない。

第三に、うまく機能している市場は**安全**でなおかつ**簡単**である。これは、人びとが安心して市場に参加できなければならないということだ。参加者が自分のニーズや選好を正直に伝えても大丈夫なのだろうかと不安を感じるようではいけないし、参加者が市場の提案する割り当てから逸脱するようなことがあってもいけない。腎臓交換の場合は、ドナーや患者が市場に加わって後悔するようなシナリオがないのが理想である。市場に参加すること、そして自分の健康状態、ニーズ、選好を正直に伝えることがいつも参加者の利益になるようにしなければいけない。

このような知見は幅広い状況で役に立つ。これを書いている時点で、数多くの国で新型コロナウイルス感染症とサル痘のワクチン接種がうまく進んでいない。第一の障害は、言うまでもなく、供給がかぎられていることだ。多くの国でワクチンが非常に不足している。ワクチンを入手できないか、価格が高騰すれば、当然ながら接種を受けられない。しかし、問題は供給だけではない。接種の対象者をワクチンが接種できるクリニックなどの医療機関とマッチングする必要がある。これは古典的なマッチング問題だ。わたしが見るところでは、多くの国が、厚みがあって、混雑していない、安全かつ簡単なマッチング市場をつくれていないようだ。このプロセスにマーケットデザイナーが加わっていたなら、混雑などの問題を回避しながら、状況を改善できたはずである。

経済学、市場、価値観

　マーケットデザインは、経済学についてとても多くのことを教えてくれる。経済学者が市場を研究していると言うとき、その市場は株式や不動産などだけではない。ありとあらゆるものを意味する。マッチング市場もそうだ。子どもをどの学校に入れるか決めるとき、デートをするとき、結婚相手を見つけるとき、仕事を見つけるとき、大学の社交クラブに入るとき、コロナワクチンを接種できるクリニックを見つけるときには、マッチング市場が関係してくる。マッチング市場はお金を介するとはかぎらない（ただし例外もある）。また、経済学者が日常生活を営む人間を研究していると言うこともあるかもしれない。その営みは、商取引に関連することや営利を目的とした活動にかぎらない。そう、わたしたちがたずさわるすべてのことである。経済学はとても幅広い学問だ。

　マーケットデザインは、経済学者の市場観についてもたくさんのことを教えてくれる。[20] なるほど、価値のあるものを分配する手段として市場を使うのを好む経済学者は多い。だが、経済学者が市場を好むからといって、あらゆるものをコモディティ市場で扱いたいと思っているわけではない。コモディティ市場では、すべてのものに価格がついていて、すべてのものがいちばん高い価格を提示した人の手にわたる。経済学者はときどき「自由」市場について語るが、その自由市場はルールも規制もない市場のことではない。すべての市場はなんらかのルールや規制にしたがっている。市場のルールは政府が決めるかもしれないし、業界団体などの民間組織が決めているかもしれない。あるいは、〝自然発生的に〟生まれたもの、つまり、意識してデザインした結果ではないかもしれない。既存のルールや規制がうまくいっているなら最高だ。うまくいっていないなら、デザインを改良すれば市場がうまく機能するようになる可能性が高い。「わたしたちの研究から、『自由市場』が正しく機能できるようにするにはいったいなにが必要なのかということに関して、新しい知見が生まれている」とロスは言う。

マーケットデザインが証明しているように、形式的・理論的モデリングを含めて、経済学者の道具箱は役に立つ。最も抽象的な形式的研究が突然、人びとの生活をよくする取り組みにすぐにも直接応用できることが明らかになるときもある。非分割財の分配に関するシャプレーとスカーフの物語は、純粋な思考実験として提示された。なにかに応用しようという考えは頭になかった。それでも、腎臓交換そのものの基礎になった。現実にある既存の市場を周到に研究し、それを形式的モデリングと組み合わせることで、何千件もの臓器提供を実現できた。この結果が物語るように、経済学のなかでもかなり抽象的で、きわめて厳密な研究分野でさえ、突然、現実の世界で大きな意味をもつようになるときがある。この物語はどこかブール論理を思わせる。ブール論理は数学の一分野としてはじまったが、やがてすべての現代コンピューティングの基礎になった。ものごとというものは、ときにまったく思いもかけない方向へと進む。

マーケットデザインは、経済学で価値観が果たす役割にも光を当てる。経済学の大半の分野と同じようにマーケットデザインが価値観にもとづいているのは一目瞭然だ。少なくとも二つの点でそう言える。第一に、マーケットデザイナーは対象となるコミュニティの価値観に敏感でいなければならない。マッチング市場が参加者の本質的な価値観を尊重していなかったら、参加者は安全で簡単な市場と感じることはない。経済学者はそうした価値観に注意を払い、少なくとも場合によっては研究に組み入れる必要がある。人びとが腎臓の取引を不快だと感じるのであれば、経済学者はそうした価値観を、提案を制約するものとして扱わなければいけないかもしれない。

第二に、マーケットデザインには世界をよりよいところにするという明確な目的がある。マーケットデザイナーは社会改良家だ。説教者や改革家が長い時間をかけて徳育と知育を促進してきたのとはちがうやり方で、問題を解決しようとする。マーケットデザイナーは人びとの道徳心を高めようとはしていない。より賢く、より合理的にしようともしていない。人間の本質は変わらないと考え、人間を改善することは不可能か、不適切か、望ましくないかのいずれかであるという前提に立つ。そのかわりに、人が自分の目標を安全かつ簡単に達成できる環境をつくろうとする。考えようによっては、マーケットデザインを社会工学の現代版ととらえることもできる。マーケットデザインが示すとおり、経済学者はどんな市場も最終的な完成形態として扱っていない。市場の過程がどのような結果をもたらすかは、純粋な自然法則で決まるわけではない。それは変えられないものではない。うまくいく市場もあれば、うまくいかない市場もある。うまくいかない市場は、うまくいくように再設計すればいい。それにもかかわらず、社会科学全般、とくに経済学から、価値判断をすべて排除したいと考えている人もいる。しかし、世界をよりよいところにしようとするなら、価値観を抜きにして進める方法はない。

そうしたデザインだけで世界が救われるわけではない。あらゆる問題を解決できるわけでもないし、うまくいく保証もない。それでも有用な道具であり、適切な価値観と組み合わせれば、現実世界の問題に対処できる。マーケットデザインは、デボラやウェンディのように、人の命を救う手助けができる。いつかあなたの命が救われる日がくるかもしれない。

第6章　しあわせになるには

二〇一五年、わたしたち家族はジレンマにぶつかった。わたしたちはワシントンDCの郊外外縁部に住んでいた。もうすぐ新たにふたごが生まれるので、わたしは勤め先の大学に育児休業を申し出たが、即却下されていた。大学は新しいスローガンとして「ウェルビーイング大学」を掲げたところだった。大学のいうウェルビーイングには、中庭で無料のヨガレッスンを提供することは含まれても、育休を提供することは範囲外だったようだ。そこに突然、わたしの母国であるスウェーデンから仕事のオファーが舞い込んだ。この大学はふたごの親には両親合わせて六六〇日間の育休が認められている（これは約二二カ月間になるので、もらえないよりずっといい）。

問題は、ワシントンDCでの暮らしが快適だったことだ。アメリカの給与はスウェーデンよりずっといい。家も大きいし、わたしたちは運よく森に囲まれたとりわけ美しい家に住んでいた。仕事でも、優秀で感じのいい同僚に恵まれ、よい刺激をもらっていた。近くには友人がいっぱいいたし、ワシントンやその周辺の風景が大好きだった。知的で、文化が息づき、おいしいものがたくさんあって、活気に満ちていて、いつもなにかがあった。

小さい子どもたちを連れて二つの大陸を移動するというのは一大事である。人生を大きく変えることになる決断だ。その結果どうなるのかはわからない。それがわかるのは遠い将来であり、結果を予測するのはむずかしい。不確かなことばかりで、わたしは軽い判断麻痺に陥っていた。ほかの大学から仕事のオファーを受けたら最高の気分になるだろうと思っていた。それなのにつらくて苦しい。オファーを断ったらいまの同僚やこれから同僚になるかもしれない人たちをがっかりさせてしまうと考えると、罪悪感もわいてきた。

わたしの博士論文の一つは、しあわせを科学するというものだった。それもあってか、自分の研究で学んでいたことをもとに意思決定してみようと思い立った。すでに博士号は取得していたが、これは幸福に関する科学を現実の世界で試し、わたしがそれをどれくらい理解しているか確かめる機会となる。

そこで、妻といっしょに二つの国の大きな相違点をまとめたリストをつくり、幸福を科学的に研究した結果にもとづいて評価してみた。アメリカで暮らす場合は、収入が多く、大きな家に住めて、車も多くもてるだろう。これに対し、スウェーデンで暮らす場合は、収入が少なく、小さなアパートで暮らすことになるし、車はもてない。一方で、幸福研究における富の調査によるなら、わたしたち家族の所得分布における位置だと、お金が増えても幸福度はあまり変わらないという。それに、アメリカだと通勤時間がうんと長くなるが（必然的に車通勤になる）、スウェーデンなら自転車で通勤できるだろう。通勤時間が長いときは幸福度が下がり、自然のなかですごすとき、運動するとき、空気がよいときは幸福度が上がることがわかっている。スウェーデンなら余暇の時間が増え、育休があるので、ワーク・ライフ・バランスがよくなるし、三人の子どもを育てる喜びと負担の分配もより平等になる。それに子どもたちの祖父母の近くに住める。総合すると、幸福に関する科学にもとづくなら、スウェーデンのほうがわたしたち家族にとってはしあわせだろう。

大西洋の両側のいずれかで暮らす場合の長所と短所を検討した結果、わたしたちは引っ越すことに決めた。それが正しい判断かどうかはだれにもわからない。そのときは、これでうまくいかなかったら時間とお金を取り戻したいなんて軽口をたたいていたものだ。

結論から言うと、これは正しい選択だったと思う。後悔はない。

わたしたちが使った基本の手法は、ベンジャミン・フランクリンが一七七二年に提案した。[1] 紙を一枚用意して、真ん中に縦の線を一本引いて二つに分け、一方に賛成する理由を、もう一方に反対する理由を書いていくのである（アルファベットの「T」の字に形が似ているので、Tチャートと呼ばれている）。いま迷っていることについて、それに賛成する理由を左側に、反対する理由を右側に全部書き出す。つぎに、それぞれの理由の重要度に点数をつけていく。そして最後に、その点数を右と左でそれぞれ合計し、どちらのほうが高いかチェックする。わたしたちのやり方とのちがいは、わたしたちはフランクリンには夢物語でしかなかったであろう幸福に関する科学的研究をもとに理由を重み付けしていった点だけだ。

さいわいにも、わたしたちのやり方はだれにでもできる。ただし、わたしたちの答えが使えるとはかぎらない。全員にとってなにがベストかを見つけようとしたわけではない。どちらの国が「ベター」かを判断することにはまったく関心がなかった。問題は、二つの選択肢のどちらがわたしたちにとってベストかだ。しかし、わたしたちのやり方は特別なものではない。これは基本的にフランクリンのやり方を現代版にアップデートしたものにすぎない。意思決定するのに必要なのは、ペンと紙、そして幸福の経済学の知識だけだ。

経済学者は何十年も前からこうした考え方をとりいれている。そしてそれを使って、どうすればわたしたちが個人としていまよりもしあわせな生活を送れるようになるかという問いに答えを出そうとしている。また、いまよりもしあわせな世界を築けるか、人間が豊かに繁栄できる世界をつくれるかという問いにも答えを出そうとしている。経済学者はお金のことだけを考えているとか、支配層の利益に奉仕するものとか思っているなら、きっと驚くことになるだろう。経済学者は、わたしたちの多くが働く時間を減らし、収入を少なくし、余暇を増やすべきだという結論を引き出している。もっと平等な社会をつくるべきだとも訴えている。ロビン・フッドのようになって、金持ちから奪うとまではいかなくても、少なくとも貧しい人に与えるべきだと説く人もいる。

　繰り返しになるが、経済学が万能の解決策を提示するわけではない。だが、幸福の経済学はカスタマイズ可能なので、個々の状況に適応させることができる。

幸福の経済学

　ホーネル・ハートは二〇世紀なかばにノースカロライナ州にあるデューク大学の社会学教授を務めていた。しあわせになることは「人間にとって基本的な目的」の一つだとハートは信じていた。しかし、ある疑問ももっていた。「科学的な考え方は進歩しているが、自分がしあわせになるために、そして人類がしあわせになるのを手助けするためになにができるか、もっともっとわかるようになるのだろうか」[2]。ハートはなると考えた。そしてそれを証明しようと、『幸福のチャート』という本を書き上げた。

　ハートがとくに感銘を受けたのは、病気を診断し、公衆衛生を促進するのに、体温計などの測定器が使われていることだった。幸福を追求するのに欠けているのは、人間の幸福度を測る体温計だとハートは考えた。そうして幸福度を測定し評価する基準をつくり、それを**多幸感（ユーフォリ）メーター**と名づけた。

これはユーフォル度という単位で幸福度を評価する。ハートは、多幸感メーターは「不適応を減らし、精神的苦痛を軽くし、もっと楽しく暮らせるようにする」助けになるとし[3]、これを使って、人びとの幸福度を追跡調査して、どういうときがしあわせだと人びとが考えて**いる**かだけでなく、実際にどういうときにしあわせを感じるのかも明らかにすることを提案した。

ハートの貢献はいまではほとんど忘れられている。それでも、ハートが思い描いたプロジェクトは生きつづけている。幸福に関する本格的な科学的研究は、ここ数十年間に急激に増えている。ハートは社会学者だったが、幸福の研究はずっと学際的に行なわれていた。はじまりは一九二〇年代、三〇年代にさかのぼることができ、教育心理学者たちが教育は幸福度を高めるかどうかを問いはじめた[4]。一九五〇年代、六〇年代には疫学者たちが後につづき、だれが病気であるかだけでなく、だれがしあわせか、そしてなぜしあわせなのかを知りたいと考えるようになった。

幸福の体系的研究が経済学者のレーダーに現れたのは、一九七〇年代のことだ。リチャード・A・イースタリンという経済学者が、幸福度は経済成長とどのような関係があるかを調べた[5]。イースタリンによると、ある社会のなかのある任意の時点では、裕福な人は貧しい人より明らかにしあわせだった。しかし、社会が時間とともに豊かになっていくと、たとえ経済が爆発的に成長している時期でさえ、その社会全体の幸福度のスコアはほとんど変わらなかった。少なくともわたしたちが思っているほど大きくは上がらない。この現象はいまでは**イースタリンのパラドクス**と呼ばれており、このパラドクスをめぐっては膨大な文献が生み出されている。幸福の経済学は現代経済学の一分野としての地位を確立し、数多くの経済学者が幸福に関するデータを研究に組み入れている。幸福に関するデータには幅広く入手できるという利点があり、政府機関と民間機関の両方が集めている。

イースタリンが考えたように、もっと喜びに満ちた人生を送るにはどうすればいいかについて、なにかわかるようになったのだろうか。答えは「イエス」だ。そして、わたしがそう言えるのは、自分が後悔のない選択をできたと感じているからだけではない。

大方の人はしあわせである

大方の人はとてもしあわせである。そう聞くと驚くかもしれないが、この結果は一貫している。ハートはこの現象にすぐに気づいた。ハートがテストした人のうちユーフォル度がゼロを上回った人、つまり、幸福と不幸の境界値を上回った人が七五パーセントもいたのだ。[6]

「二〇二一年世界幸福度報告」でも、どの国もこれと同じような結果を示している。[7]この報告はかなり大規模な調査であり、その年の世界中の人の幸福度をスナップショットとしてとらえることを目的としている。使用するデータはギャラップ社によるもので、同社が調査を行なえる国で全国を代表するサンプルを抽出する。幸福度の水準を評価する際には、キャントリルのはしごと呼ばれる方法が使われる。参加者は一一段のはしごの絵を見せられて、こう説明を受ける。いちばん上の段はあなたにとって最高の人生を表し、いちばん下の段は最悪の人生を表します。いま、あなたははしごの何段目にいますか。最下段をゼロ点、最上段を一〇点として、その答えがあなたの幸福度になる。調査対象となった一四九カ国のうち一〇一カ国の幸福度が中間の五点を上回った。[8]トップは穏やかなフィンランドである（七・八四点）。しあわせな国には、世界で人口が最も多い中国（五・三四点）も含まれる。残る四八カ国は五点を下回った。戦争で荒廃するアフガニスタン（二・五二点）が最下位となっている。

人間とはみじめなものだという認識は広く浸透している。哲学者のロジャー・クリスプは、人間はあまりにみじめなので、突然絶滅したとしても、それが悪いことだとはかぎらないと主張する。クリスプはこう記している。「地球上の苦痛の量を考えると、地球が存続する価値があるかは疑問である」[9]。地球上の苦痛の量について体系的なエビデンスは示されていないし、クリスプの結論は思考実験から導かれたものである。それでも、この世には不幸が多いと考えているのは明らかだ。あまりにも多いので、人間が死に絶えたとしても、それはよいことかもしれない。

これに対し、幸福に関する科学は世の中にしあわせはたくさんあると説く。しあわせのほうが不幸よりずっと多いことはまちがいない。もちろん、不幸な人は存在する。ほかより多いところもある。そして、最高の一〇点をつける人は比較的少ない。しかしデータを見るかぎり、世界の幸福の総量は不幸の総量を**はるか**に上回る。

この結果はなにを意味するのだろう。クリスプやその方法論に異を唱えるつもりはまったくない。しかしわたしは、クリスプよりもずっと楽観的な結論を導きたいと思っている。大方の人はしあわせを手に入れられることをデータは示している。それだけではない。いま生きている人の大多数がすでに幸福を達成していることも示している。交戦地帯以外の繁栄する地域で暮らす人はとくにそうである。豊かな西ヨーロッパ、北アメリカのすべての国で、幸福度のスコアが五点を上回る。しかも、この後で見ていくように、すでにしあわせな人ももっとしあわせにできる、それもちょっとした心がけでそうできると、幸福の経済学は説く。

さて、陰鬱な科学はどっちだろう。

お金でしあわせは買えるか

もっとしあわせになるにはもっとお金を稼ぐことだ——経済学者はそう言うと思っているだろう。「現金は王だ」とか言うはずだと。ほんとうにそうなのだろうか。答えははっきりしている。「イエス」であり、「ノー」である。その理由を説明させてほしい。

まずは重要なことから。そう、お金でしあわせは買える。お金持ちは貧しい人よりもしあわせである。あなたが貧しくて、突然、魔法のようにお金持ちになったら、幸福度は上がるはずだ。それもきっと大幅に。この点については、経済学者のあいだで論争になったことは一度もない。一九七四年の時点で、イースタリンはこう述べている。「結果は明白かつ明瞭である。どの調査でも、地位が最も高い集団にいる人は、平均すると、地位が最も低い集団にいる人よりもしあわせだった[10]」。最近の調査もそうである。二〇〇八年、経済学者のベッツィ・スティーヴンソンとジャスティン・ウォルファーズは、膨大なデータセットを集め、はるかに高度な統計技術を用いて、同じ結論に達した[11]。ある国でランダムに選んだ貧しい人とランダムに選んだ裕福な人を比べるなら、平均すると裕福な人のほうが貧しい人よりずっとしあわせである。経済学者はこの関係を因果的に解釈する。あなたがもともと貧しいか、少なくともいまはまだ裕福ではないなら、お金でしあわせは買える。

すべての経済学者の意見が一致することがもう一つある。一ドルで買えるしあわせの量は、あなたが豊かになると減っていく。経済学者風に言えば、金銭の限界幸福は逓減していく。この関係は図で表せる。所得を横軸に、幸福を縦軸にとると、幸福曲線は右方向に曲がっていく。曲線は左側の傾きがとてもきつく、一ドルが大量の幸福に変換されることを示している。右にいくにつれて曲線は水平に近づく[12]。あなたが窮乏しているなら、一日一ドルは死活問題になる。あなたが貧しく、いつもお金のことばかり考えているようであれば、お金が増えると請求書の支払いが一部でもできるようになり、場合によっては借金から抜け出せるかもしれないし、そうなったら幸福度は上がるだろう。あなたがお金持ちなら、一ドルは誤差みたいなものであり、影響はないに等しい。

幸福の経済学者のあいだで大きな論争になっているのは、幸福度は頭打ちになるかどうかだ。そうなるという人もいる。曲線が完全に水平になる地点があり、そこに達するとお金が増えても幸福度は上がらないという。幸福度がまったく上がらなくなる地点は、飽和点と呼ばれる。試算には幅があるが、ノーベル経済学賞受賞者のダニエル・カーネマンとアンガス・ディートンは、アメリカの飽和点を七万五〇〇〇ドルとする。[13] これはアメリカの世帯所得中央値を若干上回る。ある世帯がある年に七万五〇〇〇ドル以上稼いだら、カーネマンとディートンのいう飽和点を超える。そうであるなら、中間層の安定した暮らしを送れるようになると、お金ではしあわせを買えなくなる。

そう考えない経済学者もいる。幸福度にピークはない。少なくとも、幸福度が頭打ちになることを示すエビデンスはないという。したがって、飽和点はなく、曲線は完全に水平にはならない。あなたがどれだけお金持ちでも、お金が増えればしあわせも増えつづける（ただし、一ドルで買える幸福の量はどんどん減っていく）。スティーヴンソンとウォルファーズはこの立場の代表格だ。

そうだとすると、曲線は右にいくにつれてどうなるのかが問題になる。曲線は水平になっていくという人もいれば、傾きはだんだん小さくなるものの、上昇しつづけるという人もいる（わたしが知るかぎりでは、幸福曲線は下に曲がりはじめると本気で主張する人はいない。気になっている人がいるかもしれないので、念のため）。

この問題はなかなかに厄介であることがわかっている。理由はいくつかある。まず、答えは幸福度をどう測るかで変わる場合がある。カーネマンとディートンは、人びとがしあわせを感じているかを調べる指標は頭打ちになる傾向があるが、自分がどれくらいしあわせかを評価してもらう指標（キャントリルのはしごなど）は頭打ちにならない傾向があるとしている。もっと難解な統計上の問題もあるのだが、ここでくわしく説明することはしない。それでもわたしたちはラッキーだ。いまはこの問題を気にする必要はない。以下の議論では、幸福度が頭打ちになるともならないとも前提していないからだ。

世界をよくできるかという問いに戻ろう。どうすれば幸福の経済学を使って世界をよりよいところ、人間が豊かに繁栄するところにできるのか。

まずはっきりしているのは、世界をもっと平等なところにできるなら、そう努力するべきである、ということだ。お金の限界幸福は減っていくとしよう（みんなそう考えている）。また、あなたはだれかに一ドル与えることができるとする。あなたはそれを貧しい人と裕福な人のどちらに与えるべきだろう。世の中の総幸福量を最大化したいなら、幸福の経済学にもとづくと、貧しい人に与えるべきだ。あなたが政治家で、貧しい人のためになる介入か、お金持ちのためになる介入のどちらかを選ばなければいけないなら、前者を追求すれば、幸福を促進することになる。ロビン・フッド方式でお金を再分配する、つまりお金持ちから奪って、貧しい人に与えることだって正当化されるのではないか。貧しい人が一ドル手にして得られるしあわせのほうが、お金持ちが一ドル失ってこうむる悲しみよりも大きいのだから、うまくいくかもしれない。

この議論そのものは古くからある。少なくとも古典的功利主義者にさかのぼる。ジェレミー・ベンサムは、労働者の一〇〇〇倍裕福な王が、労働者の一〇〇〇倍幸福ではないだろうと指摘し、こうつづけた。「現実の富の分配の割合が平等に近づくほど、幸福の総量は大きくなる」[14]。そうだとすると、「幸福の総量」を増やしたいなら、国王からとりあげて、それを労働者に与えるべきである。最近でも、ある有名な行動経済学者がつぎのように語ったと《ニューヨークタイムズ・マガジン》誌が伝えている。「幸福を研究していて政治的に左寄りにならない人がいるとは思えない。すでに快適な暮らしをしている人の生活水準を減税などによって押し上げても、ウェルビーイングの水準はほとんど上がらないが、貧しい人の生活水準を引き上げるとウェルビーイングがものすごく高まることは、データを見ればだれの目にも明らかだ」[15]。ここで注意してほしいのは、お金持ちの幸福度が飽和点に達しているかどうかは問題ではない点だ。この議論はそれを前提としていない（この議論が前提としているのは、実際はどうかに関係なく、介入がそのほかの害をもたらさない、ということである）。

経済学者の仕事がもっぱら支配層の利益に奉仕することであるとしたら、経済学者たちがじつにお粗末な仕事をしているのはだれもが認めるところだろう。

ひるがえって、個人の生活についてはどうか。お金でしあわせを買えるのだから、しあわせになるにはもっとお金を稼げばいい、ということなのか。それがあながちそうでもない。

お金を稼ぐためになにを犠牲にしなければいけないかで、答えは変わる。つまりこういうことだ。もっとお金を稼ごうと固く心に決めても、意志の力だけではどうにもならないだろう（自分ならできるという人がいたらお電話ください）。お金が流れ込んでくるようになにかをする必要がある。もっとハードワークして早く昇進できるようにしなければいけないかもしれない。場合によってはシフトを多くして、働く時間を増やさなければいけないかもしれない。新しい仕事を見つけなければいけないかもしれない。どんなやり方を選んだとしても、なにかほかのことをあきらめる必要がある。あなたは働く時間を増やそうと決めたとする。働く時間を増やしたら、家族や子どもとすごす時間が減ることになるかもしれない。睡眠時間が減るかもしれない。余暇の時間が減ることだってある。家族との時間、休息、余暇の活動も、幸福度を上げることになっていただろうし、実際、上げられただろう。そうだとすると、働く時間を増やして達成できるであろう幸福と、家族との時間が減り、睡眠時間が短くなり、余暇が少なくなるときに失う幸福とを秤にかける必要がある。

働く時間を増やすときにあなたが手放すものを、経済学では、働くことの**機会費用**という。機会費用は現代経済学の中心概念である。すべての人の辞書に入れておくべきだ。あることの機会費用とは、次善の選択肢である。あることを選択したときに放棄したなかでいちばん価値のあるものということだ[16]。あらゆるものに機会費用があると経済学者は説く。どんな選択をしようと、あきらめなければいけない選択肢がほかにある。映画に行くなら、同時に観られない映画がほかにたくさんあるし、その時間とお金でかわりにできたはずのことはそれこそ無数にある。ある特定の映画を観ることの機会費用とは、それにかわるすべての選択肢のなかで最良の映画である。合理的になりたいのであれば、機会費用に目を向けなければいけない。働く時間を増やすのが合理的であるのは、そうして得られる利益が、その時間を使ってできたはずのほかのすべてのことから得られる利益を上回る場合だけだ。

あなたが貧しくて、退屈していて、時間をもてあましているなら、新しい仕事につく利益は大きく、機会費用は小さいだろう。その仕事ができるのであれば、そうするべきだ。あなたがお金持ちで、働きすぎで、家族とすごす時間を増やせたらいいのにと思っているなら、働く時間を増やす利益は小さく、機会費用は大きいだろう。働く時間を減らすことが選択肢にあるなら、そうするべきではないか。たとえすべての所得水準でしあわせをお金で買えるとしても、しあわせになりたいならもっと働くべきだとはかぎらない。働く時間を減らすべきだと経済学が説くことだってあるかもしれない。所得が減っても、家族とすごす時間をもてて、リラックスできて、余暇の活動を楽しめるのであれば、それを受け入れることがあなたの利益になるだろう。

経済学者は働く時間を増やすと人の幸福度はどうなるか調べているが、悪い結果が出ることが多い。それぞれが置かれている状況や個人の選好によって結果も変わるというのは、前に述べたとおりである。しかしたいていの場合、平均では、働く時間を増やすとしあわせは減る。一つの例として、経済学者のロニー・ゴールデンとバーバラ・ウィーンズ＝ターズによれば、残業をすると「仕事のストレス、疲労感、仕事と家庭の葛藤が増す」[17]。時間外労働をしなければならないときは、収入が増えることのプラス効果よりもマイナス効果のほうが大きい。これに関連した研究では、ルチア・マッキア、アシュリー・V・ウィランズが七九カ国、二二万人のデータセットをつくっている[18]。その結果、仕事よりも余暇を重視するところのほうが、国レベルでも個人レベルでも、幸福度が高いことがわかった。オランダ、オーストラリア、イギリスがそうである。

こう問う人もいるだろう。「わたしにとってどんな意味があるのか」「わたしはどうすればいいのか」。ブライアン・カプランと同じで、わたしがこの本を書いたのは情報を提供するためであって、人の人生に口出しするつもりはない。それでも、幸福の経済学は力になってくれる。働く時間を増やすことを考えているなら、フランクリンのやり方を使って、賛成する理由と反対する理由をリストアップしていくといい。そして、幸福の経済学にもとづいて、その理由がどれくらい重要か一つひとつ点数をつけていく。収入の重みは、すでにたくさんお金を稼いでいるならそう大きくはないはずだ。たくさんお金を稼いでいないなら、大きいにちがいない。つぎに、働く時間を増やすことの機会費用（そうするためになにを犠牲にしなければいけないか）に目を向けて、幸福度にどんな影響がおよぶかを考える。すでに余暇がたくさんあるなら、自由な時間が増えても、幸福感はたぶんほとんど変わらない。すでに時間が足りないと感じているなら、自由な時間が増えると幸福感は大きく上がるかもしれない。そうやって一つひとつ見ていく。

わたしたち家族はそうして、収入がいい仕事を辞めて、ワーク・ライフ・バランスがいい仕事に移ることを決めた。わたしたちが後悔のない選択をしたように、みなさんにとってもそうなることを願っている。

適応、願望、社会的比較

ここまではイースタリンのパラドクスの約半分についてしか語っていない。ある国のなかのある任意の時点では、収入が増えると幸福度は上がるという事実だ。ここで残りの半分に戻ろう。たとえ経済が爆発的に成長している時期でさえ、国全体の幸福度は思っているほどには上がらないという主張である。理由の一つはもちろん、お金の限界幸福が減っていくことだ。ある国がどんどん豊かになると、幸福度はだんだん上がらなくなっていくと考えるべきである。スティーヴンソンとウォルファーズは、アメリカの幸福度はここ半世紀のあいだ下がっていることを明らかにしており、原因は格差の広がりだとしている。

だが、それだけが原因ではないだろう。経済学者たちはこれ以外にも数々の説明を示している。そのうちの一つを選択するとほかが排除されるというものではない。それどころか、全部正しいかもしれない。そして、もっとしあわせになりたい、世界を人間が豊かに繁栄できるところにしたいと思っている人にとっては、どの説明も示唆に富む。

適応——慣れていないことにお金をかける

豊かになっても幸福感はいま以上には上がらない理由として考えられる説明の一つが**適応**である。[19]適応とは、平たく言うと、ものごとに慣れるということだ。あるコンテストに参加して、新しいスマートフォンを獲得したと想像してほしい。あなたはうれしくて新しいスマホをあれこれ試してみる。

しかしそれも一時のことだ。数週間もすると、目新しさはなくなる。新しいスマホはたしかに便利ではある。だが、日々の生活が楽しいか、つらいか、退屈かはスマホで決まるわけではない。新しいスマホを手に入れた結果として幸福感は高まったが、その効果もきっとおさまる。するとあなたの幸福度はいつもの水準、あるいはいつもの状態に近い水準に戻る。これが適応である。この現象はよいことにも悪いことにも起きる。

人間はよいことに、そして悪いことに驚くほど適応するときがある。いまを生きるわたしたちにとっては驚きでも、アダム・スミスにとってはそうではなかっただろう。スミスは著書のなかで、事故で足を失い、木の義足をつけた人の話をしている。[20] 義足をつけることになったときは涙に暮れ、嘆き、悲しむ。これまでの生活にはもう二度と戻れないのだと。しかしすぐ、事故にあう前に喜びを与えてくれたもののすべて（あるいは大半）が変わらず喜びを与えつづけてくれていると気づく。やがて義足は不幸ではなく、不便なだけだと考えるようになる。

義足をつけた人は苦しむに決まっているし、こんなにも不便な生活を死ぬまでつづけなければいけないのかと暗い気持ちになる。ところがじきに、自分が置かれた境遇を中立の観察者が見るとおりに見るようになる。不便ではあっても、一人の楽しみも、社会における楽しみも、すべてこれまでと変わらずに感じることができるものとして見るようになるのだ。[21]

スミスがこの短い一節で簡潔に述べているように、人は障害に適応するものであり、実際に適応しているが、自分が適応することは予測できない。後者の現象は**適応の過小予測**として知られる。人は豊かになっても、考えられているほど幸福度が上がらない理由は、適応によって一部説明がつく。お金が増えれば、買える財もサービスも増える。それは幸福感を高める。それでもその効果はすぐに消えることがある。押し上げ効果がおさまれば、お金が増える前の水準かそれに近い水準に戻るだろう。お金持ちになっても、それに適応しなければ幸福度は急に上がるが、人間は適応するので、幸福度はそこまで急には上がらない。

お金が増えたら幸福度もそのぶん上がってほしいと思っている人にとっては、適応は全体としては悪いニュースだ。しかし希望はある。あらゆることに同じように適応するわけではないかもしれない。わたしの経験では、その差はとても大きい。最悪なのは本である。多くの学者がそうであるように、わたしは本が大好きだ。新しい本を見つけるとすぐに買いたくなる衝動を抑えられない。本を注文すると届くのが待ちきれない。それなのに郵便受けに届くころには、たいてい注文したことを忘れている。箱を開けて、本のカバーを堪能すると、まだ読んでいない本の山の上にぽんと載せて、それで終わる。ベッドの横に積み上がった山のいちばん上に手が届くかぎり、本を注文しつづけるだろう。だがそうは言っても、家のなかに本が積み上げられていては、とてもしあわせな気分にはならない。なにを買ったかさえ、ほとんど思い出せない。それとは対照的なのが、わたしが大学院生のときに奮発して買った高級スピーカーだ。このスピーカーはそれからずっとこのうえない喜びを与えてくれている。しあわせなときも悲しいときも、時間をもてあましているときも忙しいときも、いつもそばにいる。そして、あのすばらしい音がもたらす感動にはまったく適応していないようだ。それは、公共の空間はひどいスピーカーから流れるひどい音楽であふれていることと関係があるかもしれない。わたしはまだ、そのどちらにも適応していない。

人には適応しやすいものと適応しにくいものがあるとしよう。そうだとすると、しあわせになりたいなら、時間とお金を適応しにくいものに投じるべきだ。どれがどちらであるかは、どうすればわかるのか。経済学者のティボール・シトフスキーが一九七六年に書いた本に一つの手がかりがある。シトフスキーは**快楽**と**安楽**を区別した。快楽とは、自分が楽しいと感じる気持ちであり、おそらくは一瞬のものである。これに対し安楽とは、苦痛や不快さ、不安を避けようとすることである。[22]快楽は望ましい出来事である〝ポジティブ〟な利益であり、安楽を求めることは、苦痛から守るための防御的な行為だ。

シトフスキーによれば、快楽と安楽の決定的なちがいは、適応のしかたがちがうことである。快楽はどんなときも楽しい。安楽はしばらくは楽しいかもしれないが、たいてい長くはつづかない。「多くの安楽は、最初は満足をもたらすが、すぐにいつもあって当たり前のものになる[23]」とシトフスキーは言う。わたしが本を買うのは安楽を得るためで、本を読む快楽を得たいという気持ちはそれほど強くないのだと思う。これに対し、スピーカーは毎日、純粋な快楽をわたしに与えてくれる。わたしが一方には適応し、もう一方には適応しない理由が、これで一部説明できるかもしれない。つまるところ、しあわせになりたいのなら、快楽を得るために安楽を犠牲にすることを受け入れなければいけない。それは具体的にはなにを意味するのか。新しい車なんて買わずに、キャンプに行くということか。古いスマホを買い替えるのをやめて、オーケストラのシーズンチケットを買うということか。狭いところに住むことにして、浮いたお金で海外旅行に行くということか。安楽に投資しすぎると、幸福を最大化できなくなってしまう。

モノではなく、経験を買うようにアドバイスする人もいる。[24]そこには本物の行動経済学者も含まれ、そのうちの三人が「経験的な購入（コトにお金をかける）は物質的な購入（モノにお金をかける）よりも幸福感が長くつづく傾向がある」と書いている。[25]この物語にはつづきがあるだろうし、そこでも快楽と安楽を区別することがその一つの側面になるだろう。わたしの見立てでは、ポジティブな経験はどちらかというと快楽につながり、物質的なものは安楽をもたらすことが多いように思われる。

快楽にはもう一つ別の利益もあるとシトフスキーは言う。快楽は安楽よりも共有しやすいことだ[26]。スウェーデンにまさにそのとおりのことわざがある。「喜びは分かち合うと二倍になる」[27]。わたしがしあわせを感じる活動をしたり、喜びを感じるものに囲まれたりしていると、ほかの人たちもしあわせや喜びを感じられる。経済学者風に言うなら、正の外部性があるということだ。わたしのしあわせはまわりの人のしあわせになる。シトフスキーによれば、安楽は同じようにはいかないという。わたしが自分の苦痛や不快さを避けるために購入したものは、隣人たちには同じ利益をもたらさないのがふつうだ。フェンスやエアコン、警報システムなどを考えてほしい。目障りだったり、騒音を生み出したりすれば、隣人の状態を悪くしてしまうことさえある。身に覚えがあるなら、ほかの人にも喜びをもたらす活動をしたり、そうしたものに投資したりしてみよう。

願望――願望と期待が上がりすぎないようにする

バリー・ボンズはアメリカ大リーグ、ピッツバーグ・パイレーツのプロ野球選手だった。一九九一年、ボンズは年俸八五万ドルから二三〇万ドルへの増額を提示された。問題は、ボンズは三二五万ドルを要求していたことだ。ボンズの失望はものすごく大きかった。「バリー・ボンズがピッツバーグを満足させるためにできることはない。ただただ悲しい」と語っている[28]。とてつもない金額にもはや笑えてくるが、同じようなことはだれにでも起こる。思いがけず給料が五パーセント上がったときにどう感じるか、想像してほしい。たぶん喜ぶだろう。給料が増えるなんてまったく思っていなかったのだからなおさらだ。今度は、給料が一〇パーセント上がるものと期待していたときに五パーセントだったらどう感じるか、想像してほしい。きっとあまりうれしくはないだろう。悲しくなったりがっかりしたりすることだってあるかもしれない。

このように、人間の幸福感には、自分になにが起きるかだけでなく、わたしたちがなにを期待し、なにを望んでいたかも反映される。経済学ではこれを**願望水準理論**と呼ぶ。この理論によれば、幸福度は結局、期待と比べて結果がどうかで決まる。結果が期待を上回ると、しあわせになる。結果が期待に届かなければ、しあわせにはならない。であるなら、結果がよくなれば幸福度は上がることになる。ほかのすべての条件が同じだとすると、結果がよければよいほど、しあわせになる。しかし裏を返せば、願望の水準が高くなるにつれて幸福感は下がる、ということでもある。ほかのすべての条件が同じだとすると、期待が高くなればなるほど、結果に満足できなくなる。

わたしは教育者だが、成績を受け取ったときの学生の反応に驚くことがよくある。Aをもらえると思っていたのでAマイナスの評価に激怒する学生もいれば、Fになると思っていたからCプラスで大喜びする学生もいる。学生たちの反応には、テストの点数だけでなく、期待も投影される。

願望水準理論を使うと、豊かになっても幸福の水準はいま以上には上がらない理由が説明できるようになる。人は裕福になると願望の水準が上がるとしよう。学生寮に住んでいるときには、狭くてもいいからアパートに住みたいと願うようになるだろう。狭いアパートに住むと、もっと広い部屋に住みたいと願うようになる。広いアパートに住むと、持ち家に住みたいと願うようになる。そう、もてばもつほど、もっとほしくなる。分不相応な願望をもつようになるときもあるかもしれない。そうだとすると、お金が増えることが幸福度に与えるプラスの効果は、願望水準が上がることが幸福度に与えるマイナスの効果によって（少なくとも一部は）相殺される。行動経済学者はこの現象を**願望トレッドミル**と呼んでいる。基本となる考え方は古代からある。ストア派の哲学者、セネカはこの問題をおよそ二〇〇〇年前に考察している。「繁栄しすぎると人は際限なく強欲になる。欲望をうまく抑えるのはむずかしく、一度満たされてもまた欲しくなって、消えることがない[29]」

願望と期待はなぜ幸福にこれだけ大きな役割を果たすのだろう。どうして願望と期待はこれほど高くなりやすいのか。一つ理由をあげるとしたら、願望や期待を抜きに結果を評価するのがむずかしいからだろう。「試験はうまくいったか」「わたしは魅力的か」「わたしはよい人間か」。こうした問いに答えを出すのはむずかしい。それよりも「思っていたとおりにできたか」「わたしがなりたいと思う魅力的な人間になれているか」「わたしが考える頻度で親切な行ないができているか」といった問いのほうがずっと答えを出しやすい。前者の問いに答えるのがむずかしかったら、答えやすい問いにさっと置き換えるはずである。もう一つ、進化の性質も理由としてあげられるだろう。進化の歴史をさかのぼって、かじっている骨と暮らしている洞窟に満足していた時代を想像してほしい。それに満足している人もいれば、満足していない人もいるとする。満足していない人たちは資源を蓄えて生き残り、そうやって繁栄したことは想像にかたくない。そうだとすると、わたしたちは全員、不満組の子孫である。アリとキリギリスの寓話を考えてみよう。アリは夏のあいだ、冬の食料を蓄えるために働きつづける一方で、キリギリスはなにもせず、のんきに音楽を奏でている。やがて冬がくると、アリは生き残るが、キリギリスは死んでしまう。寓話はここで終わるが、さらにつづきがあるとしよう。つぎの世代には、キリギリスは絶滅しているので、全員アリになる。進化の歴史を生き残ってきたわたしたちはみな、アリの子孫である。わたしたちは満足しないようにできているのかもしれない。

自分に期待をするのはよいことだろう。少なくともそういう場面はある。期待と願望があると、もっと働こう、もっと賢くなろうという気持ちになるかもしれないし、人生でより多くのことをなしとげられるようになるかもしれない。しかし、過剰な期待は問題を招きかねない。バリー・ボンズがそうだった。過剰な期待を抑制し、人生の目標を適切に設定する能力は、きわめて重要なスキルである。研究者はこれを「目標制御」と呼ぶ。それは、個人の目標を設定するが、それを断念し、再設定するプロセスだ。研究者に言わせると、不適切な目標設定はしあわせになるのを妨げる大きな障壁であり、不適切な目標を捨てられれば、幸福感は上がる。[30]

社会的比較——自分を他人と比べないようにする

こんな古いジョークがある。二人でキャンプ中に熊と遭遇した。すると一人がかがんで靴の紐(ひも)を結び直しはじめた。「なにをしているんだ」。もう一人が訊く。「熊より速く走れると思っているのか」。「まさか」と答えが返ってくる。「熊より速く走る必要はない。おまえより速く走れたら、それでいいんだ」。このジョークは、重要な心理学的事実をついている。わたしたちはたいてい自分のパフォーマンスを絶対的な基準ではなく、相対的な基準で考える。「時速一〇マイル(約一六キロメートル)で走れるか」ではなく、「隣の人よりも速く走れるか」と考えるということだ。

社会的比較とは、人の幸福度にはなんらかの絶対的な尺度はなく、ほかの人の立場と比べて自分がどれだけうまくやっているかで決まるという考え方である。わたしは義理の兄弟よりも稼ぎが上か。上ならそれでいい。それとも下か。下ならそれはまずい。少なくとも一部の領域では、そうした相対的な問題が多くの人にとってとても重要であることを示すエビデンスがある。[31]

相対的に判断するのが大いに理にかなうときもある。熊から逃げたい(そしてもう一人のキャンプ仲間のことは気にしない)なら、問題は逃げるときの相対的な速さだけである。オリンピックで金メダルをとりたいときも、大事なのはほかの人よりも速く走ることであって、目標のタイムを出すことではない。

相対的な基準で考えるのがまったく意味をなさないときもある。社会的比較が機能しないのは、「お隣さんと張り合っている」ときであることが多い。それもたいていはほんとうに機能しないのだ。一つには、全員が周囲と張り合おうとしたら、それはゼロサム・ゲームになる。どれだけ多くのものをもっていても、ほかのすべての人より多くのものをもてるのはたかだか一人だ。全員が周囲と比べていなかったら、全員、自分がいまもっているものに満足できただろう。しかも、周囲と張り合っていると、一種の勝者なき軍拡競争に陥ってしまうリスクがある。わたしが自分の自由な時間とお金をすべて犠牲にして、あなたよりも高級な車を買おうとしているとしよう。きっとあなたを追い越すことに成功するだろうが、それも一時的である。しかし、あなたも同じことをするとしよう。あなたも成功するが、それも一時的だろう。結局は、二人とも多大な犠牲を払いながら、お互いに相対的に一ミリも優位に立てない状況になる。

ある国が豊かになっても、幸福度はそれほど上がらないのも、これで一部説明がつく。満ち潮になると、係留されている船が、程度の差はあっても、すべてもちあがるとする。すべての船の水位は地面と比べて上がるが、船同士の相対的な高さはまったく変わらない。お金と幸福にも同じようなことが言えるかもしれない。わたしたち全員が時間とともに裕福になるとしよう。全員のお金が増えたとしても、相対的な富はまったく変化しない。人のしあわせがほかの人よりも稼ぎが多いか少ないかで決まるかぎり、幸福度は頑として動かない。たとえ物質的にどんどん豊かになって暮らし向きがよくなっていても、そうである。

なぜ自分を人と比べようとする衝動はこれほど強いのか。前に述べたように、絶対評価がむずかしい問いがあることが理由の一つだろう。「なにがよいアパートか」「まずまずの自動車とはなにか」

「高給とはどれくらいか」などがそうだ。自分のアパート、自動車、給料はお隣さんよりもよいか悪いかという問いに置き換えたほうがずっと答えを出しやすい。気をつけないと、後者の問いに対する答えを前者の問いに対する答えと混同してしまうかもしれない。これも前に述べたように、進化も理由の一つだろう。自然淘汰で有利なのは、生存・繁殖確率が相対的に高い個体であり、絶対的な優劣では決まらない。この意味では、自然淘汰は態に追いかけられることに似ている。

なにが決めるのか

では、どうすればしあわせになれるのか。経済学が「もっとお金を稼ぎなさい」と無条件に説くことはない（お金があれば役に立つかもしれないが）。だが、もっとしあわせになりたいのなら、そのためのヒント、あるいは戦略が三つある。（1）適応できそうにないことに時間とお金を使う。（2）期待と願望が上がりすぎないようにする。安楽よりも快楽に、モノよりもコトに、ということだ。（3）むやみに自分を他人と比べない。

自分で自分をしあわせにできるといってもかぎりはある。なんといっても、あなたの幸福度は、自分ではどうしようもできない外的要因にある程度制限される。あなたの国はどれだけ豊かか、どれだけ自由があるか、といったことが幸福度に影響してくる。人類の進化の遺産で人は満足しないように条件づけられているのだとすれば、わたしたちが得られるしあわせには限界があることになる。もっとしあわせになりたいとか、もっとしあわせになってもいいのにと思っていても、それはあなたのせいではないのだ！

例によって、科学的調査で報告された数字はあくまでも平均でしかなく、あなたに当てはまるかもしれないし、当てはまらないかもしれないことを頭に入れておかなければいけない。あなたにとってうまくいくものには、あなたの価値観や選好が反映されるし、自分の力でなんとかできるもの、できないものも含めて、多くの条件にも左右される。

さきほどあげた三つのヒントが示唆するように、しあわせはある程度までは自分でコントロールできる。しあわせ（happiness）はただ起こる（happen）ものではない（英語の「happiness」も「happen」も、古い北欧の言語で「幸運」「偶然の機会」を意味する言葉から派生している）。しあわせの水準が、どんな消費をしているか、どんな期待をもっているか、どんな比較をしているかに左右されるのであれば、しあわせは幸運や偶然の機会だけでは決まらない。幸運や偶然の機会によって決まる部分もあるかもしれないが、すべてではない。その意味では、しあわせは自分でコントロールできるし、経済学は障害を克服する手助けをする。

第7章　謙虚になるには

宇宙飛行士のバズ・オルドリンは、人類としてはじめて月に降り立った二人のうちの一人だった。この宇宙飛行のミッションは、アポロ一一号計画として知られる。成功したのは一九六九年のことだ。それから三五年後、オルドリンは、当時はなにをいちばん気にかけていたかと質問され、こう答えた。

「わたしたちは自信過剰にならないように極力努力しました。自信をもちすぎると、なにかが噛(か)みついてくるので[1]」

宇宙飛行士でなくても、オルドリンがなにを言っていたかはわかる。だれでも心当たりがあるだろう。新しいプロジェクトをはじめるときや旅に出かけるときは、みんな慎重になる。細心の注意を払うし、計画にしたがう。なにか問題が起きていないか、入念にチェックもする。しばらくすると、自分に自信をもちはじめる。すべてうまくいっていて、緊張もほぐれてくる。まさに順風満帆だ。ところが突然、大きな衝撃音が鳴り響く。なにか恐ろしいことが起きている。あなたは愕然とする。

このようなときには、そこにいたるまでの出来事を振り返ってみるといい。なにかがおかしくなっていたサインがたいていい見つかる。しかしそのときは気にしていなかった。サインを見落としたのは、すべて首尾よく運んでいると感じていたからだ。危険を知らせるシグナルが出るわけがない。自分はうまくやっているのだから。そう、あなたは自信過剰に陥っていたのである。「こうして鮮やかだった決意も、青白い思案の色に染まり、色を失っていくのだ」とハムレットは叫んだ。なにが起きていたのか、シェークスピアはわかっていた。

わたしはヨットでセーリングしているときに、このような経験を何度もしている。セーリング歴は長いのだが、それでも失敗する。そこにあるはずのない岩や灯台に近づいてしまうのだ。コーストガードに救助してもらったこともある。アクシデントはいつも思いがけずやってくる。そうでなかったらアクシデントとは呼ばないだろう。だが、セーリングから戻って、なにが起きたのかよく考えると、ほとんどいつもレッドフラッグが思い当たる。計器のおかしな数字、視野のちらつき、想定外の光源など、振り返ってみれば、レッドフラッグ以外のなにものでもない。注意していたら、なにかがおかしいことに気づけたはずである。それを見過ごしたのは、わたしのメンタルマップ（あるべき姿のイメージ）に当てはまらなかったからだ。わたしは自分がどこにいて、なにをしているかわかっていると信じて疑わなかった。

過信は「あらゆるバイアスの母」と呼ばれてきた。[2] 行動決定の研究者は自信過剰を半世紀にわたって入念に調べてきた。そして多くのことを学んでいる。その大部分は、笑うに笑えないものだ。ある古典的な定番の研究では、アメリカのドライバーの九三パーセントが自分の運転能力は中央値より上だと答えた。[3] アメリカ全土のドライバーを一カ所に集めて、運転能力のいちばん低い人を左端に、いちばん高い人を右端にして、横一列に並んでいるところを想像してほしい。そうしたら、一〇〇人当たり九三人が自分は右側にいると考えていたのである。それは数学的にありえない。運転がどれだけうまいとしてもだ。ほとんど全員が長い列の先頭にいるのを想像するのと同じくらいおかしい。

自信過剰は蔓延しており、回復力は強く、代償は大きい。自信過剰な人はほとんどどこにでもいる。

自信過剰にならないようにするのはむずかしい。そしてあらゆる種類の不運、事故、災害にかかわってきた。ドン・ムーアは過信に関する著書でこう述べている。

過信が原因とされるものは、タイタニック号の沈没、チェルノブイリ原子力発電所の事故、スペースシャトルのチャレンジャー号とコロンビア号の空中分解、二〇〇八年のサブプライム住宅ローン危機とその後の大不況、メキシコ湾の石油掘削施設ディープウォーター・ホライズンで起きた原油流出事故など、数多くある。株式市場の過熱、起業の失敗率の高さ、訴訟、政治の分極化、さらには戦争も、過剰な自信が背景にあると言っていい。[4]

自信過剰がこれほど大きな影響をもたらすのは、それが軍事用語でいう「戦力増強要因」であるからだ。それもよい意味ではない。戦力増強要因とは、ここぞと言うときに使うと兵士の戦闘力が上がるものをいう。自信過剰だと、わたしたちがとらわれやすいほかのすべてのバイアスを増強してしまう。まちがっていたり、できなかったりしても、それ自体はそんなに悪いわけではない。しかし、そこに自信過剰が加わると致命傷になりかねない。文字どおりの意味での致命傷だ。

一九八〇年代のテレビドラマ「俺がハマーだ！」の主人公は型破りな問題刑事で、事件は強引に解決するが、自分の問題は問題とは思っていない。[5]「大丈夫、理窟じゃないんです」が決めぜりふだ。それを合図にハチャメチャな騒動が巻き起こる。ハマーの問題は、核爆弾を解除するといった任務を遂行できないことではない。そんなのだれだってできない。自分は核爆弾を解除できると自信をもっていることこそが問題なのだ。自分に対して過剰な自信をもっているので、自分がなにをしているかわかっていると思い込む。能力と自信のギャップが問題を引き起こし、笑いとドラマを生み出していた。わたしたちは全員、ハマーのような人を知っている。それどころか、わたしたち全員がハマーになってしまうことだって（少なくともときどきは）ある。

そうだとすると、経済学は過信の問題を解決する手助けができると知ったら、ほっとするのではないか。行動経済学者は、自分と他人の自信過剰を減らす三つの戦略を見つけている。その戦略は、自信過剰にならないチームをつくるために使うこともできる。第一に、自分の考えを、整然としていて、手がかりやヒントになる、はっきりとしたエビデンスと突き合わせるといい。わたしたちはよくまちがうということを思い出させるフィードバックを送るのもいいだろう。エビデンスとちがうところがあって、それをうまく説明できない場合はとくにそうだ。第二に、まちがっているかもしれない理由をじっくり考えるようにして、他人にもそうさせる。これはとてもむずかしい。人間は自分が正しい理由をつくりだすほうがずっとうまい。だが、自分がまちがっていることが明らかになるさまざまなシナリオをよく考えるようにすると、まちがう可能性は思っていたほど低くはないと気づけるようになるのではないか。そして第三に、意思決定する環境を変えて、自信過剰に陥りにくくする。

認識論的な謙虚さは知的徳の一つである。わたしたちの知識はつねに暫定的で不完全なのだから、新しいエビデンスに照らして修正する必要があるかもしれないという認識に根ざしている。カール・ヘンペルは、二〇世紀を代表する科学哲学者だった。ヘンペルを知る人びとの話では、ある見方がたまたま自分のものと同じだというだけで、それを支持するようなことは一度もなかったという。それが認識論的謙虚さである。これはよいことだ。自信過剰にならないようにすることは、認識論的謙虚さの問題である。認識論的謙虚さが欠けているのは悪徳である。それはよくないことだ。私生活でも公共政策でも大きな損害をもたらしかねない。

この章では、認識論的謙虚さに対する経済学的なアプローチを説明し、どうやってそれを獲得するかについてアドバイスを提示していく。古代ギリシアの哲学者アリストテレスは、徳とは超過と不足の中間であると考えた。[6] 経済学者も同じ意見だ。認識論的謙虚さは、自信過剰と自信不足のあいだにある。あなたは自信過剰にならないようにしたいと思う。しかし、自信不足にならないようにしたいとも思う。あなたが本物の爆発物処理班の一員で、爆破装置を解除する方法を知っているなら、知らないふりをしてもなんの意味もない。謙虚であることは遠慮するということではない。自分がなにをしているかわかっているときに自信をもつのはよいことだ。人は自信過剰にも自信不足にもならないようにしながら、謙虚になれる。目標は、経済学でいう**カリブレート**されている状態になることである。

アリストテレスは、有徳な人であるのはむずかしいとも考えていた。[7] 経済学者はこれも同じ意見だ。謙虚さに関する本を読むだけで、より謙虚な人になることはない（ごめんなさい）。超過と不足の正しいバランスを探り当てるには、注意を集中させ、実践を重ねることが大事である。経済学は、どこに集中してどう実践するかを教えてくれる。そのアドバイスは、なにかの加減で自信過剰になってしまうときがある人なら、だれにでも当てはまる。つまり、わたしたち全員に当てはまるということだ。自分や他人やあなたのチームにもっと自信をもってほしいと思っていてもかまわない。これから見ていくように、経済学者のアドバイスは大量のエビデンスに裏づけられている。

自信に対する経済学的なアプローチは、ほかの学問領域のものとはまったくちがう。大衆文化では、さまざまな本やポッドキャストが自信を高める方法を伝授している。自分に自信がもてると、しあわせになり、人気者になり、運が開けるということが前提になっているようだ。経済学者に言わせれば、それはまちがっている。過剰な自信は無謀な行動につながるし、失敗したり、面倒なことになったり、がっかりしたりすることになる。そう、ハマーになってしまうのだ。たとえばあなたに子どもがいるか、チームを指揮しているなら、自分はなんでもできるのだとむやみに自信ばかりつけさせないほうがいいだろう。

この章の目的は、自信不足と自信過剰のあいだにあるスイートスポットを見つける手助けをすることである。与えられたタスクとあなたの能力の水準に合った自信をもてるようになってほしい。そうすれば、「大丈夫」と言っていいとき、言ってはいけないときを見分けられるようになる。

自信過剰とはなにか

それには、経済学者がなにを自信過剰と考えているのか、どうすれば自信過剰になっていることがわかるのかを知る必要がある。最初に、ある出来事が起こる可能性に関するあなたの考えと実際の確率を区別しておこう。たとえば、あなたは宝くじを買うとする。今日当選する可能性は一〇パーセントあると考えている。それをあなたの**主観的確率**と呼ぶ。だれかの主観的確率を知りたいなら、その人に訊いてみればいい。主観的確率は、人の信念体系のなかにある要素の一つだ。主観的確率は人によってちがうことがある。同じ出来事について考えていてもそうである。わたしはあなたが今日当選する可能性は五〇パーセントと考えているかもしれない。わたしの主観的確率はあなたと同じである必要はない。むしろちがうほうが多い。
主観的確率は**客観的頻度**と区別する必要がある。客観的頻度は、その状況下でその出来事が発生する度合いである。一〇〇枚ある宝くじのうち一枚を買ったとしよう。当選くじは一枚で、無作為に選ばれるとする。この状況下であなたが当選する度合いは一〇〇分の一、つまり一パーセントである。それが客観的頻度だ。客観的頻度は、その出来事を発生させるプロセスの要素の一つである。客観的頻度は直接入手できない。つまり、客観的頻度に関する信念をもっている人に訊くだけではわからない。それはファクトにもとづいている。そのファクトは人びとの信念とは関係がない。同じ出来事について語っているとき、客観的頻度は人によって変わることはない。

カリブレーションとは、主観的確率と客観的頻度の関係を表す概念である。あなたの主観的確率が客観的頻度と一致するとき、「完全にカリブレートされている」という。先の例では、だれもカリブレートされていない。「カリブレートされている」ためには、主観的確率が客観的頻度（この場合は一〇〇分の一）と等しくなければいけない。カリブレートされている人が自分は九〇パーセント正しいと確信しているなら、その人は文字どおり十中八九正しい。

信念をカリブレートする、つまり、主観的確率を客観的頻度に一致させるようにするのはたいていはよいことだ。構造エンジニアに依頼して、あなたの家が倒壊する可能性を調べてもらっているところを想像してみてほしい。構造エンジニアは、あなたの家は九九・九九パーセント倒壊しないと判定する。その後、あなたの家に似た家がたびたび倒壊すると、不安になるし失望もする。家に関してだけでなく、エンジニアに対してもそうだ。構造エンジニアが十分にカリブレートされていなかったら、住宅や人命が失われるなど、実害が生まれかねない。

主観的確率が客観的頻度を上回っている場合は、**自信過剰**であるという。下回っている場合は**自信不足**である。先の構造エンジニアは自信過剰である。わたしも自信過剰なので、目覚まし時計はいつも午前五時にセットする。五時きっかりに起きられると確信しているのだが、十中八九、一〇分ごとにスヌーズしつづけて、起きるのに少なくとも一時間はかかる。自信は自分の考えをどう考えているかに左右される。原理としては、完全にカリブレートされていても、あるいは自信が足りていない場合でさえも、自信過剰になることがある。

どれくらい自信過剰になっているかを評価する方法として真っ先に思い浮かぶのは、○×問題をたくさん出すことだ。最初にこんな問題を出す。「つぎの文の内容は正しいでしょうか、正しくないでしょうか。（a）サクラメントはカリフォルニア州の州都である、（b）アブサンは宝石である」。そして、それぞれの問題文についてこう質問する。「自分の答えにどれだけ自信がありますか」。参加者には答えに対する自信度を、たとえばゼロパーセントから一〇〇パーセントで示してもらう。それが個々の問題の主観的確率になる。そして、参加者の答えを自信度別に振り分ける。たとえば参加者が一〇〇パーセント自信があると答えた回答をひとまとまりにして、その後、そのなかに正解数がいくつあるか計算する。カリブレートされている人なら、すべて正解する。

こうした調査をすると、結果は次のページの図5のようになる。[8] ここでは人びとの主観的確率をx軸に、客観的頻度をy軸にとっている。完全にカリブレートされている人の「カリブレーション曲線」は、勾配が四五度の対角線になる。主観的確率はつねに客観的頻度に等しい。しかし、現実の曲線は少しちがって見える。いちばん左にあるのは、主観的確率が五〇パーセントである回答だ。これは参加者が○か×かわからないと感じているということであり、まちがう確率も五〇パーセントある。このような回答では、実際の正解率は五〇パーセントより少し高い場合が多く、自信が不足していることを意味する。だが大半の問題で、回答者は自信過剰である。図の右にいけばいくほど、自信は過剰になっていく。実際、一〇〇パーセント自信があるときは、ほんとうに自信過剰なのである。ある古典的な研究では、人がなにかを一〇〇パーセントの確信をもって断言したときに、その人が正しかった割合は約七〇～八〇パーセントだった。[9]

ここでの重要なポイントは一目瞭然である。**自信**は過信を招くリスク要因だ。自信の度合いが高いほど、ほかのすべての条件が同じだとすると、自信過剰になりやすい。よく考えてみたら、これは驚

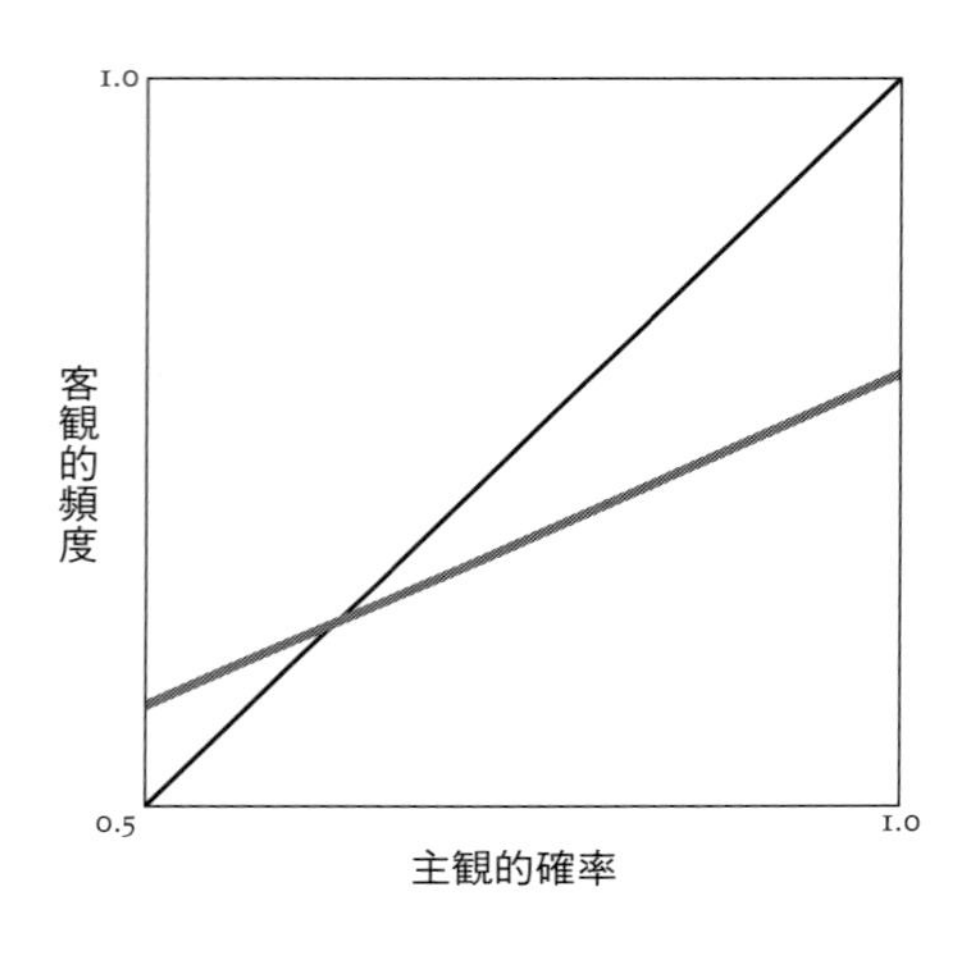

図5　カリブレーション曲線

くようなことではないはずだ。だれがノーベル文学賞をとるか、どうしたらロサンゼルスで最高のタコス・キッチンカーを見つけられるかなど、あらゆることについて自信満々に語って、自信過剰ぶりをひけらかす人はたくさんいる。憲法の専門家から疫学の専門家に一瞬で変わる人たちがそうである。その類の自信はレッドフラッグだ。自信過剰になって、認識論的謙虚さが欠けていることを警告する信号である。

自信過剰を招くもう一つの要因に**困難さ**がある。課題がむずかしければむずかしいほど、自分の判断を過信するようになりがちだ。とても知識がある人がとても簡単な判断をするときには、自信不足になることがある。わたしが「どの市に住んでいますか」と質問されたら、自信過剰にはならないだろう。しかしほかのすべての人は、程度に差はあっても、自信過剰に陥る。質問がむずかしいときは、主観的な信念のほとんどすべてのレベルで自信が過剰になる。とてもむずかしい質問の場合は、カリブレーション曲線がほぼ横ばいになることが調査でわかっている。つまり、自分の判断に対する人びとの自信と判断の正確さのあいだにはなんの関係もない。たとえば、株式市場の動きを予測するのはとてもむずかしい。予測そのものができないと考えている経済学者もいるほどだ。そのような状況では、人はものすごく自信過剰になるものだと思っていればまちがいない。あなたの知っている人が、とてもむずかしい質問に対していつも自分の考えを自信満々に語っているなら、自信過剰になっている可能性がとても高い。それがわかっていれば、少しは受け流しやすくなるというものだ。

自信過剰についてなにがわかっているのか

数々の研究が示唆するように、自信過剰は蔓延していて、回復力が強く、代償が大きい。第一に、自信過剰は驚くほど多い[10]。大方の人、大方の判断は、ある程度自信過剰だと考えておいたほうがいい。先ほど見たとおり、例外はある。判断する人にとても知識があって、課題が簡単なときが一つの例だ。ベテランの自動車整備士に、エンジンオイルを交換できるか質問したら、自信過剰な答えは返ってこないだろう。だがそれ以外の場合は、自信過剰であるのがふつうだ。

自信過剰は**回復力**も強い。自分や他人の自信過剰を減らそうとしても、つぎつぎにはねのける。自信過剰がこんなに多いのも、これで一部説明がつく。自信過剰を取り除こうとしても、まったくもってむずかしい。

情報に対しても耐性がある。一般に、より多くの情報を得たところで、過剰な自信は少しも減らない。その情報が質問に関連するものであってもそうなのだ。ある古典的な研究では、若手からベテランまで、さまざまな立場の心理学者に、実際の患者の行動、態度、関心事について質問した[11]。すると、患者の生活に関して受け取る情報が多ければ多いほど、自分の答えに対する自信は高くなっていった。

それなのに正答率はほとんど上がらなかった。知識が増えるほど、自信過剰が強くなったのである。

とくに注目されるのは、自信過剰に関する事実を教えられても、なんの変化も見られないことだ。[12] 自信過剰が蔓延しているかもしれないと伝えれば、自信過剰は減ると思うかもしれない。ところが、自分も自信過剰になりやすいかもしれないと考えるようにうながしても、自信過剰にならないよう注意するように言っても、効果はない。このような情報を与えても、自信過剰は直せない。この章を読むだけで自信過剰も自信不足も改善しますと言えればいいのだが、どうもむずかしそうだ。

自信過剰は専門知識に対する耐性も強いようである。専門家はふつうの人よりも自信過剰に陥りにくいと思うかもしれない。そもそも、ものごとをよく知っていることが、専門家が専門家たるゆえんの一つである。しかし、数多くの研究が専門家は素人や経験の浅い専門家と同じくらい自信過剰に陥りやすいことを示唆している。実際の患者について質問した先ほどの研究では、参加した臨床心理学者（大半は博士号をもっている）の回答の精度も、自信の度合いも、心理学の大学院生や上級学部生と変わらなかった。これと類似するものとして、クリステンセン＝シャランスキーとブッシーヘッドが肺炎の可能性がある患者を診断する医師を調査している。[13] カリブレーションの度合いはほんとうに低く、医師の自信過剰の度合いはとても高かった。この患者が肺炎である確信度は八〇パーセント以上と主張したケースのうち、X線検査で肺炎が確認されたのは約二〇パーセントにとどまった。ほかの研究でも、銀行員、企業幹部、土木技師など、自分の専門領域でプロとして判断をする人のあいだに系統的な自信過剰が確認されている。

さらにインセンティブにも耐性がある。正しいことをしよう、自信過剰にならないようにしようという意欲が強くても、過剰な自信は減らない。モチベーションが上がると自信過剰の度合いが下がるかどうかを調べるため、バルーク・フィッシュホフらが一連の実験をしている。実験では、被験者に一般知識問題を出し、答えに対する自信度をオッズで示すように伝え、そのオッズにもとづいて賭けをしてもらった。[14] その結果、賭けをしない設定の実験と比べて、自信過剰の度合いはやや下がったが、高いことに変わりはなかった。よくカリブレートされるようにした賭けのオッズは、自分の答えが正しいオッズを一〇〇倍としていたグループでは四倍、一〇万倍としていたグループでは九倍に下がった。被験者の大多数は本物のお金を賭けることに同意したので、実験者たちが実際に賞金を回収していたら、かなりのもうけになっていたはずだ。もう一つの古典的な研究では、学生を二つのグループに分け、授業に関連した複数の選択肢がある同じ問題を出した。実験群には、これは中間試験であると伝え、対照群にはこれは単なる演習だと伝えた。うまくやろうという意欲が高いと思われる実験群は、得点は対照群と変わらなかったが、自信の度合いははるかに高かった。このケースでは、意欲が高いと自信過剰が強くなるようだ。

このように、自信過剰は実験室のなかだけでなく、実験室の外でも現れる。とても知識がある人が自分の専門領域で判断するときがそうだし、正確な評価をしようという意欲が強いときもそうだ。

そして最後に、自信過剰は**代償**が大きい。なんといっても、自信過剰になると判断を誤りやすい。ムーアが指摘したように、金融危機、事故、経営破綻、訴訟、政治の分断はもちろん、戦争すら、過信が原因とされている。自信過剰が一因であるなら、自信過剰の代償は、金銭の面でも人命の面でも非常に大きい。ブラッド・バーバーとテランス・オディーンの論文「株式の売買はあなたの富を損なうおそれがあります」によれば、株式を積極的に売買するのは、投資家にとってきわめて有害である。[15] 二人はこれを自信過剰の問題として分析している。それによると、自信過剰な人は、株式市場の値動きを予測する力を過大に評価してしまう。自分の能力を過信しているため大金をつぎ込むが、実際には株価を正しく予測する力はないので、大金を失うことになる。株式を売買する回数が多かった人は、投資の収益率が市場平均を六・五パーセントポイント下回った。これはそんなに大きくはないように聞こえるかもしれない。それでも投資の規模によっては大やけどすることになりかねない。一〇〇万ドル投資できるような人なら、一年で六万五〇〇〇ドルの差が出る。同じミスが何年もつづけば、差はどんどん広がっていく。

バーバーとオディーンは、二〇〇一年の論文「男の子はいつまでも男の子である」で、株式投資家のジェンダー差を検証している。[16] こと投資については、男性は女性よりも自信過剰になる傾向があるという前提を出発点とし、自信がある投資家ほど売買の回数が多く、短期の値動きを読んで安く買って高く売ろうとするという仮説を立てる。三万五〇〇〇世帯のデータを比較したところ、男性は女性よりも売買の回数が四五パーセント多いことがわかった。そして、株式の売買は富を損なうので、男性の投資収益率は女性を大きく下回った。ハマーはたくさんいる。こうした男たちがデイトレードを楽しみとして、つまり暇つぶしや趣味、ライフスタイル、あるいはアイデンティティとしてやっているなら、不合理だとはかぎらない。しかし、それがどれだけ高くつく趣味であるかはわかってほしい。デイトレードをやめてスイスの高級時計をコレクションするようにしたら、お金を節約できるかもしれない（外洋ヨットレースもおすすめだ）。

問題は、自信過剰が自己満足を生み出すことである。[17] ムーアは聖書の一節を引いている。「うぬぼれは破滅につながり、高慢な心はつまずきにつながる」[18]。自分は試験でAをとる、裁判に勝つ、競争で一位になるものと強く確信していたら、入念に準備しようとはしないだろう。だが、状況説明を読まない政治家や、判例を読み込まない弁護士、レースに向けてしっかりトレーニングしないスポーツ選手は、そうする人たちより成功する可能性はずっと低いだろう。自己満足は成功の敵である。

また、自信過剰のせいで失望したり断念せざるをえなくなったりすることもあり、そうなると失敗に耐えられなくなる。自分は絶対成功すると思っている人は、失敗する可能性が高くなるだけでなく、失敗したときの失望と落胆もそのぶん大きくなる。失敗する場合もあると思っていれば、深追いするようなことはなくなるのではないか。たとえばあなたに一〇代の子どもがいたら、自分はなんでもできるという全能感をもたせようとするのはまちがいだろう。一〇代の子どもが過剰な自信をもつと、危険な行動に走りかねず、命を落とすことだってある。失敗を恐れていたら、そもそも危険な行動をとろうとはしない。子どもの自信をむやみに高めようとすると恐ろしい弊害をもたらすことになるのではないかと、発達心理学者は懸念している。[19]

自信過剰は対立につながるおそれもある。[20] あなたとわたしがなにかで意見が合わなかったら、そこから実りある対話がはじまるときもある。純粋な意見交換なら、お互いにとって利益になるはずだ。なぜ意見がちがっているのか、それぞれの信念はどんなエビデンスにもとづいているのかを探ることになるのだから。ただし、真に実りある対話をするには、相手の意見には学ぶものがあるとお互いが考えていることが大前提になる。それには認識論的謙虚さがある程度求められる。あなたとわたしの意見が一致せず、そのうえ二人とも十分に自信過剰なら、相手の意見を聞こうとすらしないかもしれない。相手は無能か、悪意があるか、あるいはその両方だとしてとりあわないほうがふつうだろう。そうした対立は、他人から学ぶ能力を妨げかねない。

過剰な自信が実害をもたらすこともあるのに、その事実は自信に関する一般向けの本や雑誌などではあまり重要視されていないようだ。あなたがよく使うオンライン書店の検索結果を数ページにわたって埋め尽くす自己啓発本もそうである。こうした本は、これを読めば「自分に自信がついて、目標を全部達成し、求められている成功を手に入れ、自分らしく生きることができるようになる」と謳う。これをすべてタイトルに詰め込んだ本まである。[21] ある特定の状況では、自信がつくとよい結果につながる人もいる。それはまぎれもない事実である。しかし、自信があればなんでもできると説くのはまちがいだ。自信だけではできないこともある。むしろ害になる可能性のほうが高い。それよりも十分にカリブレートして、自信不足にも自信過剰にもならないようにするほうがいい。

自己啓発本は無視して、経済学者の言葉に耳を傾けよう。

自信過剰の原因

この段階では疑っている人もいるだろう。行動経済学者が正しいなら、大方の人は人生の大半を、そしてキャリアの大半を、とんでもなく自信過剰なままずごしていることになる。そんなに長く、そんなに自信過剰でいられるものなのか。人は学習して適応するのではないのか。調査結果を見るかぎり、答えは「イエス」であり「ノー」である。残念だが、わたしたちは自分が思っているほどには学ばないし、本来ならするべき学習もしない。自信過剰になるのは、さまざまな認知バイアスが積み重なるからだ。自信過剰がこれほど蔓延していて回復力が強いのも、そのせいだと言える。

第一に、選択の結果として自信過剰が蔓延するときがある。[22] アメリカのハリー・トルーマン元大統領は、経済顧問たちが「一方では（ワンハンド）……ですが、他方では……です」としか言わないことに苛立ち、「片腕（ワンアーム）の経済学者を連れてこい！」と訴えたという。[23] トルーマンが求めていたのは、認識論的に謙虚な顧問ではない。自分の意見に自信をもっている顧問だった。テレビに出ている「専門家」について考えてみよう。そこでも同じようなことが起きている。ニュースショーや時事問題番組に識者として招かれる人は、正式な資格をもっていることもあれば、もっていないこともある。彼らに求められているのは、テレビ受けすることを言う能力だ。そのため、大胆で、好戦的で、物議をかもす人が呼ばれるケースが多く、認識論的に謙虚な人はまずいない。自分に自信があるかどうかを基準に専門家が選ばれるときは、たいていは自信過剰な人になる。すでに見たように、自信はレッドフラッグである。

問題の一つは、自信が有能さと混同されやすいことだ。わたしは数年前に顔の皮膚疾患で病院に行ったのだが、診察中、皮膚科医がほとんど窓の外を見ていたので、わたしは驚いた。診察室を出るときにいたく感心したのを覚えている。皮膚科医って患者を見なくても診断できるんだ！　そのときはほんとうにそう思った。あの医師がものすごく自信たっぷりにふるまっていたので、ものすごく有能にちがいないと推測したのである。しかし、自信と有能さは別物だ。あの場でほかの皮膚科医より有能か有能でないかを判断するエビデンスはなかった。おかしいというか、悲しいというか、わたしはそのとき、自信過剰に関する論文を書いており、もっと早く気づくべきだった。この皮膚科医の診断は正しく、肌の状態はよくなった。だが、このエピソードが物語るように、自信がある人と有能な人を混同しないようにするのがとてもむずかしかったりする。

第二に、役に立つフィードバックをもらえない場合が多い。人は最後には学習し、適応していくという期待は、多くのことを仮定したものだ。まず、結果に関する広範なフィードバック、つまり、最終的にどうなったのか、自分は正しかったのかどうかなどに関する情報を受け取ることが前提になる。とはいえ、適切な結果のフィードバックを得るのがむずかしいことも少なくない。フィードバックが十分ではなかったり、あいまいだったり、高くついたりするときもあり、そうなる理由はたくさんある。一度予測をすると、わたしたちはたいていそれにしたがって行動する。そうすることで、予想される結果は変わる。予測にしたがって行動した結果だけを見て、その予測が正しいか正しくないかは判断できない。結果のフィードバックをもらうのがそもそも不可能な状況もある。「ほかの人がやっていたら結果はちがっていただろう」といった主張は**反事実的**である。つまり、事実と異なる結果を想像しているということだ。反事実的な主張が正しいか正しくないかは、結果のフィードバックから直接導くことはできない。結果に照らして自信を正しく更新できるとしても、そうできないことが多い。ほかの人がやっていたらなにが起きたか、なにが起きていただろうかは、だれにもわからない。

第三に、経験から学ぶのは思っている以上にむずかしい。結果のフィードバックがあったとしてもそうである。経験からうまく学べないのは、一つには、人は自分の立場を肯定するエビデンスを重視して、否定するエビデンスは無視する傾向があるからだ。この傾向は**確証バイアス**と呼ばれる。[24] 正反対の考えをもつ人びとに同じあいまいな情報を見せると、それぞれの考えを肯定するものと解釈してしまうことを示唆する研究結果がある。[25] 都合の悪いエビデンスを無視する人は、過去に自分がまちがっていたことに気づかないだろうし、これからはもっと気をつけようとも思わないだろう。

後知恵バイアスと呼ばれるものも、過去のあやまちから学ぶ妨げになる。[26] 後知恵バイアスとは、なんらかの出来事が起きた後に、そうなるとわかっていたと思い込んでしまう傾向のことである。あることが起きた後では、ちがう結果になっていた可能性があったはずだと思えなくなってしまうようなのだ。将来の出来事の結果を予測する能力を過大評価して、自分は最初からわかっていたと記憶を書き換える。後知恵バイアスに陥ると、ものごとが起こる前に自分がどう考えていたか忘れるので、過去の予測がまちがっていたことに気づけなくなってしまうだろう。過去に起きたことを予測できたのだから、将来のことも予測できると錯覚してしまう。

予測が漠然としていて、結果のフィードバックがあいまいだと、確証バイアスも後知恵バイアスも強まることを示すエビデンスがある。[27] 人は予測の記憶を書き換えて、都合よく解釈する傾向があるので、予測があいまいで漠然としていたら、もっとそうなりやすくなる。実際、予測の多くは漠然としていてあいまいである。日常生活でも、仕事でも、政治でもそうだ。そうであるなら、後知恵バイアスも確証バイアスも相当に大きいと考えておくべきである。

第四に、人の認知能力とメタ認知能力は互いに結びついているようだ。「認知能力」とは、知的作業などを遂行する能力のことであり、「メタ認知能力」とは、自分のパフォーマンスを判断する能力のことである。ここで重要なのは、一方が欠けている人はもう一方も欠ける傾向がある点だ。ジャスティン・クルーガーとデヴィッド・ダニングは、すぐに古典となった論文のなかで、参加者に論理的推論や英文法などのテストを受けてもらった。[28]同時に、同じグループ内での自分の順位も評価してもらった。結果として、とても有能な参加者（テストの得点がとても高かった人）は平均すると自分の能力を少し過小評価した。能力がとても低い参加者（得点がとても低かった人）は、自分の能力を非常に過大に評価した。論理的推論と英文法のテストの成績が全体の下位二五パーセントだった人は、平均すると、自分の成績は平均点を大きく上回っていると自己評価したのだ。[29]

二人はさらに、ほかの人の成績に関する情報を入手すると、自己評価がどうなるかを調べた。今度は参加者にほかの人たちのテストを「採点」してもらったため、他人と比べた自分の成績に関する情報が増えた。理屈としては、情報が増えると自己評価は改善するはずである。実際、得点が高かった人は自己評価が上がった。他人の成績に関する情報が増えて、自己評価を正しい方向（上向き）に修正した。これに対し、得点が低かった人の自己評価は改善しなかった。むしろ、自己評価をまちがった方向（こちらも上向き）に調整した。二人はこうした結果を踏まえて、無能な人は「パフォーマンスが低いだけでなく、自分のパフォーマンスが低いことを認識できない」という二重の負担を強いられるとしている。[30]それで論文にはこのようなタイトルがついている。「無能な人は自分が無能であると認識できない」

この調査結果をめぐって二次研究論文がつぎつぎに発表され、二人の研究はなにを意味するのかが議論されている[31]。わたしに言わせれば、このような現象（データが示すパターン）は十分に堅固である。大学教授としてのわたしの経験とぴったり一致する。成績がとてもよい学生がテストでの自分の評価について異議を申し立てにくるときは、正しい答えの方向性を示すだけですぐに理解してもらえる。成績がとても悪い学生がくるときは、正しい答えがわかった後も、評価が低いと抗議しつづける。優秀な学生とちがって、なにが正しくて、なにがまちがっているか、まったくわからない。試験にパスできないのは、自分のパフォーマンスが悪いことを認識できないからにつきる。二重の負担はほんとうに重い。成績の悪い学生は自分のパフォーマンスがそもそも悪いことを認識する機会を奪われてしまうので、自己評価を改善する妨げになる。

選択効果、信頼できる結果のフィードバックの欠如、後知恵バイアス・確証バイアス、ダニング＝クルーガー効果といったさまざまな現象は、それが互いに打ち消しあうなら、あまり問題にはならないだろう。しかしそうはいかない。大事なところでそれらがすべて同じ方向に作用する状況は容易に思い浮かぶ。そうなったときに認識論的謙虚さが失われても、そしてそれが実害をもたらしても、だれも驚かないはずだ。

自信過剰にならないようにする

自信過剰はとても蔓延していて、取り除くのがとてもむずかしいと聞くと、気が滅入るかもしれない。実際そうである。だが希望はある。大衆向けの心理学本が「自信をもとう」と説きつづけるなかで、行動経済学者は認識論的謙虚さをもち、自信過剰を減らすようにする戦略を見つけ出している。一つは、自分の予測をフィードバックと突き合わせること、そしてもう一つは、自分がまちがっている理由をよく考えることである。こうした戦略はどこからきているのだろう。経済学者はどうやってそれを知るのか。ここでのカギは、例外を考えることである。自信過剰になっていない人を見つけられれば、答えが見えてくる。

ジョン・スチュアート・ミルはあるパラドクスを指摘した。[32] だれでも自分がまちがう可能性があることはわかっている。「ありとあらゆることであなたの意見は正しいですか」と訊かれたら、みな「いいえ」と答える。ところが、ある特定のことについて訊かれたら（「この特定のことに関するあなたの考えは正しいですか」）、多くの人が自分の考えは正しいと主張するだろう。このように、一般論については自信過剰の度合いはある特定のことよりも低いと考えられる。だとすると、どうすれば特定のことがらに対する考え方についても一般論に対するときと同じくらい謙虚になれるのかが問題になる。

気象予報士の評判は悪い。天気予報は晴れだったのに、大雨に降られてずぶ濡れになった経験がある人は多いだろう。そういった記憶はとても鮮明で、強く心に刻まれる。晴れるといっていたのに雨に降られたときの怒りと失望はまだ覚えているのではないか。気象予報士の失敗はすぐに思い出せるため、実際以上に多く感じるようになる。しかし、気象予報士の降雨予測は、カリブレーションの度合いがきわめて高く、自信過剰の度合いがきわめて低いことを示す研究結果がある。[33] カードゲームのブリッジのプロのプレイヤーがいわゆる「コントラクト」〔いくつトリックをとるか決めること〕を判断するときもそうだ[34]（これに対し、アマチュアはわたしたちと同じように自信過剰である）。ここではなにが起きているのだろう。

真っ先に思い浮かぶ説明は、気象予報士やブリッジのプレイヤーは過去のミスから学んでいる、というものだ。彼らにはわたしたちよりも有利な点が二つある。[35] 第一に、どちらも同じ判断をかなりの頻度で繰り返している。気象予報士は同じ種類の予測を何度も何度もする。毎日、一定の観察データにもとづいて雨が降る確率をはじき出さなければいけない。ブリッジのプレイヤーも同じ種類の判断を繰り返す。いま、あるコントラクトが成功する確率はどうか。いまは？　そしていまは？　第二に、気象予報士とブリッジのプレイヤーはいつも、明白なフィードバックをすぐに受け取る。これは非常に重要なポイントだ。気象予報士なら、明日は雨が降るとの予報を出した次の日に、雨が降ったかどうかわかる。ブリッジのプレイヤーなら、前の手の後になにが起きたかわかる。このフィードバックは信頼できる。すぐに返ってくる。そして明快だ。どれも過去のミスから学ぶ助けになり、カリブレーションがだんだん向上していく。ラボ実験では、判断をする人が迅速で明確なフィードバックを高い頻度で受け取ると、自信過剰を減らせることが確認されている。[36]

一連の研究から、わたしたちにできる二つのことが浮かび上がってくる。

第一に、判断をするときは、明確で、あいまいなところがなく、まちがっていることを証明できるようにしなければならない。バルーク・フィッシュホフはこんなジョークを言っている。占い師として食べていきたいなら、数字か時間を具体的に示すようにするが、二つを同時に示してはいけない。ある株価指数がある水準に達するだろうと主張するときは、それがいつになるかは言わないようにする。ある時期になにかが起きるだろうと主張するなら、なにが起きるかは言わないようにする。そうすれば、なにが起きても自分は正しかったと言い張れる。少なくともまちがっていたことにはならない。だが、もしもあなたが認識論的に謙虚になろうとしているなら、この戦略はそれと真逆である。そのときには、なにが起きるか、それがいつ起きるか、どのようなときだと起きないかを、はっきり示すようにする。できるならそれを書きとめておくといい。そうしてはじめて、予測にあいまいなところがなくなり、確証バイアスと後知恵バイアスが入り込まないような形で結果のフィードバックと比較できるようになる。

第二に、できるかぎり結果のフィードバックを探し出すべきである。予測をしたなら、それが正しかったかどうか確かめるようにする。自分の専門領域で判断をするスペシャリストを含めて、人は言い逃れをするのがとてもうまい。フィリップ・テトロックによれば、人は自分が明らかにまちがっていたときでさえ、自分は「ほぼ正しかった」と主張するという[37]。その結果が示すように、後知恵バイアスと確証バイアスの影響は大きく、専門家が失敗から学ぶ妨げになると、テトロックは強調する。なるほど、明確な予測をして、それを明快なフィードバックと突き合わせるのは大事である。

別の一連の研究からは、わたしたちにできる三つ目のことが見えてくる。自分がまちがっている理由を考えるのである。明日は雨になると思っているなら、晴れるかもしれない理由がないか、自問する。自宅の価値が上がるかもしれないと思っているなら、どんなシナリオになると価値が下がるだろうかと考える。つぎの選挙で与党が負けるかもしれないと思っているなら、どうなったら与党が勝つだろうかと問いかける。自分がまちがっているかもしれないという理由は自然に考えるようにはならない。自分が正しい理由を考えるほうがずっと慣れているからだ。何気ない会話はもちろん、書き物をするときにも、自分の考えを裏づけるエビデンスを示すように求められることがよくある。肯定的なエビデンスを求められるのを見込んで、自分が正しい理由を答えられるように準備するし、求められたらいつでも提示できるようにしておく。それがごくふつうである。しかし、マイナス面もある。自分が正しいことを裏づける理由ばかり考えていると、自分が正しい確率を過大に見積もってしまうおそれがある。そうした理由がどれもすぐに思いつくようなときは、実際よりも確率を高く評価してしまいやすい。

アッシャー・コリアットらは、自分がまちがっているかもしれない理由をリストアップすると人びとのカリブレーションがよくなることを実験で示した。[38] 予想どおり、人は否定的なエビデンスより肯定的なエビデンスを生み出すほうがうまかった。だが、それにもまして重要なのは、否定的なエビデンスを強制的に考えさせるようにしても、カリブレーションがよくなったことだ。否定的な理由をリストアップするようにしてもらうだけで、自分が正しいと思う確信度の判断がより適正なものになったのだ（肯定的なエビデンスを考えてもそうならない）。コリアットらが指摘したように、カリブレーションを意識している人は、エビデンスを集めて吟味するためにより多くの時間と労力をかけているはずである。[39] しかし、肯定的なエビデンスを生み出すことに時間と労力をかけても、カリブレーションはよくならないだろう。必要なのは、否定的なエビデンスを集めて吟味することだ。こちらのほうがずっとむずかしい。いずれにしても、この研究でなんらかのプラスの効果があったのはこの介入だけである。

ドン・ムーアは、「逆を考えてみる」こと、つまり、自分がまちがっているかもしれない理由を問うことは、「意思決定の研究者が見つけ出した最もシンプルで、万能のバイアス除去戦略」だとしている。[40] だが、ムーアはこのアドバイスにひねりをつけ加えている。ほかの視点を考えてみるように勧めているのだ。[41] あなたと考えがちがう人の視点を探して、それをじっくり考える。簡単そうに聞こえるが、これが驚くほどむずかしい。あなたはロシアが今後五年間に新たな戦争をはじめると考えているとする。そのときには、あなたが信頼しているものの、ロシアが新たな戦争をはじめるかどうかに関しては考え方のちがう人はなぜそう判断するのか考えることをムーアは勧める。その人の立場になって、どんな経験からそう考えているのか、ほかにどんなエビデンスがあるのか、なにをどのように考えて自分とはちがう結論にいたったのだろうかと問うてほしいと。こうすると、自分がまちがっているかもしれない理由をいやでも考えなければいけなくなる。あなたはいま、航空株が買い時だと考えているとする。その場合は、その取引の反対側にいる人のことを考えてみる。あなたが株式を買うには、ほかのだれかが売らなければいけない。その人はあなたと同じ一般の投資家かもしれないが、プロの投資家である可能性のほうが高い。株式投資で生計を立てていて、しかるべき教育を受け、独自の情報網をもっている、といった人だ。繰り返すが、この人物がなぜいまは売り時だと判断するようになったのか、よく考えたほうがいい。そうすれば、自分がまちがっているかもしれない理由をいやでも考えなければいけなくなる。

あなたと考えがちがう人を探して、その視点をじっくり考えることは、あなたの前提、結論、推論のしかたを否定する人の立場を受け入れるということだ。そのような人を見つけ出してほしい（常識はずれな人は数に入れない）。そうした人たちが見ているように世の中を見てみる必要がある。相手の考えを尊重し、お互いに実りある対話をする。友情を育んだほうがいいことだってあるだろう。前に言ったように、不愉快な思いをすることもあるかもしれない。そうするのがむずかしいことだってある。わたしたちは自分と考えが一致する人を探し出すほうがずっと慣れている。しかし、カリブレーションを向上させたいと思っているなら、ほかの視点を考えてみるといい。ムーアは言う。「他人と意見が合わないというのは……大きな価値のある贈り物なのだが、それがわからないときもある」[42]

自信過剰に陥らないチームをつくる

ここまで、認識論的謙虚さをもち、自信過剰にならないようにするために個人ができることについて話してきた。だが、自信過剰のもつ社会的な側面も、それと同じくらい興味深い。認識論的謙虚さをもちやすい文化をつくるために、なにかわたしたちにできることはあるのか。自信過剰に陥らないチームをつくることはできるのか。できることはあるし、つくることはできる。

最初に「能力の輪」についてお話ししたい。これは伝説の投資家、ウォーレン・バフェットが大事にしている考え方である。一九九六年の株主への「会長の手紙」に、基本的な考え方がくわしく説明されている。[43] あなたの能力の輪とは、あなたがよくわかっている領域である。あなたが知っていることと、どうすればいいかわかっていることも、そこに含まれるだろう。能力の輪はだれにでもある。だれでもなにかしら知っていることがある。なんでも知っている人などいない。そして、わたしたちの能力の輪は重なっている。あなたとわたしの両方がどうすればいいかわかっていることがある。どちらも（たぶん）靴のひもを結べるし、輪を描くこともできる。しかし、重なっているのはごく一部だ。あなたは知っていて、わたしが知らないことがあれば、その逆もある。いずれにしても、バフェットが言っているのは、輪が小さすぎる、ということではない。輪の大きさそのものは問題ではない。大事なのは、輪の境界がどこにあるかを知ることである。バフェットは次のように書いている。

> わたしはビジネスと投資は同じものだと思っているが、ビジネス、そして投資において最も大切なのは、能力の輪をしっかり見きわめることができるかどうかだと思う。能力の輪が大きければいいというわけではない。自分に理解できる領域がわたしとは比べものにならないほど広いのに、その外に出てしまっている友人をわたしは知っている。[44]

そう、重要なのは輪の大きさではない。輪の境界なのだ。

バフェットはあるグループ会社の経営者の話をしている。この経営者はロシアからの移民で、株式などのことはなにひとつ知らなかった。[45] 現金のことは知っていたし、家具のことも知っていた。そうして家具事業を大成功させた。成功したのは、自分の能力の輪を知っていて、そのなかにとどまっていたからだ。バフェットはＩＢＭの創業者であるトム・ワトソン・シニアの言葉を引いている。「わたしは天才ではない。わたしはただ、自分にうまくできることをやってきただけである[46]」。それがすべてだ。

これは自信過剰と明らかに関係がある。自分の能力の輪のなかにいるかぎり、自信過剰になりすぎることはない。したがって、カリブレーションは適正な水準になる。だが、能力の輪の外に一歩出た瞬間に、自信過剰に陥りやすくなる。そのリスクがとくに高いのは、輪の境界がどこにあるかわからず、自分の輪のなかにいると思い違いをしているときである。そうなったら自信過剰の度合いは一気に高まるだろう。

自分の能力の輪を知ることは、個人として役に立つ。しかし、雇用主、管理者、監督者などにとっても、同じくらい役に立つ。ほかの人がなにをするか、そしていつ、どうやってするかについてある程度の発言権をもつ立場にあるなら、相手の能力の輪に注意を払う必要がある。相手がいちばんうまくできることをさせているのであれば、自信過剰についてはそれほど心配しなくていい。だが、能力の輪からあまりにも外れたことをさせる場合、それどころか外れるようにしむける場合には、自信過剰を招くことになる。言うまでもないが、あなたがほかの人たちに自分はなかにとどまっていると考えるようにさせたか、それを許したという理由で、相手が思い違いをしているときはとくにそうである。

したがって、なによりもまず、自分の能力の輪を知るのが大切である。これが心にとどめておくべきことの一つ目だ。

心にとどめておくべきことの二つ目は、自信過剰な人を選ばないようにすることである。そんなのは当たり前だと思うかもしれないが、それがそうでもない。あなたが雇用主や管理者や投資家などであれば、だれと働くか、だれの意見を聞くか、だれを信頼するかにある程度影響力をもつようになる。前に述べたように、自信は有能さと混同されやすい。自信たっぷりの人ばかり採用していたら、自信過剰な従業員だらけになるのはほぼまちがいない。自信に満ち満ちた人を昇進させたら、自信過剰なリーダーが生まれることになるだろう。大きな声で確信に満ちた話し方をする男の意見を聞いたら、自信過剰なアドバイスをもらうにちがいない。わたしが「男」と言うのは、そうした人物は往々にして男性だからだ。その男性を優遇すれば、カリブレーションがはるかによい女性の同僚を冷遇することになってしまう。長い目で見ると、そのせいであなたの状態ははるかに悪くなる。

三つ目は、明確であいまいなところのない予測をして、質の高いフィードバックを提供するようにうながすことだ。大半の組織はいまや、程度の差はあってもデータにもとづいて意思決定や判断をくだしているが、それでもこのことを頭に入れておく価値はある。もちろん、データを手に入れたらそれで終わりではない。予測と結果を結びつけて、ずれがあればきちんと評価する必要がある。

四つ目は、自分のカリブレーションの程度を相手に伝えやすい文化を育むことである。それは、知らないことを知らないと安心して言える環境をつくるということだ。ある文脈では、自分が無知であると認めるのは恥だとされており、ばかにされたり揶揄されたりするときもある。そんな環境だと、知らないことでも知っているふりをするようになり、自信過剰を招いてしまう。そうならないように、知らないことや確信がもてないことを認める後押しをする必要がある。自信があるようにふるまおうとしない人には感謝を伝えなければいけない。

わたしが大学で教えるようになったのは二五歳くらいのときだ。教室にはわたしより年上の学生もいて、無知で学生の質問にも答えられないという印象をもたれないように必死だった。しかしそのうち、あらゆる質問に対する答えを知っているわけではないと正直に言っても、ほとんど害はないと気づくようになった。むしろわからないと率直に認めるところがいいと思っている学生もいるようだ。たいていは「調べておきましょう」と一言いって講義に戻れば、それで十分である。ときには質問に質問で返すこともある。「あなたはどう思う？」。人が質問をするときは、なんらかの答えがすでに出ていることがよくあり、それを述べる機会が与えられて感謝されたりする。わたしが見るところ、知らないことや確信がもてないことがあると認めて評価が上がるケースはあっても、逆はないのではないか。

そうだとすると、なにかしらの形で人に指示する立場にあるときはとくにそうだが、あなたにできることがある。そう、よい手本になるのだ！　知らないことは知らないと認める。確信がもてないことは確信がもてないと認める。ほかの人に率直な意見を求めて、知らないと正直に打ち明けるのは恥ではないと示す。そして、ほかの人が自分の無知を認めたときには、ばかにしたり揶揄したりせずに、感謝するようにする。正直に言ってくれてありがとうと伝え、場合によっては、実はわたしも知らないんだと打ち明けるのだ。

自分のカリブレーションの程度を相手に伝えやすい文化をつくるのは、自分がまちがっていたと安心して認められる環境を育むことにもなる。前にも述べたとおり、ある文脈では、失敗は恥だとされていて、失敗したと認めにくいこともある。そんな環境にあると、人は過去の失敗を認めようとしなくなる。最悪の場合、（どこかのレベルで）すでにまちがいだとわかっていることを無理やり推し進めるようになる。そのような環境では、自信過剰も招いてしまう。そうならないためには、まちがいを認めるように後押しするとともに、ミスをしたと正直に打ち明けようとする人に感謝を伝えなければいけない。

もう一度言おう。あなたにできるのは、よい手本になることだ。あなたがまちがったときはまちがいを認める。そして人が自分のミスを打ち明けたら、かならず感謝を伝える。失敗した人を笑いものにするようなことをしてはいけない。

自信過剰に陥らないチームをつくるには、理由を問うことも必要になる。人がさまざまな主張をするとき、とくに自信たっぷりに主張するときには、どうしてそう考えるのか、本人に理由を訊く。しかし、それ以上に大切なのは、まちがっているかもしれない理由を問うことだ。

それには、答えるのがむずかしい質問でも恐れずにぶつけられる文化をつくらなければいけない。たとえ上司であってもそうできることがとくに大切になる。たてつく人を罰するようだと、自信過剰を減らすのに必要な厳しい質問を受けることはまずないだろう。

そもそも、まちがいは避けられない。まちがったときは、失敗から正しい教訓を学べるようにする。まず、「いったいなにが起きたのか」「どういった経緯でこのような結果になったのか」を問う。つぎに「どうすれば防げたのか」を考える。そして最後に、「同じことが二度と起きないようにするためになにができるか」をあらためて問う。チームで話し合ってエラーをすべて洗い出すようにすると、カリブレーションを向上させ、ミスを減らすことにつながる。

考察

オーストリアの偉大な経済学者、ヨーゼフ・シュンペーターは、現代資本主義は破壊も革新ももたらしうることを「創造的破壊」という言葉を使って説いた人物として知られる。晩年にハーバード大学で教鞭をとったシュンペーターは、人生の目標を三つあげていた。世界で最高の経済学者になること、オーストリアで最高の馬術家になること、そしてウィーン社交界の花形になることだ。シュンペーターは人生の終わりに、三つの目標のうち二つしかかなえていないと悲しげに言い残している（どれかは言っていない）。自信過剰、その原因と結果に関する研究をすべて考え合わせると、経済学者は認識論的謙虚さのモデルになるだろうと思うかもしれない。そうではないと知ったらショックを受ける人もいるのではないか。

経済学者はむしろ、平均的な人よりも自信過剰だろう。公共政策問題のエキスパートとして登場するときはとくにそうだ。[47] これはよくない。自信過剰な経済学者は、大風呂敷を広げて失敗しかねない。失敗すれば揶揄され、経済学者全員が悪く見えてしまう。揶揄されて当然のことをしたとなればなおさらである。経済学者のケン・ビンモアはこう書いている。「できもしないことを主張して、もう十分に厄介な事態になってしまっているのではないか。わたしはしょっちゅうからかわれて、ほんとうにうんざりしている[48]」

経済学者がもっと慎み深かったら、長い目で見れば、きっといまよりも成果をあげるだろう。ロビンズが指摘するように、「経済学者が経済法則の確実性を誇張せずに控え目に述べても、失うものはなにもない。実際、そうなってはじめて、残りの部分を確信させる圧倒的な力が発揮されるようになる[49]」。どちらにしても、既存の研究を見るかぎり、自信過剰はなくならないと考えるべきだ。

この章では、もっと認識論的に謙虚になるため、そして自信過剰に陥らないチームをつくるために使えるアドバイスをいくつか紹介してきた。ここまで読んできて、経済学とはどういうものかがよくわかったはずだ。そうでなかったら、ビジネスや投資とどのようなかかわりがあるか、少し考えてみてほしい。また、ここでとりあげたアドバイスはほかのところで提示されるアドバイスとはちがうことも明らかになったはずである。経済学のアプローチは独特だし、すぐに実行に移せる。今日はじめてもいい。そして、半世紀におよぶデータにもとづいている。だからといって、経済学者のアドバイスにしたがえばあなたのチームが完全にカリブレートされるようになる保証はない。これまでに見たように、自信過剰にならないようにするのはむずかしい。それでも、行動経済学者はエビデンスに裏打ちされた戦略を見つけ出している。プライベートでも、仕事でも、ぜひ実行してみてほしい。

第8章　お金持ちになるには

父が二〇二一年に急死したとき、わたしが遺産を管理することになった。父は非常に優秀で、仕事でも大きな功績を残した。空軍の戦闘機パイロット・飛行教官、航空宇宙技術者を経て、新世代の多目的戦闘機ＪＡＳ39グリペンのテストパイロット兼主任技術者を務めている。しかし、父がとっていた投資戦略を知って、わたしは驚いた。貯蓄の大部分を三つの個別株だけに投資していたのだ。投資先はそのときの直感で選んでいたのではないか。だれかにアドバイスを求めようとは考えもしなかったのは明らかだ。投資のプロに頼ることもできたはずである。どうしようもなかったら経済学の博士号をもっている息子に訊くという手もあっただろうに。

カクテルパーティーの会場や飛行機のなかなどで、経済学者に投資のアドバイスを求めると、あまりいい顔をされない。自分はなによりもまず社会科学者だと、経済学者は考えている。投資のプロと混同されるのを嫌がるし、ファイナンス教授とまちがわれるなどもってのほかだ（ファイナンス教授は経済学部ではなくビジネススクールに所属しており、まったく別の人種とされている）。これは残念なことだ。そんな態度をとられたら、だれもアドバイスを求めようとしなくなるかもしれない。

経済学者にならなければ、お金をうまく増やせないのだろうか。そんなわけがない。経済学は役に立てるのか。もちろんだ！　経済学者は金融行動についてたくさん教えることができる。この章のタイトルにあるように、お金持ちになりたいというなら、経済学者のアドバイスは大いに参考になる。将来に備えて少しでもお金を蓄えておきたい、あるいはなんとかして借金から抜け出したいというときもそうだ。あなたよりもお金を必要としているだれかにわたせるようにしたいと思っているときだってそうである。経済学者のアドバイスには理論の裏づけがあり、すぐに実行に移せる。今日からでもはじめられるのだ。

ここでは四つの単純明快なアドバイスに焦点を絞る。（1）できるときに貯金する。（2）個別の資産ではなく、インデックスファンドに投資する。（3）借り入れは慎重にする。（4）スキルを磨く。経済学者にはどれも当たり前のことすぎて、わざわざ説明するまでもないように映るかもしれない。だが、わたしの父の例が示すように、とても優秀で、仕事で大きな功績を残した人だって活用できるはずだ。一連の原則はなじみがなく、直感に反するものさえあるという印象をもつ人がたくさんいることが調査で確認されている。仕事や学術研究で功績をあげている人たちも例外ではない。

経済学者による投資のアドバイスは、経済学の核となる二つの理論に裏打ちされている。一つはリスク下の合理的選択理論、もう一つは、効率的市場理論である。経済学者はアンケート調査と実験を用いて金融リテラシーを研究している。金融リテラシーとは、簡単に言うと、お金について賢い選択をするために必要なスキルである。研究結果には軽い驚きを覚える。大方の人が、教育水準の高い人を含めて、クレジットカードを選ぶ、住宅ローンを借りるといった、基本的なことがらを賢く判断するために求められる金融リテラシーが欠けていることを示している。そして最後に、経済学者には、なぜ人は経済学者のアドバイスにしたがわないのかについて語るべき物語がある。その物語は行動経済学にもとづいている。行動経済学は、心理学の知見を組み入れた現代経済学の一分野である。行動経済学の話は、投資戦略に関して人びとが耳にすることの大部分は有害無益でしかないと示唆している。人びとを導くのではなく、足を引っ張る可能性のほうが高い。残念だが、あなたがビジネススクールで教わったり、金融新聞で読んだりしているかもしれないことだって、例外ではない。経済学者が投資戦略について語るのを嫌わなければいけない理由はどこにもない。現実世界の人びとには学ぶことがたくさんあるし、経済学者には教えることがたくさんある。

ここで一つ言っておきたいことがある。わたしがお金持ちになるためのアドバイスをするときには、一般の人が置かれた環境の下で十分な見込みがあると思えるような指針を提示したいと思っている。あなたが一般人でないなら、つまりタイガー・ウッズや投資のプロだったら、このアドバイスは当てはまらないかもしれない。経済学者風に言えば、これは〝限界において〟当てはまるアドバイスである。いまいるところから前に進むのを助けるためのものであって、いまいないところは考えない。わたしのアドバイスにしたがうのがお金を増やす唯一の道だと言っているわけではない（唯一の道なわけがない）。しかし、なによりも重要なのは、お金持ちになるチャンスを与えるためのものであることだ。どのアドバイスも成功する保証はない。そんなアドバイスなんて存在しない。もうけ話をもちかけてくる人は、あなたをだまそうとしているのだ。わたしのアドバイスにしたがっても貧しいまま、ということだってある。この章の目的は、お金持ちになるチャンスをこれほど高めるアドバイスはほかにないという意味で、期待を最大限に高めることにつきる。

そして最後に、この章は貧困を説明しようとするものでも、だれかを非難しようとするものでもない。貧困は当人の誤った選択が原因だとか、自分がした決定の責任は自分で負うべきだとか言うつもりもない。貧困は自己責任ではない。経済学者が貧困をどうにかしたいと思っていることはすでに見てきた。この章では、借金を抜け出して富を築きたいと思っている人が、そうするためにいま置かれている環境の下で、つまり〝限界において〟なにができるのか、具体的に考えていく。

できるときに貯金する

以前の職場に、もうすぐ定年退職する同僚がいた。仮にロビンと呼ぼう。ロビンは学術の世界に長く身を置き、研究と教育にたずさわってきた。そしていよいよ定年の日がやってきた。ただ、一つだけ問題があった。貯金がなくて、このままでは退職後の生活を維持できそうになかったのだ。大学に職を得たとき、ロビンは雇用主が提供する年金制度に入らないことを選択していた。この制度はとても恵まれた条件で、ロビンが拠出する掛け金に加えて、雇用主が掛け金を上乗せして拠出することになっていた。しかし、若手研究者は薄給だったので、年金制度に入るのは金銭的に厳しそうに思えた。貯金は後ではじめるつもりだったのだが、ふと気がつくと定年年齢をすぎており、このまま働きつづけるしかなさそうだった。ロビンは研究室からストレッチャーで運び出されるまで仕事をやめられないのではないかと心配する人もいた。

富を築こうとしているか、借金から抜け出そうとしているかに関係なく、お金は貯められるときに貯める。これが真っ先にあげたいアドバイスである。多くのアメリカ人はロビンに似ている。彼らはまったく貯金しない。貯金できたときでもそうなのだ。二〇二一年のある調査では、回答者の二五パーセントにはもしものときのために準備しておく緊急予備資金がまったくなかった。[1] 緊急予備資金は三カ月分の生活費に満たないという人も半数を超えた（五一パーセント）。やはりというか、若者の状況はとりわけ厳しい。アメリカのミレニアル世代のうち、三カ月分の生活費を確保できそうにないと答えた人は五七パーセントもいる。

貯金がほとんどできていないと、なにかあったときに生活を維持できなくなる。失業や自然災害、病気やケガなど、不測の事態が起きたら、自己破産することになりかねない。不動産投資の失敗、突然の離婚といった、どちらかといえば小さなつまずきで自己破産するしかない状況に追い込まれている、典型的な中間層の家族をわたしは知っている。生活への打撃をやわらげるクッションがなかったら、あなたにも起こりうることだ。

全員が全員、貯金ができるわけではない。とても考えられないという人もいる。目先の支払いに追われていたら、将来のためにお金を貯めるなんてまず無理だろう。クレジットカード債務があるなら、貯金をはじめる前に全額返済するほうがいい。貯金には利息がつくといっても、クレジットカード会社に支払わなければいけない利子のほうが高いにちがいない。それにお金を貯める必要がない人だっている。働かなくても生活できるだけのお金がある人なら、貯蓄するかどうかはそもそも問題ではないかもしれない。

そうだとしても、多くの人は将来のためにお金を貯められるはずだし、そうするべきなのに、していない。ロビンはずっと有給で雇用されていた。給与の五パーセント（雇用主のマッチング拠出があれば給与の一〇パーセント）を貯めておく方法は絶対にあったはずだ。問題の一つは、多くの人は働きはじめるときの給与が少なく、貯蓄率が低いことである。その後に給与が増えると、そのぶん支出を増やす。転職したり昇給したりすると、いまよりも大きな部屋に引っ越したい、高級車に買い替えたい、お金がかかる趣味をはじめたいといった誘惑にかられるものなので、将来のためにお金を貯めるチャンスを逃してしまう。

少しなら支出を削れそうという人はきっと多いはずである。ちりも積もれば山となるだ。その結果どうなるかは、高校レベルの数学と基本的な経済原理の知識が少しあればわかる[2]。あなたはいま、毎年お金を一〇〇単位稼ぎ、がんばって五パーセント貯蓄しているとしよう。つまり、毎年五単位のお金を銀行口座に預けることができる。

ここでは利息はつかないとする。五年後、あなたの銀行口座には二五単位のお金が入っている。なにかあったときも三カ月分の生活費を十分にカバーできる額だ。二〇年後には年収分が貯まる。四〇年後は年収の二年分になる。そのころには定年が近づいているだろうから、そのお金が役に立つようになる。

だが現実世界では、投資して利息を得ることもできる。ここでも便宜上、あるインデックスファンドに投資して毎年一〇パーセントの利息を得られると仮定する（インデックスファンドについては後述する）。この利益率は過去の実績にほぼ沿っている（ただし今後の見通しは厳しさを増している）[3]。

一年目　一月一日に五単位貯蓄する。一二月三一日までに〇・五単位の利息がついている。五単位分の貯蓄には手を出していないので、合計額は五・五になる。
二年目　さらに五単位貯蓄するので、年初の合計額は一〇・五になる。年末には合計額に対して一〇パーセントの利息がついている。利息は一・〇五で、残高は一一・五五になる。
三年目　さらに五単位貯蓄する。年初の合計額は一六・五五となり、年末には一六・五五＋一・六五五≒一八・二一になる。

その結果どうなるのかを図6に示している。二〇年後、あなたの口座には二八一単位のお金がある。この時点で年収のほぼ三年分に当たる。この貯蓄ペースをつづけられれば、四〇年後には二四三四単位になる。じつに年収の二四年分以上だ！　二五歳で貯金をはじめて、六五歳でリタイアするとした

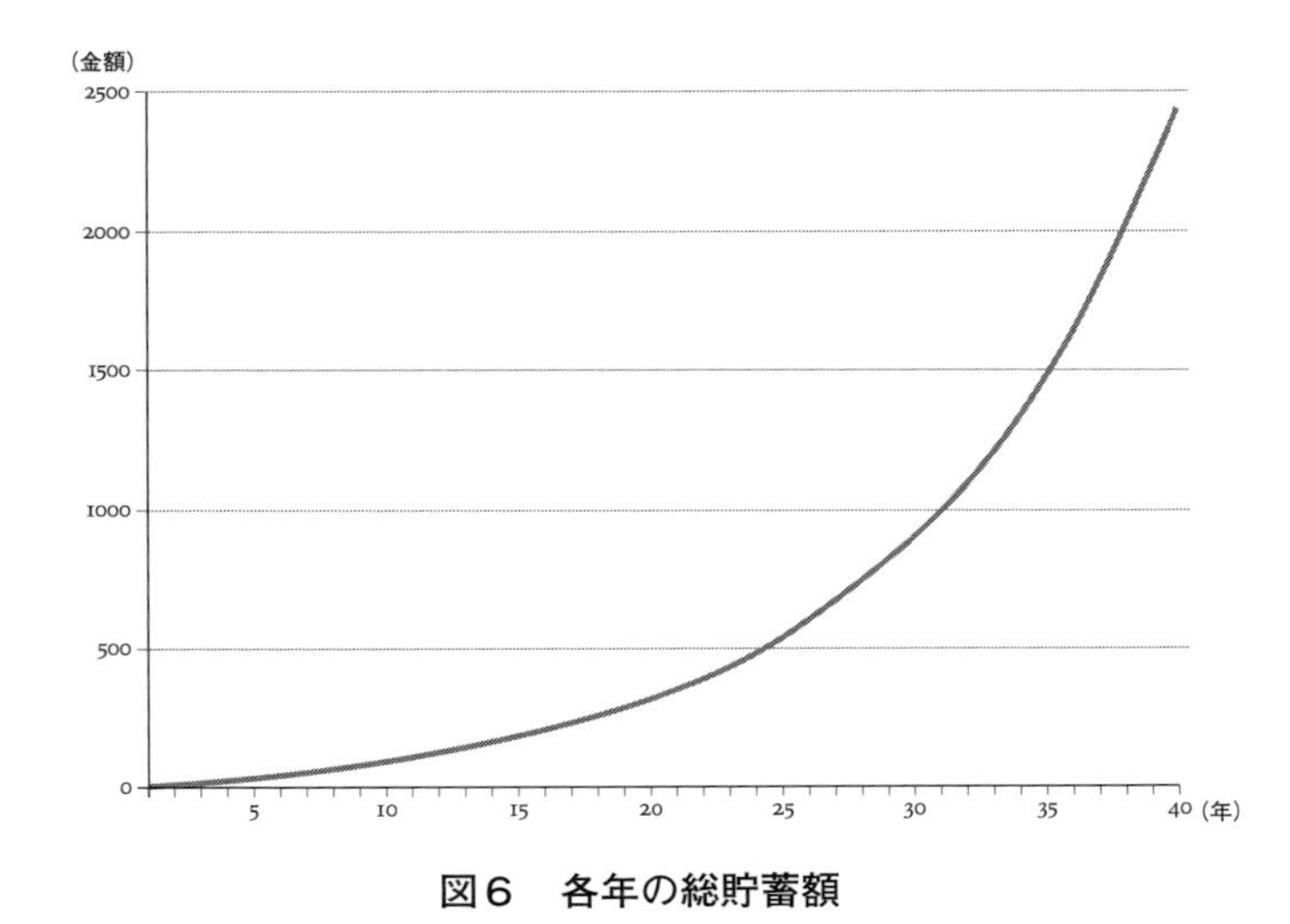

図６　各年の総貯蓄額

ら、約八九歳までいまの生活水準を維持するだけの十分なお金を準備できる。

ここで注目してほしいのは、二〇年間の貯蓄額と四〇年間の貯蓄額の差である。六五歳でリタイアするつもりなら、二五歳で貯金をはじめたときと四五歳で貯金をはじめたときの差になる。二五歳でお金を貯めはじめると、退職するときに口座にあるお金はほぼ九倍多くなる。

これは架空のシナリオだ。わたしのアドバイスにしたがったらお金がこれだけ増えますよ、と言っているのではない。投資の結果は、あなたには（そしてわたしにも）どうしようもできないさまざまな要因に左右される。運が悪ければ、わたしの言うとおりにしても、退職時の貯蓄額がうんと少ないことだってある。インフレで貯蓄の価値が目減りしてしまうかもしれない。逆にもっと増えている可能性もある。こうした例では、あなたの給与と貯蓄率（五パーセント）は定年退職するまで変わらないと想定している。昇進するか、インフレが進んでもそのぶん給与が毎年上がるか、長期的に五パーセント以上貯蓄できるなら、退職時点の貯蓄額はさらに多くなっているかもしれない。

恥ずかしながら、わたしもロビン側の人間だった。わたしがまじめに貯金するようになったのは、大学院を修了して三つ目の職場に移ってからだ。それまでは収入が増えたら支出を増やす一人だった。これではだめだと自分で気づいたと言えればいいのだが、それすらちがう。銀行員に押し切られる形でようやく重い腰を上げたのだった。しかしひとたび貯蓄しはじめると、お金がどんどん増えていったので驚いた。図6の背景にある理論は頭ではわかっていたが、これほど効果があるとは思ってもいなかった。そして、この貯蓄は家計へのショックをやわらげるクッションの役割を果たし、これまでもさまざまな場面で役に立っている。

インデックスファンドに投資する

お金が貯まったら、そのお金はどうすればいいのだろう。経済学者に訊けば、「**インデックスファンド**に投資しなさい」と言われるだろう。わたしの父みたいに個別株に投資してはいけない。ファンドに投資するときは、グーグル株のような個別の企業の株式は保有しない。そのかわり株式などの資産の（たぶんとても大きな）集合体の一部を保有する。インデックスファンドは、指数に連動する株式などの資産の集合体である。対象となる指数には、S&P500、ダウジョーンズ工業株平均などがある。インデックスファンドは対象となる指数と同じような値動きをするようにつくられている。指数が上がると値上がりし、下がると値下がりする。

経済学者のあいだではなにごとにおいても意見が一致しないことを皮肉ったジョークはそれこそ山ほどある。「世界中の経済学者を一列に並べても、結論には到達しないだろう」「経済学者を一〇人集めたら一一の意見が出てくる」「正反対のことを言う二人がノーベル賞を共同で受賞できる分野は経済学だけだ」。ところが、シカゴ大学のＩＧＭフォーラムが有力な経済学者たちにインデックスファンドについて質問したところ、回答した人の意見は、それが最良の選択であるという点で一致した。[4]例外は一つもなかった。

しかし、これがなにを意味するか、よく頭に入れておいてほしい。インデックスファンドが最良の選択だと経済学者が言うときには、インデックスファンドに投資すればかならずよい結果になると言おうとしているわけではない。指数が下がれば、ファンドの価値は下がる。それに、かならず個別株よりもよい結果になると言っているわけでもない。後からなら指数全体よりもよい成績をあげた株式が少なくとも一つは見つかる。経済学者が言いたいのは、長い目で見て、これに勝る選択肢はない、ということだ。

例外はある。インサイダー情報を期せずして入手したときがそうだ。インサイダー情報とは、ほかの市場参加者は知りえない株価に関する情報をいう。インサイダー情報をもとに株式を売買すると莫大な利益を手にできるが、違法でもある。わたしとしては、インサイダー取引を試みることはおすすめしない。

経済学者はどうしてインデックスファンドをこれほど気に入っているのだろう。これについては少なくとも三つの点があげられる。

第一に、ほかのファンドと比べて低コストである。どのファンドでも、運用担当者は通常、運用資産の数パーセントを報酬として受け取る。ファンドが値上がりしても値下がりしても、報酬は支払う。インデックスファンドの場合は管理費用が安くすむ。運用者は、目標とする指数と同じような値動きをするように組み入れる銘柄を選定する以外、ほとんど手をかけない。必要に応じて資産配分を再調整するだけで、あとはなにもしないでじっと待つ。これに対し、アクティブ運用のファンドは、運用担当者が市場を上回る成績をめざして積極的に売買する。アクティブ運用するほうが労力がかかるので、そのぶんコストは高くなる。

パッシブ型ファンドとアクティブ型ファンドの手数料の差はとても大きい。ファンドの運用管理コストは、**経費率**で表される。経費率は、純資産総額に占める運用管理費の割合である。この費用はあなたが負担する。これをファンドに投資するための対価と考えることもできる。この原稿を書いている時点で、わたしが利用している金融機関のインデックスファンドの経費率は、〇・〇五パーセント前後で推移している。一〇〇〇ドル投資したら毎年〇・五〇ドルの手数料を支払う計算だ。同じ金融機関のなかで最もコストが高いアクティブ型ファンドの経費率は一・二七パーセントである。そう聞いても、そんなに大きくないように感じるかもしれない。だが、一〇〇〇ドル投資したら、毎年一二・七〇ドルの手数料を支払うことになる。その差はじつに二五倍だ！　ファンドをもっているあいだずっと払いつづけていくと、それが大きな差になるときもある。運用がうまくいって、資産が増えつづける場合はとくにそうだ。ほかのファンドに比べて、インデックスファンドはお得である。

これを読んでいる時点での経費率は、あなたがどこにいるかで変わってくる。銀行や金融機関のウェブサイトに行くと、取り扱いファンドの一覧がきっと見つかるだろう。それを経費率の低い順に並べることもできるはずである。そうすれば、いまあなたに当てはまる数字がわかる。投資する資金があるなら、上位三〜五本のファンドを見るだけでいい。残りは無視してもかまわない。

第二に、インデックスファンドを選べば**分散投資**ができる。「卵を一つのかごに盛らない」ということだ。ここで少し立ち止まって、卵を一つのかごに盛るべきではない理由を考えてみる価値はあるだろう。いま、あなたがもっている卵を一つひとつ小さなかごに入れていると想像してほしい。その場合、かごを一つ落とす可能性は高くなるはずだ。しかし、なかに卵が一つ入っているかごを一つ落としても、まだ落ちていないかごがほかにたくさんあるなら、どうということはない。卵が入っているかごを全部落としてしまうこともまずないだろう。卵が全部割れたら大変なので、それはよいことである。投資もそうだ。さまざまな銘柄の株式が組み入れられているファンドに投資するとしたら、そのなかの一つが市場平均を下回る可能性はとても高い。だが、それもどうということはない。それに、すべての銘柄がそうなる可能性はきわめて低い。インデックスファンドに投資すれば、個々の銘柄がどうなっているか気にしなくてすむ。その定義上、ファンド全体が対象の指数を下回ることはありえない（指数を上回ることも、もちろんない）。

投資にはリスクがつきものだ。個別株に投資するときはとくにそう言える。しかし、インデックスファンドは比較的安全である。個別株よりずっとずっと安全な投資対象になる。アクティブ運用型のファンドと比べても、全体としてずっと安全だ。この意味では、インデックスファンドはコストが低くて安全性が高い。これはとてもよいことだ。

第三に、インデックスファンドはほかのどの投資対象にも劣らない成績をあげるだろう。この最後の点は意外に思うかもしれない。いったいなぜ、インデックスファンドがアクティブ運用型のファンドに並ぶ収益を生むと期待できるのか。優秀な担当者に手数料を支払って積極的に運用してもらうなら、市場に勝って当たり前なのではないか。そこで効率的市場理論の出番となる。

これについては経済学者のディアドラ・マクロスキーの説明がいちばんわかりやすい。「人は道に五〇〇ドル札が落ちていたら拾う。これを人間行動の公理とする」とマクロスキーは書いている。[5] 今日、家に帰る途中で五〇〇ドル札が道に落ちていたら、あなたはそれを拾うだろう。わたしもそうする。落とした人に返そうとするかもしれないし、自分のものにするかもしれない。どちらにしても、そのままにしておくことはない。マクロスキーはこれを**慎み深い強欲の公理**と呼ぶ。マクロスキーが指摘するように、この点に議論の余地はない。もしも疑うなら、あなたの近所でテストしてみてほしい。わたしの近所だとなおいい。

この公理からはとても興味深いことが導かれる。「今日、あなたの家の近所に五〇〇ドル札が落ちている歩道は存在しない」。これを**慎み深い強欲の定理**と呼ぼう。どうしてそうなるのだろう。マクロスキーはこう説明する。いまより前のどこかの時点で五〇〇ドル札がそこに置かれているとすると、慎み深い強欲の公理にしたがうなら、すでにだれかがそれを拾っているだろう。したがって、背理法により、いま道に五〇〇ドル札が落ちているはずがない。

これはつぎのように一般化できる。ある男がなにかのもうけ話をもちかけてくるとする。男はこう言うかもしれない。「わたしにお金を預けてくれたら、一〇〇倍にしてお返ししましょう」。それはつまり、ある歩道に五〇〇ドル札がたくさん落ちていて、それがどこにあるか知っていて、先にお金を預けてくれさえすれば、あなたのためにとりにいってきますよ、と言っているのである。男はうそをついている。男がとりにいくという五〇〇ドル札の山なんてどこにもない。もしもあったら、だれかがすでに拾っているだろう。少なくとも、男が独り占めして、わざわざあなたに教えたりはしないはずだ。男は詐欺師だと考えたほうがいい。

これをもっと大きく一般化することもできる。ある個人や機関がこんなことを言ってきたとする。「わたし（ども）にお金を預けてくれたら、運用して増やしてあげましょう」。そうしてニッチな株式、ブロックチェーンを使った最先端の暗号資産やNFT（非代替性トークン）アートへの投資を勧誘する。それはつまり、ただでもらえるお金がどこにあるか知っているので、先にお金を預けてくれさえすれば押さえておきますよ、と言っているのである。そんなお金がどこにあるかほんとうに知っていたら、自分で投資しているはずだ。それなのにあなたのお金を投資したいと言う。これはいったいどういうことだろう。

結局のところ、確実に市場平均を大きく上回ると予言できる投資手段などない。少なくとも長期ではそうである。後からなら、市場平均を上回った個別株や、指数を上回ったファンドはかならず見つかる。しかし、前もってどれがそうなるかを確実に見きわめることはできない。後からなら、スロットマシンでだれが勝ったかもわかるが、前もって予測することはできない。それと同じである。市場はおおむね効率的だ。頭のいい人たちがたくさんいて、市場にお金が落ちていないか目を凝らしている。そこにお金が落ちていたら、彼らがそれを拾っているだろう。自分なら見つけられると考えているということは、ただでもらえるお金がそこに落ちていると信じているということだ。

あなたがあるファンドに投資すると、確実にお金が入ってくる人がいる。それはあなたではない。ファンドの運用担当者だ。すでに見たように、運用成績に関係なく、資産の一定割合を報酬として受け取る。ポーカーにはこんな格言がある。「どのテーブルにもカモが一人いる。それがだれかわからなければ、あなたがカモだ」。市場でもとてもよく似たことが起きている。市場には頭のいい人たちがたくさんいて、投資する機会を探している。その機会とは食いものにする人を見つけることだというときも少なくない。だれが食いものにされているかわからないなら、それは自分だと考えたほうがいい。

これは経済学者にも当てはまる。経済学者はコモディティ価格や株式市場の暴落などを予測できないと大きな非難を浴びている。だが、ある経済学者がトウモロコシの価格を予測できるとしよう。この経済学者はたちまち大金持ちになるはずだ。マクロスキーはこう書いている。「自宅や、酒を飲まないまじめな人柄を担保に少しお金を借りれば、まず五〇万ドルを拾い、つぎに五億ドルを拾い、さらにもっと大金を拾うことができる。とても簡単なことだ」。しかし、経済学者はそうしない。酒を飲んでいないしらふのときでさえそうである。できるわけがない。そういったことを予測できると主張する経済学者に会ったら、そう思い込んでいるか、あなたをだまそうとしているのだろう。そのときはマクロスキーのいう「アメリカ人特有の質問」を遠慮なくぶつけてみてほしい。「そんなに頭がいいなら、なぜお金持ちではないのですか」

ひとたびインデックスファンドに投資したら、お金が必要になるときまでそのまま放っておくのが大切だ。いちばんよくないパターンは、市場が上がっているときに買って、市場が下がったらあわてて資産を投げ売りすることである。値下がりしても、ぐっと我慢する。危険を感じると砂のなかに頭を突っ込んで敵が目に入らないようにするダチョウよろしく、運用報告書も見ない。二〇〇〇年の《ジャーナル・オブ・ファイナンス》誌に、いったん投資をしたら後はそのまま放っておいた個人投資家と、取引のタイミングを見きわめて個別銘柄を積極的に売買した個人投資家とを比較した論文が載っている。[6]それによると、市場全体がおよそ一七・九パーセント上昇した時期に、非常に積極的に売買した投資家の収益率は一一・四パーセントだった。積極的に売買した人たちはかなり自信過剰だった。市場の値動きを予測する力は自分が考えていたものとはほど遠く、すぐにしっぺ返しをくらうことになった。論文のタイトルはこうだ。「株式の売買はあなたの富を損なうおそれがあります」

最後の問いは、株式に投資するか、債券に投資するかである。インデックスファンドには株式に投資するものも債券に投資するものもある。投資する側から見ると、株式と債券には大きなちがいが二つある。過去の収益率は、株式が債券を上回っている。ただし、株式は変動が大きく、そのぶんリスクが高い。どちらに投資するかは、個人の選好によるところが大きい。長期の利益を得るために、目の前で株価が大きく下がってもじっと耐えつづけられるだろうか。できるなら株式がいいだろう。株価が急落したら売り払ってしまいたくなりそう？　それなら債券がいい。一般的に、受け入れられるリスクが大きいほど株式のほうが向いていて、受け入れられるリスクが小さいほど債券のほうが向いている。

しかし、投資の時間軸も大事だ。長いスパン（二〇年以上）で貯蓄しているなら、株式のほうがよい選択肢になるだろう。すぐには売らないので、目先の値動きを気にしなくてすむ。短期の目標のためにお金を貯めているなら、目先の値動きはぐっと重要になる。値下がりしているところで売却しなければいけなくなるリスクはとらないほうがいい。なので債券が選択肢になるだろう。あなたはいま、老後の生活資金を貯めているとする。若いときは債券よりも株式に投資したいと考えるだろうし、定年が近づくにつれて株式中心の運用から債券中心の運用にシフトしたいと思うだろう。五年か一〇年ごとに配分を見直して自分でそうすることもできるし、定年退職に備えた資金の確保を目的とする低コストのファンドに投資することもできる。あなたの年齢に合わせて自動的に資産配分を調整してくれるファンドがあるのだ。

インデックスファンドへの投資を勧めるのは、あなたの目標が資産を増やすことにあると想定してのことだ。株式市場、ビットコイン、切手、高級ワインなど、自分が好きなものに投資するのは、資産を増やすためだけとはかぎらない。なかにはそれがゲームであり、趣味であり、ライフスタイルであるという人もいる。Ｘ（旧ツイッター）のプロフィールを見ると、ある種の投資アプローチがアイデンティティになっている人がいる。あなたがその一人で、そうするだけの余裕があるなら、わたしのアドバイスは当てはまらない。我が道を行き、思う存分やればいい。お金ばかりかかってなんの役にも立たない趣味や道楽はたくさんある。外洋ヨットレースは、正装して冷たいシャワーを浴びながら、一〇〇ドル札を引きちぎるような行為だと言われたりする。しかも当人たちがそれを楽しんでいるのだ！

借り入れは慎重にする

お金を貯めるのがこれほどよいことなら、お金を借りるのは悪いことにちがいないと思えるかもしれない。だが、そう断じるのはまだ早い。経済学者は、お金を借りたほうがいい理由は十分にあると考えている。ただし、慎重に借りるなら、という条件がつく。

一般の人たちはお金を借りすぎていることを示唆するエビデンスはたくさんある。アメリカ人の約四人に一人は、緊急予備資金よりもクレジットカード債務のほうが多い[7]。そして、アメリカ人が抱える債務の総額は増えつづけている。新型コロナウイルス感染症のパンデミック後に労働市場がなかなか回復せず、物価も上がったため、空前の水準に膨らんだ。二〇二一年九月には家計の債務総額は一五兆二四〇〇億ドルに達した[8]。一五兆とは一五の後にゼロが一二個並んでいる数であり、金額があまりにも大きすぎてほとんどの人はピンとこないだろう。クレジットカード債務だけをとっても、二〇一九年後半から二〇二一年後半のあいだに一兆一〇〇〇億ドル増えた。その一方、これを書いている時点で、消費支出は増えつづけている[9]。

債務がこれだけ増えると、大勢の人が問題を抱えるようになる。なによりも心配なのは、収入が突然なくなったり、予想外の大きな出費があったりして、債務を返済できなくなることだ。お金を借りるときには、一定のスケジュールに沿って元金と利子を合わせた金額を分割で返済すると約束する。期日どおりに返済しているなら大丈夫だ。しかし支払いが遅れたら、たとえあなた自身に落ち度はなくても、状況は一気に悪化してしまいかねない。追加で手数料を支払うことになるかもしれないし、金利が引き上げられる可能性もある。そうなれば、最初のローンを返すために、それ以上に金利が高いローンを新たに借りるしかなくなる人も出てくる。その悪循環にはまると、自己破産を余儀なくされるなど、重大な結果を招きかねない。アメリカだけで毎年五〇万～二〇〇万人ほどが自己破産を申し立てている[10]。緊急予備資金よりもクレジットカード債務のほうが多い二五パーセントの人は、失業などで収入源を失ったら、とりわけ厳しい状況に追い込まれる。

借金するのをひどく嫌う人もいる。クレジットカードで買い物はしないし、いま買って後で支払う決済サービスそのものを使わない。こういう人たちはまずお金を貯めてから買うべきだと主張する。わたしが住んでいる地区の著名な政治家は、聖書のある一節を引用することで有名だ。「富める者は貧しい者を支配し、借りる者は貸す者の奴隷となる」[11]。お金を借りているとほかのだれかよりも弱い立場に置かれるので、自由を奪われてしまうとされる。借金がいっさいない人は、この意味ではまったくの自由である。それは借金をしないようにする十分な理由になる。

だが、お金を借りることで大きな自由を手に入れるときもある。あくまでも慎重に、という条件はつくが、お金を借りるべき状況があると経済学者が考えているのはそのためだ。

状況によっては、お金を稼ぐためにお金を借りる必要も出てくる。聖書にある「タラントンのたとえ」にはこうある。「持てる者はさらに多く与えられて、ますます豊かになる。持たざる者は、持っているものまでとりあげられる」。あこがれの仕事につくには教育を受ける必要があるかもしれない。その仕事に行くには車が必要かもしれない。工芸品をつくるために道具を買ったり、芸術を提供するための備品をそろえたりする必要があるかもしれない。身だしなみを整えるために新しいシャツやスーツを買う必要があるかもしれない。そもそも働くにはベビーシッターが必要かもしれない。将来に集中するにはある程度のゆとりが必要になるかもしれない。お金を稼ぐために借金するなら、それはよい借金である。そうして得られる収入がローンの返済コストを上回るのであれば、お金を借りることが賢い手段になるだろう。とても賢い手段になる場合もあるかもしれない。

お金を借りると、必要なときにお金を使い、できるときに返せるようにもなる。休暇までにお金を工面しなければいけないが、給料が入るのは一～二週間先になるという人は多い。そういった状況では、たとえ金利が高めでも、お金を借りることが理にかなうだろう。若手社員の多くは、子どもが小さくて、給料が安くて、出費が多いので、お金が足りない。たいていは、やがて子どもたちが大学を出て、給料が上がって、出費が落ち着くと、お金に余裕が生まれると期待できる。このときもまた、期間が長くなったとしても、お金を借りることが理にかなうはずだ。

経済学には**消費の平準化**という考え方がある。たとえ状況が変化しても、長期間にわたって生活の水準をある程度一定に維持するという考え方だ。消費の平準化を再分配の問題としてとらえることもできる。人生のなかで相対的に裕福な時期の自分から、人生のなかで相対的に貧しい時期の自分に資源を移転するのだ。家族を形成する過程にあるときは、相対的に貧しい人が多い。まだ若くてキャリアが浅いので、給料は安く、最初の家やファミリーカーを買うなど、出費はかさむ。子どもが生まれるまで、つまりあなたとパートナーがいわゆるＤＩＮＫｓ（子どもをもたない共働きカップル）であるときと、それから長く働いた後に老後を楽しんでいるときは、相対的に裕福である。

このように、お金を借りるのが賢い場合がある理由はたくさんある。借り入れと貯蓄を同時にすることが理にかなうときさえあるだろう。住宅ローンの金利がインデックスファンドの収益率より低いなら、ローンを抱えながら投資するのが理にかなう。貯蓄口座にある程度のお金を残しておくために住宅ローンの金額を増やせば、流動性（いざというときにすぐに使えるようにしておくお金のこと）を高められるし、予想外の出費があってもクレジットカードでお金を借りずにすむ。繰り返すが、返せない額の借金をしてはいけない。景気が悪くなったり、病気やケガで長期間にわたって働けなくなったりして、収入がなくなる場合や、保険の対象にならない自然災害などによる急な出費がある場合を考えておく必要がある。

ある状況でお金を借りるのが理にかなうかどうかは、金利によって変わるだろう。金利とは、お金を借りたことへの対価として支払う金額（利子）の割合である。金利は、あなたがどこに住んでいるか、どんな人物か、なんのために借りるかによって、劇的に変わる。これを書いている時点で、わたしの住宅ローンの金利は一・二五パーセントで、個人信用枠の金利は三・五〇パーセントで、クレジットカードの金利は一五・五〇パーセントだ。クレジットカード会社からお金を借りるときのコスト（金利）は、住宅ローンの一〇倍以上にもなる。債務がゼロであれば、問題はない。債務があるなら、きわめて重要な意味をもつ。しかしそれも、給料日ローンの金利に比べればかすんでしまう。給料日ローンの金利は（年利ベースで）六〇〇パーセントを超えてしまうおそれがある。[12]

お金を借りるなら、ほかの条件がすべて同じだとすると、支払う利子はできるだけ少なくしたほうがいい。一般的には、可能なら住宅ローンを借りる、必要なら個人信用枠を使う、どうしようもなくなったらクレジットカードでお金を借りる、ということだ。給料日ローンは、急にお金が必要になったときに、より持続可能な解決策へのつなぎとして使うのでなければ、避けたほうがいい。複数のところからお金を借りているなら、利子の総額を減らせないか確かめる。債務をクレジットカードから個人信用枠に、（可能なら）信用枠から住宅ローンに移そう。

借金が問題になるのは、完済するのはむずかしいのに、債務はあっという間に膨らんでしまうからだ。なにかの出費をカバーするためにお金を借りようかと考えている人は、ブライアン・カプランのように考えてみるといいかもしれない。あなたはいま、新しい財布を買うためにお金を借りて、三六カ月の分割で返済しようと考えているとする。その財布がもたらす喜びはどれくらい長くつづくだろうか。それが毎月ずっとつづくというなら、お金を借りるのは理にかなうかもしれない（ここでは財布がもたらす喜びは毎月支払いをする痛みよりも大きいと想定している）。喜びはだんだん小さくなっていき、やがて完全に消えるというなら、状況はかなり変わる。新しい財布に適応して、三カ月もすると財布を手に入れた喜びよりもお金を払いつづける苦痛のほうが大きくなるとする。となると、財布がもたらす純快楽は三カ月で終わり、その後、純苦痛が三三カ月間つづくことになる。そう考えるなら、財布を買おうという気持ちはかなり薄れるのではないか。

それを買う価値があるかどうかわからないというときには、お金を貯めてから買うことを考えるといい。財布を買うために三六カ月間お金を貯めたら、そのころには財布が流行遅れになって、まったく興味がなくなっているかもしれない。そのときは購入を見送り、お金はそのままとっておいてもいい。

消費を将来に先送りできるならそうするほうがいい理由はもう一つある。行動経済学者のジョージ・ローウェンスタインは、期待の快楽（および苦痛）を研究している。ローウェンスタインによれば、消費を先送りすると、人の幸福感は高まるという。ローウェンスタインの研究から、大好きな映画スターからのキスなどの楽しい経験は先に延ばそうとする人が多いことが明らかになっている。ポジティブな出来事から得られる喜びの大部分は、ローウェンスタインのいう「セイバリング」である。セイバリングとは味わうという意味で、よい出来事を想像して楽しい気持ちになることをいう。したがって、よいことを将来に先送りすると、それから得られる総効用を増やせる。これに対し、ネガティブな経験から生まれる不快の大部分は「ドレッド」である。ドレッドとは恐怖を意味し、悪い出来事を予期していやな気持ちになることをいう。そのため、人は電気ショックなどの不快な経験はたいてい早く終わらせようとする。したがって、悪いことは現在に前倒しすると、それが生み出す不効用の総量を減らせる。そうだとすれば、サプライズの誕生日パーティーはまちがいだということになる。なぜなら、お祝いを想像する楽しみをまったく味わえなくなってしまうからだ。だがそれ以上に重要なのは、すぐに満足を得たいという衝動を抑えて、程度の差はあっても楽しみを将来に先送りするだけの理由がある、ということだ。お金を貯めてから消費するようにすれば、利子を節約できるだけでなく、楽しみもできる。その価値はとても大きい。

スキルを磨く

Ａ＆Ｗレストランはアメリカのファストフードチェーンである。Ａ＆Ｗはハンバーガーが有名なだけでなく、マーケティングの歴史的な大失敗例の一つをやらかしたことでもよく知られている。一九八〇年代、Ａ＆Ｗはマクドナルドの人気商品であるクォーターパウンダーに対抗する新メニューを投入すると決めた。マクドナルドのクォーターパウンダーは、その名のとおり、牛肉を四分の一（クォーター）ポンド（約一一〇グラム）使っている。Ａ＆Ｗはマクドナルドから市場シェアを奪おうと、同じ肉厚な大型バーガーを提供することにしたが、より新鮮な肉を使い、パテの量も多くした。牛肉を三分の一ポンドも使ったサードパウンダーがそれだ。使われている牛肉の量はマクドナルドのクォーターパウンダーより一二分の一ポンド（三三パーセント）多く、ボリューム満点である。そしてそれをクォーターパウンダーと同じ価格で提供した。

サードパウンダーはまったく売れなかった。事後調査をしたところ、理由が明らかになった。フォーカスグループ調査に参加した人の大多数が、サードパウンダーは肉の量が少ないので割高だと感じていた。なんと三分の一は四分の一よりも小さいと考えていたのだ！　三は四よりも小さいのだから、三分の一は四分の一より……というわけである。A&Wのオーナーは、おそらくは言葉を選びに選んで、こう結論づけた。「アメリカの消費者は三分の一ポンドの意味をよくわかっておらず、われわれのメッセージがきちんと伝わっていないのだろう」[13]

ハンバーガーを注文するときに分数の大小がわからなくても、A&Wのオーナーではない人たちにとっては、それほど問題ではないかもしれない。ハンバーガーの肉の量が少なかったら、そのほうがよいことでさえあるという人はたくさんいるだろう（膨大な数の牛にとってもそうではないか）。しかし、この物語は重要なことを伝えている。多くの人が、自分自身にとっても、コミュニティのためにも、いまの金融環境のなかで賢い選択をするために必要なスキルをもっていない。しかも、当人がそれに気づいていない。サードパウンダーは割に合わないと考えた大多数の人は、なんの疑問ももっていなかったにちがいない。簡単な分数がわからないなら、さまざまなクレジットカードの勧誘を、年利や固定費や複利を比べて評価できる人はどれだけいるのか。そう多くはないはずだ。

お金について賢い意思決定をするために必要なスキルを高める。これが最後のアドバイスである。お金に関する情報を処理して適切に判断する能力は、**金融リテラシー**と呼ばれる。多くの人にとっては、金融リテラシーが文字どおりの死活問題になるときがある。練習モードはない。ある程度の年齢になれば、本物のお金をリスクにさらすことになる。そして大きな決断の多くは、学習する機会がかぎられている。家を買うのは人生でそう何度もあるわけではない。老後のための資金を貯めるのも、事実上一回きりだ。現役時代に貯蓄戦略を変更することはできる。だが、定年を迎えて、自分がしてきたことのなにが正しくて、なにがまちがっていたかわかったところで、もうやり直せない。なかには、ミスしてもゲームオーバーにならないイージーモードではじめて、試行錯誤しながら金融リテラる人もいる。

シーを身につけていく人もいる。その一方で、ハードモードからはじめて、すでに崖っぷち状態にある人もいる。

経済学者は金融リテラシーを長年にわたって研究しており[14]、なにが問題か、どうすれば克服できるかについて多くを学んでいる。一連の研究から、一般の人の金融リテラシーはきわめて低いだけでなく、自分が思っているよりはるかに低いことが示されている。金融リテラシーが低い人はほかの人と比べて経済状態がずっと悪い。さいわい、金融リテラシーは身につけられるスキルだ。金融リテラシーが身につけば、お金をうまく管理できるようになり、お金の心配は減る。

そもそもの疑問として、金融リテラシーのようなものはどうやって測定できるのだろう。経済学者のアンナマリア・ルサルディとオリヴィア・S・ミッチェルは、三つの簡単な質問によるテストを考案している[15]。みなさんもやってみてほしい。

●問一　あなたの貯蓄用口座の残高が一〇〇ドルで、金利は年に二パーセントだとします。預金を引き出さずにそのまま増やしていったら、五年後に残高はどうなっていると思いますか。

（a）一〇二ドル超、（b）一〇二ドル、（c）一〇二ドル未満。

●問二　貯蓄用口座の金利が年に一パーセントで、インフレ率が年に二パーセントだとします。一年後、その口座にあるお金であなたが買えるものはどうなるでしょうか。

（a）いまより増える、（b）いまと変わらない、（c）いまより減る。

●問三　つぎの文の内容は正しいか正しくないか、どちらだと思いますか。「一つの企業の株式を購入することは、株式の投資信託を購入するよりも、一般に損益の安定性が高い」

（a）正しい、（b）正しくない。

三つの質問にはそれぞれ「わからない」「答えたくない」という選択肢も用意した。自分の答えが合っているか確かめたかったら、巻末の原注に答えが載っている。[16]

テストの主要な結果として、一般の人は金融リテラシーが驚くほど低い。ルサルディとミッチェルが行なったある調査では、無作為に選ばれた五〇歳超のアメリカ人の結果は三つの大きなグループにほぼ均等に分かれた。三分の一（三四・三パーセント）は三問とも正解した。さらに三分の一（三五・八パーセント）は二問正解した。残り（二六・一パーセント）は〇～一問正解した。問三に正しく答えられた人は、回答者全体の約半分（五二・三パーセント）にとどまった。この調査に参加した人は全員五〇歳を超えているので、何十年にもわたってお金に関する意思決定をした経験があるうえ、株式市場の暴落やインフレも何度も乗り越えてきているはずだが、役に立っていないようだった。あなたが問三を正解できたなら（たぶんそれはこの章の最初のほうに答えがあったからだろう）、アメリカの高年齢層の約半分以上より上を行っている。

疑問に思っている人もいるかもしれないので言い添えると、これはアメリカにかぎらない。ごく一般的な傾向であり、豊かな国も例外ではないことを示唆するエビデンスがある。ドイツは金融リテラシーが高い国の一つとして知られている。しかしそのドイツでさえ、三問すべて正解できた人は半分強（五三・二パーセント）だけだ。

全体として金融リテラシーテストの得点はとても低いが、それぞれの国内ではさまざまなちがいがある。金融リテラシーは年齢によって差がある。金融リテラシーがいちばん低いのは、お金に関する意思決定をした経験が少ない若者、そして高齢者だ。これに対し、中年層は得点が比較的高い。また、ジェンダー差は大きく、一貫している。ドイツでは、男性の五九・六パーセントが三問とも正解したが、女性は四七・五パーセントにとどまった。アメリカは男性三八・三パーセント、女性二二・五パーセント、スイスは男性六二・〇パーセント、女性三九・三パーセントだった。民族差も大きい。アメリカの場合は、アフリカ系アメリカ人とヒスパニックの得点が目立って低い。やはりというか、教育水準が高い人ほど金融リテラシーは高い。アメリカで三問とも正解した人の割合は、大学院の学位をもつ人は六三・八パーセントだったのに対し、高校を卒業していない人は一二・六パーセントだった。とはいえ、たくさん教育を受ければいいというわけでもない。大学院の学位をもつアメリカ人でさえ、三問とも正解できなかった人が三分の一以上いた。

　人びとの金融リテラシーは総じて低いものの、当人たちはそうは思っていない。前に見たように、簡単な分数を比べられない人は、たいていその事実に気づいていない。この点については、経済学者が金融の分野における能力に対する人びとの自信と実際の金融リテラシーを評価している。ある調査では、つぎのような質問をして金融リテラシーに対する自信度を測定した。「あなたは金融全般に対してどの程度の知識を身につけていますか。『とても低い』を一点、『とても高い』を七点とする七段階で評価してください」。その結果、能力と自信には多少のずれがあることが明らかになっている。二〇〇九年のアメリカの調査では、七〇パーセントが自分の能力に四点以上をつけた。つまり、七段階評価の中間かそれ以上だと考えているということだ。ところが、質問に正しく答えられた人は三〇パーセントだけだった。この傾向もアメリカだけにかぎらない。ほかの国でも同じような結果が出ている。この分野でも人は劇的なまでに自信過剰であるようだ。[17]

　自信過剰の度合いには幅がある。案にたがわず、これについてもジェンダー差がある。金融リテラシーに関する質問に「わからない」と答える割合は、女性のほうがずっと高い。アメリカの場合、女性の五〇パーセントが質問の少なくとも一つに対して「わからない」と答えた。男性は三四・三パーセントだった。このパターンは多くの国に見られる。こうした数字は、女性は男性より自信過剰の度合いが低いことを示唆している。また、年齢が上がるにつれて自信過剰になる傾向もあるようだ。金融リテラシーは高齢期になると下がるが、金融能力に対する自信は逆に上がる。高齢者がとくに金融詐欺にあいやすいのはそのためではないかと、ルサルディとミッチェルは考えている。[18] あなたが高齢期にあるなら、たとえ自分には必要ないと思っていても（むしろそう思っている場合はとくに）、お金のことについては適切なアドバイスを受けるようにしてほしい。

金融リテラシーテストの質問を三つ紹介したが、その三つを選んだのは、貯蓄と投資に関する意思決定のベースとなる基本的な考え方を理解しているかどうかがわかるからだ。その点数が低いということは、多くの人、たぶん三分の二の人が、貯蓄と投資をするために求められる基本中の基本のスキルをもっていない、ということになる。「機能的非識字」とは、人間の能力とコミュニティの開発に必要なスキルである、機能的基礎言語能力が欠けている状態をさす。この言葉を使うなら、大方の人は機能的金融能力が欠けていると言うことができる。しかも、当人がそれをわかっていない。

経済学者はまた、金融リテラシーが高いと経済状態はよくなるかどうか、なるとしたらどれくらいよくなるか、という点にも興味をもっている。これについては膨大な研究が行なわれており、まさに予想どおりの結果が出ている。金融リテラシーと経済状態には関係があるのだ。[19] どの世代を見ても、金融リテラシーが低い人は、お金の面での幸福度がぐっと下がる。[20] お金のやりくりに苦労していて、緊急予備資金の二〇〇〇ドルを確保するのがむずかしくて、借金が多すぎてほかのお金の問題に対処できていなくて、お金のことを考えて対応に追われる時間の長い人が多い。差がとくに大きいのがＹ世代である。Ｙ世代は調査時に二四～三九歳の人たちで、金融リテラシーの低い人がお金のことで悩む時間は週一四時間と、金融リテラシーが高い人（週五時間）のほぼ三倍にのぼった。

心強いことに、金融リテラシーは教えられる。しかも低コストで効果的にそうできる。金融教育が人びとの金融リテラシーとお金の面での幸福度を高められるかどうかを確かめようと、経済学者が一連のランダム化比較試験を実施している。最近では、ティム・カイザーらが複数の研究結果をまとめてさらに分析するメタ研究を行なった。[21] 六大陸、三三カ国で合計一六万人が参加した七六の金融教育プログラムを評価したところ、金融教育は金融リテラシーを高めることが示された。そう聞いてもあまり驚かないだろう。しかし、注目される点として、金融教育によってその後の金融行動が変わることも明らかになった。そして金融教育は、学校や職場で、インターネットやテレビを使って比較的低コストで提供できるので、費用対効果が高い。つまり、参加者が得られる便益が教育を実行するための費用を大きく上回る。ランダム化比較試験のメタ研究はエビデンスレベルが最も高いとされており、これは重要なポイントになる。

現実世界の厳密に管理されていない条件下でも、同じような結果が出ている。高校の卒業前に金融教育の授業をすることが義務づけられているときは、よい変化が生まれる。[22] 金融教育を受けた卒業生は、そうでない場合に比べて債務額が少ない、信用スコアが高い、債務不履行率が低いなど、さまざまな効果が認められる。正の外部性効果が生まれることを示すエビデンスもある。生徒が金融教育を受けると、教師と親の金融リテラシーと金融行動が改善するのだ。[23] 金融教育はコミュニティ全体に利益をもたらすことがある。そう考えると、経済協力開発機構（ＯＥＣＤ）の国際学習到達度調査（ＰＩＳＡ）に金融リテラシー調査がオプションとして加えられているのも驚くことではない。ルサルディとミッチェルが指摘するように、「ＰＩＳＡは、金融リテラシーを今日の経済に参加するうえで不可欠なスキルとして認識するべきだとの立場をとっている」。[24]

このように、お金持ちになる（あるいは借金から抜け出す）確率を高めるには、金融リテラシーを上げなければいけない。あなたが経済に関する情報を処理し、お金について賢い意思決定をする能力を身につけると、そこから大きな波及効果が生まれることがある。あなた自身はもちろん、あなたのコミュニティも恩恵を受けるはずだ。お金に関する意思決定をした経験がすでにたくさんあるという人でも（たぶん高齢者だからだろう）、このアドバイスは役に立つ。教育水準が高い人だとしてもそうだ。医師を例にあげよう。ルサルディいわく、医師は「お金の最悪の問題児」の一人かもしれない。[25]お金持ちで自分に自信があるが、お金に関する知識はそれほど高くない医師はつけ込まれやすい。そして最後に、あらためて言うが、すでにたくさんのことを知っているとしても、役に立つ確かなアドバイスがもらえるときはもらおう。わたしの父がそうするべきだったように。

なぜお金持ちになっていないのか

貧しい人はこの章で示したアドバイスを聞き入れなかったから貧しくなったわけではないし、貧困を当人の責任として片づけることはできない。それでも、多くの人は（わたしを含めて）もっとお金があればいいのにと思っている。なのになぜ、お金が増えないのだろう。これについてはいくつか説明がある。どれもある程度は当てはまるはずだ。

金融リテラシーの低さが答えの一部であるのはまちがいない。ほとんどの人は、経済の情報を処理し、お金に関して賢い選択をするために必要なスキルが欠けている。しかもそのことをわかっていない。それなのに、金融環境はどんどん複雑になっている。[26]第一に、小口の投資家が利用できる金融商品の数が急激に増えている。かつては、お金を貯めるには実在する店舗に行く必要があり、選択肢も数えるほどしかなかった。いまはふつうの人がオンラインバンキングなどを使って、膨大な数の金融機関を比較し、幅広い選択肢を検討できる。そして第二に、国の年金制度が変わって、労働者本人の責任が大きくなっている。かつては公的年金や、雇用主が提供する年金制度がある人はその給付に頼ることができた。それがいまでは、老後の資金を自力で賄う自己責任が強く問われるようになっている。こうした流れは、自分がどうしたいか、いまなにをしているかわかっている人には恩恵になるかもしれない。しかし、小口の投資家にはものすごく高い処理能力と金融リテラシーが求められる。だが、わたしたちの金融スキルはまったく追いついていない。ベビーブーム世代が労働力に加わった時代といまとでは金融環境がどれほど変わっているか、考えてみてほしい。状況はつぎつぎに変化しており、ついていくだけでも走るペースをどんどん上げなければいけない。

しかし、金融リテラシーの低さは答えの一部にすぎない。

もう一つの要因は、世の中にはあなたのお金を狙っている人がいることだ。詐欺は言うまでもないが、あなたからお金を吸い上げる完全に合法なやり方もある。銀行などの金融機関はあらゆる手を尽くしてあなたのお金を取り込もうとしている。そう聞いてもだれも驚かないはずだ。金融機関は積極的に広告宣伝を打っており、しかもうまい。つぎのような手を使う金融機関もある。株式市場の見通しについて一〇通りのニュースレターを書いて、一〇通りの予測をする。一つあるいは複数の予測がまぐれで当たるまで待つ。そして、ニュースレターをエビデンスとして掲げ、われわれの予測が的中しましたとふれまわる。また、銀行などが自分たちの運用能力の高さを示す証拠として、あるニッチなファンドが前の年に夢のような収益率を記録したことを引き合いに出すのもよくある話だ。ほかの二〇〇本のファンドの成績は芳（かんば）しくないとはもちろん言わない。どちらもやっていることは同じだ。顧客になりそうな人たちの金融リテラシーの低さを巧みに利用しているのである。そうするのは（ほとんどの場合）合法である。

さらにもう一つの要因は、わたしたちの脳の配線と関係がある。人間の心理が経済行動とどうかかわってくるかは、行動経済学の領分になる。

行動経済学者は、人はせっかちで衝動的であることを明らかにしている。**せっかち**とは、いま起きていることより後で起きることの価値を低く見積もってしまうことを意味する。楽しいことをいますぐするか、後でするかの選択を迫られたら、たいていいま楽しむほうを選ぶ（例外の一つは、前に説明した「セイバリング」である）。人がせっかちなのは合理的だと広く考えられている。たとえ将来の楽しみが減ることになっても、目先の楽しみに飛びつく人もいる。そして**衝動**とは、遠い将来なら待てるのに、目先の欲求には負けてしまうことを意味する。衝動は不合理だと広く考えられている。遠い将来の利益を追求する合理的な行動ができなくなってしまいかねないからだ。お金を貯めようとするときには、せっかちさも衝動性もマイナスにはたらく。そもそも貯蓄とは、将来のためにいまを犠牲にすることである。せっかちで衝動的な人はそれがうまくできないかもしれない。せっかちさも衝動性も克服できないわけではないが、労力と意志の力が必要になるのではないか。

行動経済学者は物語の力も研究している。人は物語が好きだ。ノーベル賞受賞者のロバート・J・シラーの著書『ナラティブ経済学』によれば、ナラティブは人間の行動を大きく変え、経済事象を大きく動かす[27]。スタートアップを大成功させる、暗号資産に投資して富を築くなどした人の物語は、だれでも聞いたことがある。そういった物語は人の心に強く訴える。辛く苦しい日々を乗り越えたとなればなおさらで、心に深く刻まれる。物語は偉大だ。物語はすばらしい。わたしはフィクションを読むのが大好きだ。お気づきのように、この本でも物語を使っている。

だが、よい物語を語ること、語り直すことにはマイナスの面がある。そんなわけがないと疑うなら、オオカミに訊いてみてほしい。オオカミが人に危害を加えることはほとんどない。オオカミの攻撃によるものと確認できた死亡事例は無視できるくらい少ない。それでもオオカミへの恐怖は深く根ざしている。理由の一つは、大きな悪いオオカミが小さな女の子のおばあさんを森のなかで食べる、雪のなかでお姫さまたちを追いかけるといった物語があまりにも多いことだ。こうした物語の影響で、オオカミが人を襲うというイメージはとても強い。『赤ずきん』や「アナと雪の女王」などの物語が好きなら、オオカミと聞いて最初に思い浮かぶのは、「食べられてしまうかもしれない」というものではないか。しかも、ある出来事がどれだけ思い浮かびやすいかは、それがどれくらいありそうかという判断に影響する。これはカギとなる重要なポイントだ。利用しやすいもの（すぐに思い浮かぶもの）は、そうでないものより頻繁に起きることだと感じる。そうして**利用可能性バイアス**と呼ばれるものが引き起こされる。[28] 大きくて悪いオオカミが人間を襲っているイメージがすぐに鮮明に思い出されるときには、現実世界でそういったことが発生する確率を高く見積もる傾向がある。

利用可能性バイアスは投資とどんな関係があるのだろう。投資戦略が成功したという物語はいくつもある。金融紙やビジネス誌で「わたしはこうして大金持ちになりました」といった見出しの記事を目にするし、ビジネススクールでも「ケース」と呼ばれる過去の成功例を耳にする。こうした物語はある一人の投資家に焦点を当てることが多い。ある特定の種類の資産を買う、スタートアップを成功させる、ビットコインを売り買いするなど、多かれ少なかれ独自の戦略を使って、巨万の富をなした人物だ。インデックスファンドに投資して富を築いたという人の物語を聞いた覚えがないのは、物語としては退屈だからだろう。

このような記事や教育手法には問題が二つある。たとえ物語が事実だとしてもだ。第一に、あなたが耳にするケースは、どう考えても代表的なものではない。それはよい物語だから、つまり、読むにも授業で議論するにもおもしろい物語だから選ばれている。少し前に触れたニュースレターやニッチなファンドによく似ている。あなたが聞いた物語のなかの人と同じことをしたが、同じようには成功しなかった人の物語は耳にしない。物語のなかの人が成功したのは、きっと運がよかったからだろう。その人が使った戦略を知ることは、ロトくじを当てた人が使った数字を知るようなものかもしれない。

第二に、独自の投資戦略が成功したという物語のほうが目立ちやすい。そして、それがすぐに鮮明に思い浮かびやすいほど、そのようなことが自分に起こる可能性を高く見積もってしまいがちだ。すると、成功する確率はほんとうのところ低いのに、自分でもやってみようという気になってしまうかもしれない。このように、金融紙で読む物語や、ビジネススクールで議論されるケースは有害無益なことがある。それをまねてもうまくいくとはかぎらない。これは完全に無視してもよさそうだ。

どうしてわたしたちの認知機能は、いまの金融環境にうまく対処できないのだろう。これについてはすぐに思い浮かぶ説明がある。人間の脳はずっと昔におおむねいまの状態に進化した。株式市場やNFTアート、オンライン詐欺が生まれるずっと前の話だ。人間の脳が環境に適応しているのだとすると、いまではもうどこにも存在しない環境に適応していることになる。

このように、お金を貯めたい、あるいは借金から抜け出したいと思っている人は、三重苦を抱えている。金融リテラシーが足りないし、詐欺師やマーケターが狙っているし、認知機能はいまの複雑な世の中に対処するようにはつくられていない。繰り返すが、わたしたちはいまの環境に対応できないわけではない。実際、人間の脳は適応力がとても高い。しかし、それには努力と労力がいる。そして、なにも考えずに選択してはだめだと気づくことが出発点になる。自分の金融行動に責任をもち、適切な判断をするために必要な資源を身につけなければならない。

経済学者は両刀遣い

投資のアドバイスを求められたら、経済学者は喜ばなければいけない。アドバイスを求められるというのは、信頼されているということだ。そして実際、大方の人の役に立ち、すぐに実行に移せるアドバイスができる。だからといって、お金持ちになるのはもちろん、借金から解放されることでさえ、保証されているわけではない。そんなアドバイスなどない。おいしい話にはかならず裏がある。経済学者のアドバイスは、いま置かれている環境の下でお金持ちになるチャンスを最大限に高めるためのものであり、それは簡単なことではない。すでに借金を返済しているか、多額の借金を抱えているかは問題ではない。自分や家族のためにお金を増やしたいのか、貧しい人を助けるためのお金を増やしたいのかも関係ない。利己的にならなければ富を築けないともかぎらない。

人びとがお金のことでよりよい意思決定ができるように経済学者は手助けしようとしているが、それに反対する人もいる。貧困の問題を解決するうえで、経済学者のアドバイスは役に立たないし、有害でさえあるという。「貧しい人たちにお金を貯めるように言うのはやめろ。貧困の問題を解消するのが先だ」と。

経済学者には、そうやって反対する人は限界原理にもとづいて考えていないように映る。もちろん、貧困問題の解決には取り組まなければならない。貧困を扱った第1章からも明らかなように、経済学者には貧困をどう解消するかについて語るべきことがたくさんある。貧困という、より大きな問題を解決しようとすることと、自分の人生でよりよい選択をできるようにすることは、矛盾しない。前に述べたとおり、この章は貧困を説明しようとするものでも、貧困を当人の責任として片づけようとするものでもない。わたしたちがするべきなのは、貧困を減らしながら、人びとがよりよい選択ができるように手助けすることである。これを二者択一の問題だと考えるのはまったくのまちがいだ。経済学にはその両方ができる。

第9章　コミュニティをつくるには

一九三八年の夏の終わりの午後、バルト海に浮かぶエーランド島のストラロールの港で、一一歳の二人の女の子が浅い水のなかを歩いていった。スウェーデン本土にある病院からフェリーで戻ってくる母親を待っていたのだ。二人は知らなかったが、この港は少し前に浚渫(しゅんせつ)されていた。浅瀬だったところは、冷たく暗い深みへと姿を変えていた。女の子たちは泳げなかった。安全な場所から数フィートのところで、二人は溺れた。浜辺にいる幼い妹の目の前での出来事だった。[1]

コミュニティは衝撃を受け、悲劇を二度と繰り返してはならないと固く誓った。どの子どもも泳げるようにしようと、希望者に泳ぎ方を教えることにした。同じ年にできたストラロール水泳協会はいまも活動をつづけており、子どもから若者、大人まで、何千人も加入している。わたしの祖母は体育教師としての教育を受けていて、設立時のインストラクターの一人だった。わたしの父も、わたしも、わたしの子どもたちも、みんなそこで泳ぎを習った。わたしに孫ができたら、孫にもそうしてほしいし、そうすると信じている。

協会が命を救っているかどうかは知りようがない。それでも救っているだろうと思える。港で遊んでいて海に落ちる子どもは後を絶たないが、ストラロールで悲劇は繰り返されていない。スウェーデン全体では一〜六歳の子どもの死因のトップは溺死である。

それ以外にも数多くの恩恵をもたらしているのは明らかだ。健康的で活動的な夏のアクティビティを子どもたちに提供している。たとえ命を救うことにならないとしても、泳ぎを習うのは楽しいし、役に立つ。協会はいまも希望者全員に泳ぎを教えている。料金はほんのわずかだ。農家や難民、芸術家や作家、大学教授や大企業の最高経営責任者、地元民や観光客の家族の子どもたちが泳ぎを習いにくる。車やバイク、バスで相当遠くからやってくる参加者もいる。ほかの多くの競技組織とちがって、目標はごく一部の子どもがとても速く泳げるようにすることではなく、全員が十分に泳げるようにすることだ（桟橋に立ってエキサイトしすぎている親がいたら、座って静かに見ていましょうねとやんわりたしなめられる）。

恩恵は参加者以外にもおよぶ。まず、地元の若者が水泳教師として働くことができる。お金がもらえて、トレーニングができて、早くから就労経験を積める。冷たい海で働くのは、心身の鍛錬にもなるだろう。さらに、協会はコミュニティに大量の善意と社会資本を生み出している。子どもや親や親類が、何週間もずっと、同じ浜辺で幾度も長い時間をすごすことで、海のなかで、あるいは浜辺で、生涯の友情が育まれてきた。と同時に、協会はコミュニティの信頼されるパートナーになっている。海岸と施設を所有する市当局は、なにを改善すればいいか、どんなサービスが求められているか、協会に意見を聞く。こうして協会は市民と行政をつなぐ役割を果たせる。なにより大きいのは、コミュニティにとって最も価値があるプロジェクトに税金を投じられるようにする手助けができることだ。そして最後に、資産価値が上がる。地元の不動産市場は活況で、不動産業者は水泳協会とその活動をこの村ならではのセールスポイントとして売り込んでいる。

協会は自主財源だけで運営されている。納税者のお金はいっさい受け取っていない。料金を低く抑えて、利用しやすくするためには、確かな収入源が必要になる。幸か不幸か、スウェーデンにはアメリカやイギリスのような慈善寄付の伝統がない。直接の寄付ではとうてい足りない。そのかわりに収入の大部分を年一回行なわれるチャリティオークションから得ている。会員は、手作りのお菓子やジャム、自作のアート作品など、それぞれが得意な分野のものを寄付する。その後、寄付された品はオークションにかけられる。オークションは公開型であり、入札価格をすべてすぐに知ることができる。会員たちはとんでもない高値にせり上げるので、チャリティオークションの売上高はものすごい金額になる。おいしいがごくふつうの手作りケーキに一〇〇ポンド相当以上の値がついたりする。必要最低限の取引コストで必要な運営資金を調達するという意味でも、お金に余裕がある人から資金を引き出すという意味でも、オークションは機能している。お金に困っている会員は入札する必要はない。それ以外の会員が浄財を投じたいだけ投じればいい。その見返りとして、シナモンバンズと、入札競争に勝ったという満足感と、慈悲深く寛容な心の持ち主という評価を手に入れる。

　経済学の言葉でいうと、ストラロール水泳協会は**制度**である。繰り返されるあらゆる種類の相互作用を構築するために使うルール（「規定」）の集合体だ[2]。こうしたルールは定款で形式化できる。協会の会則に「正会員は会費を納めなければならない」と定めるのがその一例だ。しかし、制度を定義するルールは言葉で定式化する必要すらない。「経済的に余裕があるなら、チャリティオークションに参加して入札する」「順番がきたらボランティアで理事会のメンバーになる」「水泳の先生には敬意をもって接する」「自分の子どもが水のなかにいるあいだは座って静かに見守る」。これはすべて暗黙のルールである。このようにきちんと定式化されたことは、これまで一度もないだろう。それでも、例外なしとはいかないまでも、広く守られている。そして、経済学の観点からは、こうしたルール全体が、ストラロール水泳協会とはどのようなものかを規定する。

経済学者のエリノア・オストロムは制度の研究に生涯をささげた。オストロムは、制度とはなにをするのか、なぜ、どうやって機能するのか、いかにして生まれ、発展していくのか、どのように構築し改善できるのか、そして、その知識を広く共有できるのかを知りたいと思った。[3] リン・オストロム(友人たちはこう呼んだ)は、経済学には「人間の最もよいところを引き出す」力があると信じていた。そうするにはコミュニティをつくる手助けをすることだと考えた。それは、社会という布を織り上げる関係性の豊かなネットワークを広げることである。その過程で、オストロムはよき社会のビジョンをつくりあげていった。互いに重なり合い、入れ子構造になって、大きさもさまざまな制度からなり、人びとに適正な規模の解決策を提供する。オストロムはこれを**ポリセントリシティ**(多中心性)と呼んだ。そして、そのビジョンを実現するうえで経済学者はしかるべき役割を果たせると考えた。オストロムは、市場か国家かという二分法を退けた。なにもせずにものごとがおのずと調整されるのを待つべきだとする**自由放任主義**の経済学を信じなかった。中央計画と社会工学によって問題を正そうとする指揮統制型の解決策も信じなかった。そのかわり、経済学者は**自主統治の触媒**の役割を正しく果たすべきだと考えた。[4] それは、いま置かれている環境の下で、人びとが自分たちにとって機能する制度をつくる手助けをするということである。

オストロムはこの研究により二〇〇九年にノーベル記念経済学賞を受賞した。経済学賞を女性が受賞したのはこれがはじめてである。一九九〇年の著書『コモンズのガバナンス──人びとの協働と制度の進化』は、研究論文で頻繁に参照される引用古典となっており、これを書いている時点で四万七〇〇〇回以上引用されている。[5] オストロムの人生と研究については、ヴラド・タルコによる秀逸な評伝『エリノア・オストロム──知の伝記』にくわしい。

ストラロール水泳協会は、オストロムが生涯をかけて追究した制度の完璧な例である。同協会は、最も影響を受ける人びとが問題を見つけ、それを解決するために生まれた。規模も範囲も小さい。問題を解決するために必要な大きさだが、適正な規模を大きく超えることはない。コミュニティの価値観に沿ったやり方で運営されている。いまの形態は最初のメンバーがデザインしたものではなく、設立当初は予測もつかなかったようになっているが、地元の状況や利用可能な資源が反映されている。個人とも集団とも異なる規模であるため、個人と集団の区別があいまいになる。市場の解決策も政府の解決策も使っていないので、市場と国家の区分もあいまいになる。そしてなにより、統治される人びとの同意にもとづいて運営される。その恩恵を受けるために協会のルールにしばられることをすんなり受け入れ、場合によっては積極的にしたがう。人びとが同意するのは、効果が費用を大きく上回っているからであり、負担と喜びがコミュニティ全体に公平に分配されるからである。

ストラロール水泳協会にまつわる物語になにも目を引くところはないと思うかもしれない。この種の組織は世界中どこにでもあって、風が吹きすさぶバルト海の島々にかぎったことではないと指摘したくなるのではないか。きっとそのとおりだろう。まさにそこが肝心なのだ！　このような制度は、人びとがコミュニティでともに暮らすところならどこにでも存在する。豊かな国にも貧しい国にも、平時にも戦時下にも生まれる。公的な認可を得ているときもあれば、まったくの非公式のときもある。わずかな人や世帯しかいない小さなものもあれば、国や連邦並みの規模に近いような、大きなものもある。それが存在するのは、コミュニティでともに暮らす人が直面している問題を解決するからだ。その問題は子どもの水難事故である必要はないが、まちがいなく含まれうる。ほかにも、飲料水を提供する、環境を清潔に保つ、かぎりある資源を公平に分け合う、戦争と暴力を防ぐなど、人びとが気にかけていることならなんでも対象になりうる。

それにもまして重要なのは、ともに暮らす人が直面している問題がまだ解決されていないときは、制度をつくるのが解決策になる可能性が高いことだ。

ストラロール水泳協会のような小さな制度の話をあまり目にしないとしたら、それは小さな制度の数が少ないからではない。そうではなく、国の政策よりは機能しているからだ。[6] 地元の制度がいつもうまくいっているわけではもちろんない。国中の関心を集めるほど大失敗するときもある。しかし、成功することのほうが多い。地元の制度はコミュニティの支柱である。うまくいく社会をつくりたいなら、地元の制度をつくり、それを支える必要がある。だが、その力になりたいなら、制度はどのように、なぜ機能するのか、どんな状況の下で繁栄するのかを最初に理解しなければいけない。それこそがエリノア・オストロムがわたしたちに教えてくれることである。

なにが問題なのか

バルトタラは、バルト海の塩分濃度の低い汽水環境に特別に適応している。伝統的にこの地域で最も重要な漁獲資源の一つである。[7] わたしが子どものころ、父にタラ釣りに連れていってもらったときは、ルアーを投入したら、沈める間もなく当たりを感じた。午後の半分も釣りをすると、冷凍庫がいっぱいになるくらいタラがとれたものだ。いま、バルトタラはほとんどいない。タラ資源が枯渇してしまったのだ。予想がつくだろうが、原因はたくさんある。環境の悪化、寄生虫、アザラシなど、さまざまな理由があげられる。しかし、物語の大きな部分を占めるのは、乱獲だ。バルト海は九つの国に囲まれている。漁業者がまるで明日はないかのようにとりつくすのを防ぐ手だてはない。そして実際にそうなった。漁獲量は持続可能な水準をはるかに超えていた。環境の悪化を考えるととくにそう言える。残った魚はわずかで、質も悪い。漁業そのものの存続がタラ資源にかかっていたのに、漁業者たちがそれを破壊したのである。

バイキングが九世紀末ごろにアイスランドに入植したとき、島にはカバの木を中心とした緑豊かな森が広がっていた。[8] それから数百年のあいだに、バイキングは森林の約九七パーセントを伐採した。薪や建材が必要だったし、放牧地もつくらなければいけなかった。森を失うのは悪いことだと、バイキングはわかっていたにちがいない。それでも木を切り倒した。それを止めるものも、止める人もなかった。いまではアイスランドの森林面積は国土の〇・五パーセントしかない。森林が消えたことで、広い範囲で砂漠化が進み、土壌が浸食され、砂嵐が頻発し、耕地が失われている。アイスランドを訪れると、劇的で、美しく、木が一本もない、まるで月のような光景が島の大部分を覆っている。森林を取り戻すのは、森林を伐採するよりずっとむずかしい。アイスランドの苦闘はいまもつづいている。

共有資源の枯渇は、漁獲資源や森林にかぎらず、人びとが社会でともに暮らすところならどこでも起きているようだ。疑問に思っている人もいるかもしれないので言い添えると、バイキングの例が物語るように、これは資本主義的な生産様式に固有の話ではない。人類は何千年も前（もしかすると何百万年も前かもしれない）に狩りで獲物を絶滅に追いやったことを示すエビデンスがある。[9] 枯渇や絶滅は悪いとわかっているのに、どうしてこんなことが起こりうるのだろう。

制度とはなにをするのかを理解するには、制度がどんな問題を解決しようとしているのかを理解する必要がある。オストロム本人は、ゲーム理論の言葉を借りてこの問題を説明した。[10] ゲーム理論は経済学の一分野であり、戦略的な相互作用を最も抽象的なレベルで研究する。この理論を用いると、世界中のコミュニティが直面している課題の本質を簡潔に記述できる。

囚人のジレンマの物語はみなさんも聞いたことがあるだろう。[11] 窃盗の罪で二人が逮捕された。ここではビルとブルと呼ぼう。二人には二つの異なる容疑がかかっており、一つは重く、一つは軽い。二

	C	D
C	3,3	0,5
D	5,0	1,1

表1　囚人のジレンマ（原型）

人を取り調べる地方検事は軽い罪では二人を有罪にできるだけの十分な証拠をもっているが、重い罪では十分な証拠がない。ビルとブルが**協調**（C）して黙秘をつづければ、軽い罪だけですみ、二人とも禁錮二年になる。二人を別々の部屋に入れた後、地方検事はそれぞれに、もし**裏切り**（D）をして、重い罪に関して相手に不利な証言をすれば刑を軽くすると、取引をもちかける。一方が裏切り、もう一方が協調すると、裏切ったほうは釈放され、協調したほうは二〇年の禁錮になる。二人とも裏切ると、二人とも重い罪で有罪になるが、禁錮は（証言した見返りとして）それぞれ一〇年ですむ。どちらを選ぶかは一人で決めなければいけない。相手がどうするかを知る方法もない。二人の窃盗犯は、自分の刑期をできるだけ短くすることだけを考える。

ビルとブルが陥っている窮地は、経済学でいうゲームである。これはゲーム理論という道具を使って分析できる。この例のような単純なゲームは、表1のような利得表にまとめるとわかりやすい。

横列はビル（プレイヤー1）がとる行動を、縦列はブル（プレイヤー2）がとる行動を表している。それぞれがとる選択肢は二つあるので、結果の組み合わせは四通りある。四つのセルに示されている数字は、ビルの利得が左に、ブルの利得が右になるようにコンマで区切って書かれている。利得は効用で示される。これは結果がどれくらいいいか、あるいは悪いかを表す数字にすぎない。二人が協調（C）して長い禁錮を避ける場合、ビルとブルの利得はそれぞれ三になる。これはかなりいい。二人とも裏切り（D）、長い禁錮刑になる（ただし期間は短くなる）場合、ビルとブルの利得はそれぞれ一になる。これはかなり悪い。今度はビルが裏切り、ブルが協調するとしよう。この場合、ビルは釈放されるので、利得は五になる。これはとてもいい！ブルは長い禁錮刑になり（しかも減刑されない）、利得はゼロだ。これはとても悪い！　ビルが協調してブルが裏切ると、その逆になる。

ここではなにが起きているのだろう。最初にビルの視点から状況を見てみよう。ブルが協調する場合、ビルの選択肢は、協調して利得三を得るか、裏切って利得五を得るかの二つになる。五は三よりもいいので、ビルは裏切る。ブルが裏切る場合だと、ビルの選択肢は、協調して利得ゼロになるか、裏切って利得一を得るかの二つになる。一はゼロよりもいいので、ビルは裏切る。つまり、ブルがなにをしようと、ビルは裏切るのだ！　ビルにとっては裏切りが**支配戦略**になる。支配戦略とは、相手がどのような選択をしようと、自分にとってほかよりもよい選択を意味する。ブルの視点から見ても、同じ結果が得られる。ブルにとっても裏切りが支配戦略である。二人とも裏切り、二人とも利得一を得る。このゲームは「ジレンマ」と呼ばれるが、ある意味ではジレンマはない。合理的に判断すると、二人は裏切るべきである。お互いに協調したほうが二人にとってよりよい結果になると二人ともわかっていても、そうなのである。

ご存じのように、ナッシュ均衡とは、どのプレイヤーも別の戦略に変えることで結果を改善できない状況である。このケースでは、ナッシュ均衡は一つしかない。唯一の均衡は、二人とも裏切る状況である（表1では右下の影付きのセルが表す状況）。このゲームが示すとおり、ナッシュ均衡はだれにとっても特別よいものであるとはかぎらない。ゲーム理論が教えてくれることの一つとして、戦略的な相互作用の結果は全員にとって悪いものになる可能性がある。当事者全員が合理的で十分な情報をもつときでもそうである。個人のインセンティブが社会善からかけ離れたものになってもおかしくない。

「解決策」と言われているものもいくつか思い浮かぶかもしれない。ビルとブルが事前に話ができたとしたらどうだろう。二人は話し合って協調すると約束するかもしれない。問題は、そういった約束は結局のところなんの意味もなさないことである。ビルとブルがお互いにどんな約束をしていても、協調するか裏切るかを決めなければいけないときがやってくる。二人が前と同じゲームをプレイしているかぎり、同じ分析結果になり、二人とも裏切る。そのような空約束は、ゲーム理論でいう**チープトーク**である。チープトークはゲームの利得に影響を与えない。

ビルとブルが同じゲームを何度も繰り返すとどうなるのだろう。二人は懲りずに同じ二つの犯罪で捕まりつづけ、同じ地方検事による取り調べを受けつづけていると想像してほしい。後の回で裏切られるリスクがあるなら、先の回で協調を選択すれば、それ以降はつねに協調を選択するようになるのではないかと思うかもしれない。それはそのとおりなのだが、一定の条件の下でしか成り立たない。ビルとブルが同じゲームをある決められた回数、たとえば五七回するとしよう。するとどうなるのか。最初に五七回目を考える。ビルとブルが五七回目に捕まったときは、裏切ってもつぎになんの影響もないので、二人とも裏切る。五六回目は、二人とも相手がつぎに裏切るとわかっているため、五六回目に協調することで五七回目に相手が協調を選択するようになる望みはない。二人とも五六回目でも

	C	D
C	3, 3	0, −9
D	−9, 0	−9, −9

表２　囚人のジレンマ（変形）

裏切る。五五回目も同じである。ゲームの終了時からさかのぼって考えていくやり方は**後ろ向き帰納法**と呼ばれ、この方法を使うと、ビルとブルは最初から裏切ることがわかる。協調しつづけるのが可能なのは、ゲームが無限回繰り返され、かつ、二人のプレイヤーが遠い将来のことを十分に考える場合だけである。ビルとブルの職業選択を考えるなら、それはありそうにない。たとえその条件が当てはまったとしても、互いに協調しつづける保証はない。こうした条件の下でさえ、互いに裏切りつづけるのがナッシュ均衡になりうる。

囚人のジレンマで悲惨な結果にならないようにする唯一の確かな方法は、そのゲームをしないことだ。つまり、ゲームの性質を変えるのである。ビルとブルはどうやってそうするのだろう。やり方はたくさんあるが、ここでは一つだけ例をあげる。ビルとブルは窃盗をする前に地元のギャング団のボスに会いにいったとする。このボスを仮にミーン・マイクと呼ぼう。ビルとブルはこう言う。「マイク、もしどちらかが裏切ったら、報酬は払うので、そいつを始末してほしい」。マイクにとってはよさそうな話であり、引き受けることにする。そしてこれはチープトークではない。マイクはビルかブル、あるいは両方を始末できるし、ひともうけできるなら迷わずそうする。ビルとブルがつぎに捕まるときは、二人はまったくちがうゲームをしている（表2を参照）。協調の結果は前と変わらない。ところが、裏切りは始末されることを意味するので、利得はマイナス九に変わる。この新しいゲームでは、ブルがなにをしても、ビルは協調を選ぶ。そしてビルがなにをしても、ブルは協調を選ぶ。二人にとって協調が支配戦略になる。ナッシュ均衡が一つであるのも変わらない。しかし今度は、お互いに協調することが均衡になる（表2の影付きのセル）。それは起こりうる最高の結果である。個人のインセンティブが突然、社会善と調和するようになる。

裏切り者は始末してほしい、もちろん金は払うとマイクに取引をもちかけるのがビルとブルの利益になりうるというのは、腑に落ちないかもしれない。だがほんとうにそうなのだ！ その理由を理解するには、経済学者風に言えば、「均衡を求める」ことが必要になる。ビルとブルがマイクをゲームに引き込むと、相互作用の性質が変わる。するとナッシュ均衡が変わる。新しいナッシュ均衡は、二人にとって起こりうる最高の結果になる。この新しい均衡では、だれも始末されない。始末されるのは悪いことだが、経済学用語でいう「均衡外経路」なので、問題ではない。終わりよければすべてよしだ。

オストロムは、この物語の核となる洞察は一つではなく二つだと考えた。

第一に、個人のインセンティブと社会善はかならずしも調和しない。そのような状況の下では、合理的で十分な情報をもつ個人が、起こりうる最高の結果にたどり着くとはかぎらない。この問題はなかなかに厄介だと言える。それがどんなものだろうと、置かれている状況に関してより多くの情報を与えるだけでは、問題を解決できない。いまよりもっとよい結果があると強調しても効き目はなさそうだ。屋上からそう叫んだところで、ゲームの性質が変わらないかぎり、だれの行動も変わらないだろう。道徳心を高めても、もっと合理的になるように説いても、問題は解決しない。一見すると、コミュニティは失敗に帰するように思えるかもしれない。しかし、この気が重くなる話は物語の半分にすぎない。もう半分はもっと救いがある。

第二に、プレイヤーはゲームをある程度コントロールできる。いま参加しているゲームの結果が気に入らなければ、ゲームをやめてもいい。別のゲームを選ぶこともできる。別のゲームには別のナッシュ均衡がありうる。つまり、まったくちがう結果が導かれるということだ。全員にとってよりよい結果になる可能性があるため、ゲームを切り替えるのは全員の利益になるかもしれない。ゲームを切り替えるときには、境界が設定されることが多い。だが、新しいゲームの結果が元のゲームの結果よりもよいときは、境界は尊重されるだろう。新しい解決策は全員の同意を得られる。したがってコミュニティは失敗に帰さない。そして、惨事を避けるには、善意ある独裁者も、軍事政権も、政治局も必要ない。コミュニティは自分たちの力で成功できる。

ここでゲーム理論がしてくれることは二つある。一つは、合理的かつ利己的に行動しても、悪い結果になるときがある理由が明らかになる。そしてもう一つは、その合理的かつ利己的な人が最悪の結果を避ける方法を見つけられるかもしれないという希望が生まれることである。

現実世界の相互作用には、囚人のジレンマによく似たものがたくさんある。いわゆる**コモンズの悲劇**を考えてみたい[12]。物語を説明しよう。あるコモンズ（だれでも自由に使える共有地）の周囲には牧夫がいる。牧夫たちはコモンズで放牧している。どの牧夫も家畜を増やそうとする。ところが、コモンズの許容量にはかぎりがある。草を食べる家畜の数が多くなりすぎると、牧草が食べ尽くされてしまう。問題は、個々の牧夫には、ほかの人がどうしようと、家畜の数を増やすインセンティブがはたらくことだ。ほかの牧夫が家畜を増やさないようにしても（協調）、自分は増やしたい（裏切り）。ほかの牧夫が家畜を増やしたら（裏切り）、自分も増やさないとばかをみると感じるだろう（裏切り）。全員がたとえなにがあっても家畜を増やそうと動機づけられると、全員がそうするので、コモンズは荒れ果てる。しかも、家畜を増やさないほうがいいと全員がわかっていても、こうなるのだ。

コモンズは**コモンプール資源**と呼ばれるものである。オストロムの分析によると、コモンプール資源は二つの特徴をもつ財である[13]。まず**排除性**が低い。つまり、人びとが自由に使わないようにするのがむずかしいか、不可能である。同時に、**控除性**が高い。これは、ある人がその財を使うか消費していると、ほかの人はその同じ財を使えないか消費できない、という意味だ。コモンプール資源の問題は、それが枯渇する可能性があるにもかかわらず、枯渇させないようにするのが不可能であるかもしれないことだ。バルトタラはコモンプール資源である。地下水、灌漑（かんがい）システム、多雨林、農地など、人類が生き残るために欠かせない数々のものもそうである。こうした財は少なくともコモンズの悲劇が起きてもおかしくない。どの漁業者も魚をできるだけたくさんとろうとする。しかし全員がそうすると、魚は枯渇し、全員が打撃を受ける。「世界の大部分が、コモンズの悲劇が起こる可能性がある資源に依存している」とオストロムは書いている[14]。その結果が過剰収穫である。

これと関連がある資源に**公共財**がある。公共財とは、排除性も控除性もない財をいう。その財をだれか特定の人に使えないようにするのがむずかしいか不可能であることは変わらない。だが、その財をある人が使っていても、別の人が使えなくなるわけではない。灯台の光が古典的な例だ。あなたが夜に船が安全に航海するのを助けるために灯台を建てるとしたら、わたしが同じ灯台を同じように使えないようにすることはできない。しかし、わたしがそれを使っていても、あなたが使えなくなることもない。公共財はどこにでもある。新鮮な空気、堤防、公衆衛生、公共の安全はすべて貴重な公共財だ。公共財はコモンプール資源と同じ形で枯渇するリスクがない。だが、公共財に貢献しない人が使えないようにすることができないので、人びとが供給する量はコミュニティで必要とされる量よりも少なくなる。その結果が過少供給である。

この二つの問題をただ乗りの問題としてとらえることもできる[15]。財に排除性がなく、それを供給する明らかな理由がないときは、ただ乗りする人が多くなると考えるべきだ。コモンプール資源を保全したり、公共財を供給したりすることに十分な注意を払う人がいなくなるかもしれない。いるとしてもほんのわずかだろう。どちらにしても、コミュニティは過剰収穫と過少供給に陥る。ただ乗りのせいで、コモンズは荒廃し、灌漑システムは枯渇し、灯台の数は不足し、公共の安全は脅かされ、空気は汚れるといった問題が起きる。

社会で暮らす人びとは囚人のジレンマに似た課題にいつも直面していると、オストロムは考えた。バルトタラのような共有資源の問題もあれば、公共財の問題もある。また、森林破壊と魚の乱獲から、環境の悪化と飲料水の不足、暴力と戦争まで、人類が直面している大きな問題の多くは、個人のインセンティブと共通善が調和していない相互作用の結果だとも考えた。

しかし、オストロムはこうした問題の多くは制度によって解決できるとも信じていた。これが最も重要なポイントである。制度がうまくいくのは、人びとがゲームの性質を変えて、個人のインセンティブと共通善が両立するゲームにするからである。制度は個人の行動を制約する。それでも最後には成果をあげるので、制約を受けることにも納得できる。したがって、統治される人びとの同意を得られる。

オストロムの設計原理

一九七〇年代はじめ、トルコのアランヤでは沿岸漁業が崩壊の瀬戸際にあった。[16] オストロムが伝えた物語によると、漁場が無制限に利用されていたため、この地域で操業する約一〇〇人の漁業者のあいだで対立を生んでいて、対立が暴力に発展することもあった。また、最適な漁場をめぐって人びとが競争し、生産コストが上がっていた。そして、漁業者は大きな不確実性にさらされていた。どこで漁ができるのか、どれくらい獲れるのかは、容易には予測できない。漁業者たちは古典的なコモンプール資源問題に直面した。魚や漁場に排除性はない。ほかの漁業者がよい漁場を使って魚を獲れないようにすることができない。しかも漁場も魚資源も控除性が高い。どちらも枯渇する可能性がある。

地元の漁業組合の組合員は、こうした問題を解決するための実験をはじめた。試行錯誤は一〇年つづいたが、漁業の崩壊を回避するシステムに行き着いた。地域の漁場は複数の区域に分割された。操業区域は大きさも間隔も十分で、紛争を引き起こさずに全員が同時に利用できた。毎年九月、各漁場を利用する権利が、操業資格をもつ漁業者にランダムに割り当てられる。初日の操業が終わると、漁業者たちは漁場を順番に移動していく。九月から一月までは一日ごとに東隣の区域に移る。一月から五月までは一日ごとに西隣に戻っていく。

バルト海の漁業者とちがって、トルコの漁業者はこのシステムをうまくはたらかせた。このシステムは技術的には制度である。この制度は、それぞれの漁業者に毎日一つの区域を割り当て、操業する場所をそこに限定することで、不確実性も、対立も、紛争もすべて取り除いた。漁獲量も増えた。それも持続可能な形でだ。システムは低コストであり、管理もしやすい。監視してルールを徹底させる労力はほとんどかからなかった。漁業者たちには割り当てられた場所だけで操業するインセンティブが強くはたらく。どんな理由だろうと、取り決めを守らない者がいたら、その日にその区域を割り当てられている漁業者がすぐに気づき、組合に報告する。しかし、違反者はほとんどいなかった。ルールにしたがうことが漁業者一人ひとりの利益になるのはだれの目にも明らかだったからだ。この問題を解決したのは自由市場ではない。政府でもない。漁業者のコミュニティがみずから解決した。漁業者たちが問題を特定し、解決策を設計し、監視し、（必要に応じて）ルールを徹底させた。この解決策は統治される人びとの相互の同意によって機能した。

アランヤの漁業の物語は、ハッピーエンドを迎えた。だが、コモンプール資源がどれもそうなるわけではない。オストロムにとって、これはカギとなる重要な観察だった。「自分たちの資源を破壊させる罠からどうしても抜け出せない」コミュニティもあれば、「コモンズのジレンマにつきものの罠を打ち破った」コミュニティもある。[17] この観察から、両者にはどのようなちがいがあるのだろうという疑問が生まれた。コミュニティがコモンズのジレンマから抜け出せるか抜け出せないかは、どのような内部要因や外部要因によって決まるのかと、オストロムは問いかけた。

オストロムは手っ取り早い対処法や万能の解決策があるとは考えていなかった。[18] 解決策がうまくいくには、それぞれの社会と環境に合っていなければならないとオストロムは言う。その地域や集団に固有の知、伝統、価値観に敏感でなければだめだ。アランヤでうまくいった仕組みがほかのところでうまくいくとはかぎらない。

経済学は万能の解決策を提示することはできないが、成功の前提条件については多くを教えてくれる。「ここでいう『成功』している制度とは、ただ乗りや責任逃れをする誘惑にさらされつづけるなかで、人びとが生産的な結果を達成できる制度をいう」[19]。オストロムはそうした組織に共通する本質的な要素を八つの**制度設計原理**として示した。一連の原理は自然の法則ではない。一つあるいは複数の原理をとりいれればかならず成功するわけでもない。成功している制度をつくったコミュニティはかならずこうした原理を明記したり、指針としたりしていたと言おうとしているわけでもない。それでも、こうした設計原理に即した制度のほうが、持続可能な受け入れられやすい形で成功する可能性が高くなると、オストロムは信じていた。

経済学者は、外部から解決策を提案して問題を克服する自分たちの能力に対して謙虚でありつづける必要がある。経済学者にできるいちばんのことは、みずからを助ける人を助けることだ。コミュニティが直面している問題を解決する制度をつくるのを後押しすること、そして、地元の知識、伝統、価値観に沿いながら問題を解決することこそが、経済学者の果たすべき役割である。八つの設計原理を満たす仕組みをつくれば、それができる。成功し長くつづく制度の前提条件を整える手助けをすることで、人びとがみずからを助ける力になれる。

オストロムはそれをどうやって導いたのだろう。オストロムの設計原理は、きわめて広範な経験的証拠にもとづいており、そこに分析的なゲーム理論のアプローチをとりいれている。[20]オストロムは独自のフィールド調査を行ない、一九六〇年代の地下水盆の管理、アメリカ大都市圏の治安維持などを研究した。この調査は現地で実施され、警察車両の後部座席に乗り込んで、都市中心部の貧困地区に足を踏み入れたりするときもあった。オストロムらのチームは数々のラボ実験を行なっており、厳密に管理された環境で、パラメーターをいろいろ変えて調べることができた。単独でも大規模な研究を手がけ、ネパールの灌漑システム、世界中の森林管理などを調査した。そして最後に、人類学、社会学、歴史学、生態学、政治学、森林学など、さまざまな分野のケーススタディを集めたデータベースをつくった。一九八九年の時点で、五〇〇〇件近くが登録されている。[21]理論的な枠組みができたことで、こうした研究を分類し、データベースをまとめあげられるようになり、なにがうまくいって、なにがうまくいかなかったかを推測できるようになった。

この膨大な経験的文献にもとづいて、オストロムは、制度が生まれて長く存続する場合に存在する条件と、制度が生まれないか、長く存続しない場合に存在しない条件を探した。こうして導かれた八つの制度設計原理、つまり「成功要因」を以下に示す。[22]

1　明確な境界

設計原理の一つ目は、問題が明確に区分されていることである。制度がどの資源を管理するのか、資源が属するより大きな社会・生態系のシステムからそれをどう線引きするのかをはっきりさせる必要がある。アランヤの漁業者は、自分たちが管理しようとしている漁場の境界を定めなければいけなかった。また、資源をだれが利用できるかも明らかにしなければいけない。漁業者はまさに、だれが漁場の割り当てを受ける権利をもつべきか特定する必要があった。こうした条件がどちらか一つでも欠けたら、問題にぶつかる。たとえば、制度のルールにしばられない漁業者が現れて、別の漁業者に割り当てられた地区で漁をはじめるかもしれない。そうなれば不確実性と紛争と対立がまた生まれると考えておいたほうがいい。

これに関連するものとして、制度の規模は問題の規模と合っている必要がある。小さな地理的範囲に集中していて、利用できる人が少ないコモンプール資源は、小さな制度で管理するのがベストだ。大きな地理的地域に広く存在していて、利用できる人が多い資源には、大きな制度が必要になる。ストラロール水泳協会がうまくいっているのは、よく定義されていて限られた問題に対処しているということもあるが、大きすぎず小さすぎない組織だからでもある。小さすぎたら仕事ができないだろうし、大きすぎたら無用な問題が生じていたことだろう。

2　ルールと地域の条件との調和

二つ目の設計原理は、ルールを地域の条件に合わせてつくることだ。オストロムは世界中の灌漑システムを調査して、それぞれのシステムが大きく異なっていると気づいた。相違点には時代、場所、技術、資源などのちがいが反映されていた。アランヤでうまくいったルールは、漁場の分布と地域の魚の移動パターンを反映して設計された。地域の条件に合っていないルールは、ほかのところでどれだけうまくいっていようと、成功しそうにない。どこでもうまくいく単一のルールは、どこにもない。

さらに、異なる種類のルールを互いに調和させなければいけない。コモンプール資源を割り当てる人を定めるルールもあれば、供給する人を定めるルールもある。こうしたルールが組み合わさって、コミュニティ全体に便益と費用がどう分配されるかが決まる。一般に、便益にほぼ見合った費用を負担させる必要がある。コミュニティの一部の人が費用の大部分を負担することになるのに、それに見合った便益を受けられないというのであれば、取り決めに同意しないだろう。

3　集合的選択の取り決め

三つ目の設計原理は、制度のルールから影響を受ける人が、ルールの策定・変更に参加できるようにすることである。内部の人が声をあげられるようにするのにはさまざまな目的がある。一つには、ルールから影響を受ける人は、たいてい地域の環境をいちばんよく知っている。物理的な環境に関する知識がその一つで、そこにいる人びと、価値観、選好、伝統、文化をよくわかっている。過去と現在の取り決めに関する経験もそうだ。なにがうまくいっていて、なにがうまくいっていないかわかっている。財の利用者と供給者がルールをつくるプロセスに参加できるようになると、住民のあいだに分散している知識がルールに反映されるようになる。たとえば、ある場所にどの灌漑システムが最も適しているかは見てわかるものではない。内部の情報が役に立つことは明らかだ。

内部の人が声をあげられるようにすると、制度に貢献しよう、ルールにしたがおうという気持ちも増すかもしれない。ただし、そうなる保証はない。個人のインセンティブを共通善と調和させる必要があることに変わりはない。つぎからはそれに関する原理がつづく。

4　監視

四つ目の設計原理は、ある程度の監視をすることだ。コモンプール資源や公共財がどのような状況にあるか、財の利用者と供給者がルールを守っているか、注意を払う必要がある。ほかの利用者や供給者が監視役になるときもある。アランヤでは、割り当て区域以外のところで漁をしている者がいたら、その日にその区域を割り当てられている漁業者がすぐに気づく。このケースだと、漁業者自身が通常の活動の一環として監視を行なう。また、第三者が監視役になることもある。その場合には、資源の利用者と供給者が外部の監視役を任命するか、利用者と供給者に説明責任を負う形で任命する必要がある。監視は一〇〇パーセント有効でなくてもいい。しかし、資源の状態が追跡されていないと、資源を適切な水準に維持するのはむずかしい。そして、利用者や供給者による違反が体系的に観察されていないと、ただ乗りをしない理由がなくなってしまう。

単に監視をするだけでは足りない。ただ乗りや違反にはなんらかのマイナスの結果がもたらされるようにもしなければいけない。

5 段階的な制裁

五つ目の設計原理は、**制裁**を定めることである。制裁とは、違反に科されるペナルティだ。制裁はさまざまな形をとることがある。制度のルールを破って収穫した資源など、不正に手に入れたものの返還が一つの例だ。また、監視役がほかの人たちに違反を報告するので、コミュニティ内での評判は落ちる。返還のほかに、金銭等の賠償が科されるときもあれば、とくに重大な違反については、コミュニティから追放されるときもある。制裁は段階的に行なうべきである。つまり、最初は緩くするということだ。はじめて違反した人には注意するだけでいいだろう。だが、ルール違反が繰り返される場合には、制裁をより厳しくしていく。制裁を科すと、違反者はこれからはルールを守ろうと考えるようになるし、違反したら重大な結果を招くのだとほかの人たちに伝えることにもなる。制裁率は、監視率と同じく、一〇〇パーセントである必要はないが、個人のインセンティブを共通善と調和させたい、人びとがルールにしたがうようにさせたいと考えているなら、なんらかの制裁が必要になる。「制度を守る人のことはだれが守るのか」と思う人もいるだろう。他人を監視して制裁を科す側に大きな負担がかかるようだと、だれもそうしようとはしないのではないかと心配になるかもしれない。しかしそれは理論上のことで、実際にはそれほど問題ではないようだ。現実のコミュニティはこの問題を克服してきたと、オストロムは指摘している。そうだとすると、違反者に制裁を科す費用は思っているより低く、利用者と供給者にとっての便益は思っている以上に大きいと考えられる。人びとが制度の安定と存続に資源を投資するときには、正しいやり方で制裁を科すようにしなければいけない。

6　紛争解決のメカニズム

六つ目の設計原理は、意見の相違や紛争を解決するなんらかの方法が提供されていることだ。利用者と供給者には、自分の考えを述べて意見の相違を解消できる場を用意しなければいけない。手続きは、時間の面でも、その他の資源でも、負担を軽くするべきだ。なにかしらの紛争が生じるのは避けられない。どんなルールにもあいまいな部分はある。コミュニティのなかの誠実で善意ある人のあいだでさえ、ルールが求めるものについては意見が合わないかもしれない。ルールの隙を突こうとする人もいるだろう。それに人はまちがうものだ。意見の相違を解決する適切な場があれば、対立がエスカレートして、資源を浪費し、ひいては制度が崩壊する事態を防ぐことができる。

7　制度をつくる権利の最小限の承認

七つ目の設計原理は、利用者と供給者がみずからの制度をつくる権利を政府当局が認めるか、少なくとも異議を唱えないことである。政府当局者は、だれが供給し、だれが利用するかを決める権利は自分たちに、それも自分たちだけにあると思い込んでいるときがしばしばある。たとえば、コモンプール資源を収穫する権利をだれがもつべきかを決めるのが自分たちの仕事であり、ほかのだれかが決めるものではないと考えていたりする。その場合には、まさにその資源を管理する地域の制度を維持するのはむずかしい。利用者自身がつくって運営する制度が繁栄するとしたら、政府が一定の距離をおく場合だけだろう。たとえば、アランヤの漁業権の割り当てにトルコ政府が介入し、国の制度をつくっていたとする。すると、そのシステムに不満をもつ漁業者が政府に陳情し、操業する権利と義務の割り当てを覆そうとするかもしれず、本来なら機能していたはずの制度が崩壊するおそれがある。

8 入れ子構造

設計原理の最後の八つ目は、小さな制度が何層かに重なって大きな統治システムを組織する入れ子構造になっていることだ。統治システムというと、一つの大きな制度がその管轄のなかで、占有、提供、監視、執行といったすべての問題を解決しようとする図が思い浮かぶかもしれない。まるで伝統的な国家のようだ。ところが、オストロムが研究した成功例に、そのようなケースは一つもない。成功しているコミュニティは、さまざまな規模の制度をつくり、それが安定して長くつづき、さまざまなレベルで運用されて、そのレベルで生態系のシステムの一部になっている資源と財を管理する。そうして、問題の規模に合った大きさの制度が入れ子状に重なっているシステムがつくられていく。

ストラロールは小さな村だが、いくつかの協会や制度をつくって、それぞれが資源（港や私道など）を管理し、サービス（テニスとパデルのコートの維持管理など）を提供し、活動（コミュニティのお祭りなど）を組織するなどしている。こうした制度は、ほぼ同じ地理的地域で運用されていて、それぞれを構成するメンバーが重なっており、あらゆる形で相互作用する。ここで重要なのは、コミュニティで行なう必要があることをすべて行なう一つの大きな組織をもつのではなく、それぞれの仕事に適したいくつもの組織が入れ子状に重なる構造になっている点だ。これも珍しいことではない。

オストロムが正しければ、それがふつうである。

繰り返しになるが、こうした設計原理をとりいれたからといって、成功する保証はない。そんな原理は存在しない。オストロムの原理を反映すれば、成功する確率は上がる。バルトタラの漁業者を例に、どうすればタラ資源の枯渇を防げていたか、考えてみよう。漁業者たちはバルトタラの漁場の境界を定めるとともに、だれがタラ資源を漁獲する権利をもつか決めなければいけなかった（設計原理1）。また、どこで、どの方法で、どれだけタラを漁獲できるかを規定する操業ルールをつくる必要もあった（設計原理3）。そうしたルールは、現地の状況に合わせて、社会、経済、生態系の制約を反映させなければいけなかった（設計原理2）。バルト海の場所によって状況が変わる可能性を考慮しなければいけなかったし、必要に応じて、入れ子構造の制度をつくって対処しなければいけなかった（設計原理8）。漁業者、あるいは漁業者に任命されただれかが、ルールが守られているか監視しなければいけなかった（設計原理4）。必要であれば、ルールを破った人に段階的に制裁を科すようにしなければいけなかった（設計原理5）。不満を円滑かつ迅速に解決できる場をつくらなければいけなかった（設計原理6）。その一方で、バルト海を取り巻く国の政府が管理を漁業者に任せ、不当な介入によって取り組みを台無しにしたりしないことが前提となる（設計原理7）。

オストロムの多中心的なビジョン

オストロムは一連の設計原理を提示しただけではない。よき社会のビジョンも描いている。制度の規模は問題の規模に合っていなければいけないという考察から、緻密に織り上げられた制度のパッチワークからなる社会のビジョンが生まれた。[23] オストロムは、一元的な社会にあるような単一の中央統治当局のない社会を表すものとして、**多中心性（ポリセントリシティ）**という言葉を使った。多中心的な社会では、資源の供給、管理、分配に関する決定は、多種多様な制度が担う。こうした制度の大きさはさまざまで、運用されるレベルもちがう。このような制度は、管理下にある資源に関する決定を自分たちでするという意味で、形式的に独立している。そして、多くはそれぞれ独立して運営されるという意味で、機能的に独立している。

多中心的な社会はなにがそんなにすばらしいのだろう。オストロムはさまざまな統治システムを調査し、いくかの利点を見つけた。[24] 多中心的な社会は、局所的な知識と分散された知識をもっとうまく活用できる。コモンプール資源の利用者に、その資源をどう使うかを規定するルールを決める権限が認められるからだ。そして、多中心的な社会のほうが適応能力が高い。ほかの統治の形態を実験できるし、同じように試行錯誤しながら学習しているほかのコミュニティからも学ぶことができる。さらに回復力も高い。多中心的な社会には組織の形態に一定の余裕がある。しっかりつくられている航空機は、エンジンやパイロット、バッテリーの数に余裕があるのと同じである。ある制度があるレベルで失敗しても、同じレベルか別のレベルで重なり合っているか、入れ子構造になっているほかの制度によって、穴を埋め合わせられるだろう。自律的な中心地に意思決定を広く分散させると、完全に失敗する可能性は減る。

この多中心的なビジョンは、ほかで見られるビジョンとはまったくちがう。

よくあるビジョンの一つは、すべて民営化して市場に任せる、というものだ。こうしなければ、資源が有効に責任をもって使われるようにはならないという。要するに、共有資源問題の共有部分を取り除くことによって、つまり、資源を民間の行為者の手に委ねることによって、問題を解決するのである。一般的な解決策としてはそれは単純すぎるとオストロムは考えた。[25] コモンプール資源は簡単に分割して民営化できないものが多い。こうした状況では、共有資源問題がとくに深刻になりやすい。海洋水産資源がその例だ。森林もそうである。適切に管理された森林は、さまざまな製品を供給し、さまざまな生産活動が行なわれ、さまざまな利用者がいる。それを小さく分割してもすべての利用者が活動しつづけられるようにするよい方法はないだろう。また、民営化が非効率を招くこともある。生産物を配分する市場も、リスクを分配する保険市場も、もっと必要になり、そのぶん取引コストが押し上げられて、市場が失敗するリスクが高まる。

もう一つのよくあるビジョンは、共有資源の所有と管理を中央集権化して、国に任せる、というものである。現地の人とコミュニティから支配権をとりあげて、大きな強制力をもつ中央政府に引きわたすという考え方だ。こうしなければ、万人の利益になるように責任ある持続可能な形で資源が管理されるという信頼は置けないという。オストロムは中央集権化が一般解になるとは考えていなかった。[26] 中央政府はコミュニティから離れたところにいるが、共有資源を効果的かつ公平に管理するには、政府が入手していない、そしておそらく入手できない正確な情報が大量に必要になることに変わりはない。対象の資源に関する情報はもちろんだが、人びとのニーズ、目標、選好などに関する情報もそうである。監視能力も求められる。一貫した制裁を執行する、信頼できるシステムが必要になる。全員のインセンティブと共通善をうまく調和させなければいけない。そしてそのすべてを管理コストが膨らまないようにしながら行なわなければならない。

どちらのビジョンも、ある意味では、人間社会の悲観的な見方を反映している。いずれも、人間のコミュニティは共有資源を共同で管理することはほとんどできない、人間に任せていたら資源を破壊し枯渇させるという前提に立つ。民営化論は、破壊と枯渇を回避するには、どの共有資源も乱用・乱獲されないようにしなければいけないと説く。中央集権化論は、共有資源を人びとの手からとりあげて、慈悲深い国家が管理する必要があると説く。この意味では、人びとが自分で自分の首を絞めないようにする必要があるという点は同じである。

それと比べて、オストロムのビジョンは陰鬱さがはるかに少ない。希望を込めた前向きなメッセージを発信することが自分の研究の重要な役割の一つだと、オストロムは考えていた。「わたしの知の旅から導かれた公共政策分析の最も重要な教訓は……人間の動機の構造は考えられているよりも複雑で、社会のジレンマを解消する能力も高いということである」と書いている。[27] 共同資源を管理する人びとの能力を無邪気に信じていたわけではない。数多くのコミュニティが水産資源や森林などを保護・保全できなかったのは十分にわかっていた。それでもオストロムは前を向きつづけた。オストロムの研究を通じて成功例がたくさん見つかり、成功する確率が高い条件を導くことにつながった。統治を成功させる道を開く方法は、オストロムのノーベルレクチャー（記念講演）のタイトルに集約されている。それは「市場と国家を超える」ことである。

経済学、専門知識、価値観

オストロムは、どうコミュニティを築くか、どう資源を管理するか、どう問題を解決するかといったことを示した。しかし、自分たちの問題をみずから解決する人びとの能力を手放しでたたえていたわけではない。人はよく失敗するとわかっていた。また、人びとを手助けする経済学者の能力を手放しで信じていたわけでもなかった。望ましい結果をすべて確実に達成できる方法はないと進んで認めている。「一部の読者にとっては、これは重い教訓である。彼らは、ありふれたさまざまなジレンマや他の政策問題などを解決する唯一の答えを探している」。だがこうつづける。航空宇宙技術者やソフトウェア設計者には、航空機を飛ばし、コンピューターを動かす確実な方法はない。飛ぶことが保証されている航空機にしか乗りたくない、クラッシュしないことが保証されているコンピューターしか使いたくないというなら、それはあなたの問題であって、科学が不完全であることは関係ない。

オストロムの研究はすばらしい。なんといっても、経済学とはなにか、そしてなにができるのかについて、ほんとうにたくさんのことを教えてくれるからだ。オストロムがしていたのは経済学であることに疑問の余地はない。オストロムの研究全体が、最初のほうで説明したゲーム理論的な分析に深く傾倒していた。ゲーム理論を応用したことで、問題の構造が非常に明確になり、相互作用の性質（個人のインセンティブと共通善が乖離して、悪いことが起こりうる状況）に集中できるようになった。また、解決策はどのようなものになりうるかという疑問に対して、ゲーム理論の原理にもとづく理にかなった答えも示された。経済理論は、さまざまな学術分野の多種多彩な経験的文献を分類する枠組みになり、オストロムは八つの設計原理を導くことができた。そこから独自の分析を生み出し、そして、市場と国家を超えてよき社会をつくるという、説得力のあるビジョンを提示した。

オストロムの研究からは、経済学者が個人をどう扱っているか、そしてどう扱うことができるのかがわかる。経済学は、人間は市場の関係だけでつながっている非社会的な原子であるとする社会のビジョンを推し進めるのではないかと不安に思っている人もいるだろう。オストロムのビジョンはそれとはまったくちがう。彼女の分析は、ある意味で個人主義である。制度を個人の観点から、つまり個人の目標や目的などを基礎にして究極的に説明する。[28] 制度が存在するのは、自分にとっての利益を最大限に追求する個人がそれをつくり守っているからにほかならない。しかし、オストロムの分析のなかの個人は、非社会的な原子ではないし、社会は個人の単なる総和ではない。個人は、市場と非市場の関係の密なネットワークの一部である。個人の行動、信念、態度には、緻密に織り上げられた多中心的な社会で暮らしているという事実が反映される。多中心的な社会では、人びとはあらゆる形で相互に依存している。それは、つきつめれば、狭い意味で合理的で、近視眼的で、利己的な主体がしばしばられている社会的ジレンマから人びとを脱出させる社会制度のネットワークである。

オストロムの研究からは、価値観とイデオロギーが経済学でどのような役割を果たすのか、そしてどのような役割を果たせるのかもわかる。経済学者は、イデオロギーにとらわれているか、みずからの偏狭な価値観を推し進めているか、あるいはその両方だと非難されることが多い。オストロムには自分が実現したいと思う価値観があり、そこから八つの設計原理と多中心的な社会のビジョンが生まれたことに疑いはない。だが、それはとりたてて言うほどのことでもない。経済学者たちがそうであるように、世界をよりよいところにしたいと思っている人は、よき社会とはどのようなものかについて、なんらかの考えを最初に示さなければいけない。わたしたちが問うべきは、社会改良家が価値観をもっているかどうかではない。もちろんもっている。そうではなく、価値観が透明かどうか、それを擁護できるかどうか、そして分析のなかでしかるべき役割を果たしているかどうかを問うべきだ。

オストロムの価値観の使い方は明確で責任あるものだと、わたしには思える。オストロムは自分の価値観がどういうものかを、つぎのようにはっきりと示している。

公共政策の核となる目標は、人間の最もよいところを引き出すような発展をうながすことであるべきだ。多中心的な制度は、イノベーション、学習、適応、信頼、参加者の協力、そしていくつかの尺度でより効果的で、公平で、持続可能な結果の達成をどのようにして後押しするのか、あるいは妨げるのかを問う必要がある。[29]

実効性、公平性、持続可能性という価値観は、人間の最もよいところを引き出す手段として、オストロムの分析の柱そのものだった。それと同じくらい重要なのは、経済学者は人びとの価値観に沿うべきだと、オストロムが繰り返しはっきりと強調した点である。経済学者の役割をファシリテーターや助産師の役割になぞらえ、コミュニティが自分たちの価値観に沿ったやり方で自分たちの問題を見つけ、自分たちで解決策をつくる手助けをすることだと説いた。オストロムの研究は価値観から独立していなかった。独立できるはずがなかった。しかし、当事者たちの価値観を最大限に尊重するように設計されていた。オストロムが同意と自主統治に焦点を置いているからこそ、わたしたちはどの価値観を優先するべきかにほとんどとらわれずにいられるのだと、評伝の著者であるタルコは書いている。そしてこうつづける。「みずからの価値観を全員に押しつけようとするのではなく、人びとの優先事項に最も合ったコミュニティをつくる能力を発揮させることに焦点が置かれている[30]」

第10章　終　章

経済学ははじめから、世界をよりよいところにし、人間の繁栄を促進することをめざしてきた。経済学が存在するのは、道徳哲学者が悲惨と苦痛の広がりに憤り、経済学はそれを軽減する力になれると考えたからだ。一九世紀に経済学が「陰鬱な科学」と攻撃され、悪魔の所業とまで呼ばれることもあったとき、経済学者はすでに奴隷制や不平等に積極的に反対していた。経済学はそれから大きな発展をとげたが、人びとがよりよい生活を送り、世界をよくする手助けをするという志(こころざし)はいまも変わっていない。

経済学は、特効薬や魔法の杖にかわる次善の策を提示する。人間の生活、人びとのコミュニティ、わたしたちが暮らす世界を限界的に向上させられる、実行可能でエビデンスにもとづく解決策である。経済学のアドバイスは、ほかの領域のものとはちがうという意味で独特であるし、予想どおりだとはかぎらないという意味で自明のものではない。経済学は、わたしたちが大きな課題と小さな困りごとに向き合う後押しをする。貧困をなくす道を開く。社会生活に適応した子どもをどうやって育てるか、（当事者全員にとってそれと同じくらい重要なポイントとして）どうやって心を整えながら子育てをするかアドバイスをくれる。気候変動や汚染に対処する方法を教えてくれる。社会に利益をもたらす行動をうながし、人権を促進する方法を教えてくれる。命を救い、必要なものを必要な人に届けるアルゴリズムを提供してくれる。しあわせになる、謙虚になる、お金持ちになるという望みをかなえる、それも場合によっては三つ同時にかなえる方法を教えてくれる。そして、人間がこの地球上で安全に暮らせる境界のなかで、持続可能で回復力のあるコミュニティをつくる方法を教えてくれる。経済学のアドバイスは、わたしたち、わたしたちのコミュニティ、そして世界全体をよくするためのものである。

家を建てるのに大工道具が役立つように、世界を救うのに経済学が役立つというのが、わたしの主張である。わたしが言いたいのは、経済学の道具はないよりもあるほうがいい、ということだ。経済学はどんな問題でも解決できると言っているのではない。経済学の解決策はかならずうまくいくと言っているのでもない。ほかの学問分野や領域の知見で補完するべきではないとも言っていない。悪用されることはありえないとも言っていない。経済学のいまの形態は完璧だとも言っていない。経済学者を擁護してもいない。わたしが言っているのは、よりよい世界をつくろうとするわたしたちの取り組みに、経済学は限界においてプラスの貢献をするということだ。

経済学は現代医学によく似ている。現代医学はすばらしい。しかしだ！　現代医学がどれだけすばらしくても、人類を苦しめるあらゆる問題を治せるわけではない。手術や投薬がかならずうまくいくわけでもない。医学はサイエンス（科学）であると同時にアート（技）であり、それだけで魔法のように問題が解決されることはない。誤用・悪用されることもある。医者のなかにはひどい人間もいるし、実害をおよぼしているケースもある。よい医者でも、不要なことや的外れなことをしたりする。そして、医者にかかることが健康を増進する唯一の方法ではない。たとえばランニングのコーチも、体調を整えてケガを防ぐ手助けができるのではないか。だからといって、医学は学問ではないとする理由にはならない。必要なときに医学の助けを求めない理由にもならない。医学については、完璧を求めすぎないほうがいい。経済学も同じである。かならずうまくいく治療法がないなら医者にはかからないと子どものように駄々をこねるのであれば、それはあなたの問題だ。

また、この本は経済学が役に立てることをすべて網羅しているわけではないとも言い添えておくべきだろう。ここでとりあげたことは、はるかに広いプールのなかのほんの一部でしかない。なにかを代表するものですらない。しかし、わたしが焦点を当ててきたのはけっして傍流のマイナーな人物ではないことは信じてほしい。これまでの章で出会った経済学者たちはおしなべてとても尊敬されている。主流派中の主流派である。トップ大学や著名な機関に在籍している。研究論文は最高レベルの学術誌に掲載されている。そして、経済学の分野における最高の学術賞の一つであるノーベル記念経済学賞をはじめ、非常に権威ある賞を受賞している。

ここまで、経済学という家がどうやってつくられてきたか、ざっと説明してきた。そのなかで、経済学者が集めたエビデンス、使っている道具を紹介した。それがラボ実験であり、フィールド実験であり、ビッグデータであり、あらゆる種類のデータベースから抽出された情報であり、抽象的な理論とモデルであり、経済データを分析するための統計学である計量経済学だ。ここで示したアドバイスの実証的な根拠をすべて提示してはいない（詳細は参考文献を参照してほしい）。それでも、経済学者たちはどのようにして着想を得るのか、それが正しいかどうかをどう判断するのか、そしてなぜそのアドバイスがよいもので役に立つと考えているのかを伝えようとしてきた。

わたしが何度も触れた重要な道具の一つが「経済学の考え方」である。経済学の考え方は、一連の経験則やヒューリスティクスでできている。経験則は、世界についてなにも教えてくれない。教えてくれるのは、世界にどうアプローチするか、ということだ。それは世界をどう研究するかということである。限界で考える、均衡を求めるといったアイデアは、経済学者にはどれも当たり前すぎて、とくに説明するまでもないように思えるかもしれない。しかし、それを一貫して適用するには、訓練（あるいは鍛錬）が必要だ。そうしてはじめて、ほかのやり方では思いつかなかったであろう答えが見つかる。経済学の解決策がほかの領域のものとはちがうことが多いのは、分析方法がほかとはちがうからでもある。

もう一つの目標は、反経済学にそそのかされてはいけない理由を明らかにすることである。気候変動科学をめぐる議論は気候変動懐疑論に言及しなければ十分だとは言えないのとまったく同じように、科学としての経済学に関する議論は経済学懐疑論を避けては通れない。序章で指摘したように、経済学はそれ自体が有害無益であるとの批判にずっとさらされてきた。なるほど、反経済学者のいう意味で不愉快な理論や慣行、モデル、手法、解決策があるのは承知している。モラルにも知性にも欠ける経済学者がいるのも否定しない。経済学をよくできるのであれば、そうすることが道徳的義務である。ところが、反経済学者たちは特定の考え方や個人を攻撃しているだけではない。経済学そのものを攻撃している。個別の批判を一般化して、経済学全体に当てはめている。そしてこうした一般化から生まれる経済学像は、現実の経済理論・慣行を表しているとはとても思えない。

ここではこう問うべきだ。もっとよい理論があるからではなく、既存の理論や慣行はだめだという理由で、経済学そのものを切り捨てたら、なにがよくなって、だれが恩恵を受けるのか。一つの例として、お金持ちになるための経済学を考えてみよう。経済学のなかでいちばん俗っぽいと見られるかもしれない領域に焦点を絞る。一定の目標や価値観の下でどう行動するのがベストかを教えてくれる合理的選択理論がなかったら、ものごとはよくなるのだろうか。株式市場を一貫して上回るのはだれでもむずかしいと教えてくれる効率的市場理論がなかったら。金融リテラシーの実態と金融リテラシーの不足がもたらす障害に関する体系的な調査がなかったら。金融リテラシーを上げる教育ツールがなかったら。こうしたツールが、人びとが高校を卒業し、仕事を見つけて、貧困から抜け出し、富を築く手助けになることを示してくれるランダム化比較試験がなかったら。わたしにはものごとがよくなるとは思えない。どの道具も誤用されたり悪用されたりするおそれがあるのはたしかだ。しかし、もう一度言うが、こうした道具がないほうがわたしたちの状態はよくなると考える理由はない。

経済学はなぜ疑われるのか

経済学がそんなに役立つなら、経済学の提案がすべて実行されているわけではないのはどうしてなのか。これはよい疑問だ。わたしが主張したとおりに経済学が役に立つのであれば、なにがそれを阻む障害になるのかを理解しなければいけないし、その障害を取り除かなければいけない。

最初に、経済学はもっとよいものにできると、あらためて言っておくべきだろう。一つには、経済学者の多様性はもっと高められるはずである。[1] 少なくとも、過小評価グループが体系的に差別されている。差別は、個人にも経済学者という集団にも、害をおよぼす。才能と創造力にあふれていながら冷遇されて別のキャリアを選ぶ学生や若い学者がいったいどれだけいることか。

経済学とはなにか、どうして学ぶべきなのかを伝える経済学者のコミュニケーション能力も、ぐっと高められるだろう。新入生に簡単な電子メールを送ると、履修登録率と在籍継続率を上げられることを示すエビデンスがある。[2] 最も効果があるメッセージは、経済学のコースに登録するように呼びかけるときに、「経済学の研究と研究者の多様性を紹介する情報」をいっしょに送るものだ。経済学をよく知らないことが原因であるなら（この点については後でまた触れる）、コミュニケーションがよくなれば大きな変化を生み出せるはずである。

経済学の閉鎖性も改善できるだろう。書誌データを見ると、政治学者と社会学者が経済学者の論文を引用する回数は、経済学者が政治学者と社会学者の論文を引用する回数よりずっと多い。[3] このように偏っているのは、経済学者は自分たちはほかの社会科学者よりもはるかに優れていると考えているからだろう。経済学者は全員が全員、シュンペーターのように高慢なわけではない（第7章）。それでも経済学者の多くは謙虚になるための方法を使ったほうがいいかもしれない。なにしろ謙虚になるべきことがたくさんあるのだから。

そしてなにより、経済学は哲学とのかかわりをもっと深めたほうがいい。哲学には、科学の理論、モデル、手法、方法論の使い方を考察する科学哲学があり、科学の道具がもつ力と限界の両方を探究する。科学哲学と率直に向き合えば、経済学者はもっとよい科学者になれるだろう。それと同じくらい重要な点として、科学としての経済学ができないことはなんなのか、よくわかるようにもなる。しかし、哲学には道徳哲学もある。道徳哲学は、規範の問題を第一に扱う。福祉とはなにか。よき社会とはなにか。正義と公正とはなにか、世界をよりよいところにしようとするわたしたちの取り組みにこうした価値観をどう織り込むべきか。経済学に対するより厳しい批判の多くは、つきつめれば、経済学そのものに対するものではなく、経済学を特徴づける価値観への批判である。たとえば、経済の厚生と発展を測る指標であるＧＤＰへの批判は、ほんとうに大切なものが評価されていないという主張からはじまることが多い。その指摘はもっともだ。だが、ここで注意してほしいのは、なにが大切であるかは価値観の問題だという点である。同じように、経済学者の関心は、財・サービスがどう分配されるかよりも、経済の規模（効率性、経済成長など）のほうに向いているとたびたび批判される。その指摘ももっともだ。しかしその根底には、経済学者は平等などの価値観を十分に考慮していないという議論がある。この手の問題は、純粋な科学的方法論を改善しても解決されない。少なくともそれだけではだめだ。それを解決するには、よき人生、よき社会とはなにかという哲学的な考察と真摯に向き合うこと、そして、科学の理論と実践によりよい価値観を組み込むことが必要になる。また、経済学が価値観で動くのであれば、ほかの利害関係者とのかかわりを深めることが求められる。とくに重要なのが、(税金を通じて)研究の一部に資金を提供するとともに、公共政策の対象となる一般大衆である。

経済学と経済学者が不完全であるのは否定できない。だがそれは、経済学そのものを否定する理由にはならない。第一に、ここで注意してほしいのは、経済学が最適ではないことを明らかにする研究者はたいてい、経済学の道具を使う経済学者でもある点だ。しかし、それ以上に重要なこととして、経済学には欠陥があるからといって、この世から葬り去るべきだという話にはならない。大工道具が完璧に働かないからといってまるごと捨てたりはしない。

経済学者はどうしてよく思われないのかと経済学者にたずねたときに、よく返ってくる答えが二つある。一つは、欲しいものがすべて手に入るわけではないという話はだれも聞きたくないから、というものだ。経済学は、希少性が存在するのでトレードオフをする必要があると説く。個人の生活なら、今日ぜいたくをするか、明日銀行にお金を預けるかのどちらかを選ばなければいけない。公的な領域なら、大規模なインフラ工事をするか、国の債務を返済するかを選ばなければいけない。

もう一つの答えは、経済システムを思いどおりに変えることはできないという話はだれも聞きたくない、というものである。経済は複雑なシステムで、さまざまな要素が依存し合っていると、経済学は強調する。システムの要素を一つ変えたら、ほかのところに広範囲にわたって、ときに望ましくない影響がおよびかねない。なので、よかれと思ってする改革でさえ誤った方向に進みかねず、非常に厳しい結果を生み出すおそれがあると経済学者は言う。その経済学者が改革の狙いには同意していてもそうなのだ。ハイエクが指摘するように、そうした状況では、「（経済学者が）嫌悪や懐疑の対象になるのは避けられないだろう」[4]。

だが、わたしに言わせると、経済学が疑われるのは、経済学とはなにか、なにをするのか、なんのためにあるのかがあまりにも知られていないのが大きい。ふつうの人が経済学とはなにか、経済学者がなにをしているのか知らない、いや、知ることができない理由はたくさんある。ここでは四つほどあげよう。

第一に、本物の経済学は難解なことで知られている。非常に技術的な言葉、多くは数学的な言葉で書かれており、経済学の学位がない人だと理解できない。わかりやすい研究論文があったとしても、掲載されるのはたいてい学術誌なので一般の人はまず読めないし、読めたところで電子フォーマットでさえ一ページにつき一ドルかかる。成功した一般書はある。『ヤバい経済学』[5]と『まっとうな経済学』は、経済学の考え方の本質とおもしろさをじつにうまくとらえている。とはいっても表面をさらっとなぞっているだけだ。経済学者は自分たちの言おうとしていることをまるで説明できていない。

第二に、本物の経済学者でも経済学かぶれやエセ経済学者と混同されてしまいやすい。メディアで経済の専門家を名乗る人は、経済学者でもなんでもないことが多い。山師やいかさま師でしかない者もいる。科学のマントを身にまといたいと思うのも当然だろう。ジャーナリストやプロデューサーがそれを許すのは、テレビ映えするからだ。経済学者気取りの人たちのなかにはビジネス界の人間もいる。経営学の学位やビジネスの経験はもっていても、経済学のバックグラウンドはまったくない。それに、実際に経済学を学んだエコノミストも雇われ用心棒であることがよくある。銀行やシンクタンクといった特別利益集団に雇われた人たちだ。彼らの第一の仕事は、経済学や経済の状況を冷静に評価して伝えることではない。雇い主があなたに信じさせたいものを自信たっぷりに伝えることである。メディアに経済の専門家として登場する人の印象が経済学のイメージになっているなら、疑いの目を向けてもふしぎはない。あなたは経済学をひどく誤解してしまっているのだろう。あなた自身が経済学者でなければ、それがわかるわけがない。経済学者のブランドは非経済学者に乗っ取られてしまっている。

もっとわかりにくいのは、正真正銘の経済学者のなかにも科学モードとイデオロギーモードのあいだを行ったり来たりする人がいることだろう。スイッチがいつ切り替わったかわからないときは、読み手や聞き手がすべてイデオロギーだと思ったとしても、だれも驚かないはずだ。経済学者の貢献を評価したいなら、最初に科学的な説明をほかと切り離す必要がある。そうするには本物の経済学者がなにを言っているか十分に把握していなければいけない。それだけで経済学を学ぶ理由になると、ケンブリッジ大学の経済学者、ジョーン・ロビンソンは言う。

> 経済理論をうまく活用するには、プロパガンダとそのなかにある科学の要素との関係を整理しなければならない……経済学を学ぶのは、経済の問題に対するできあいの答えを手に入れるためではない。経済学者にだまされないようにするためだ。[6]

第三に、たとえ大学で経済学を学んだとしても、経済学とはなにか、よくわかっていないだろう。教科書の一般化された扱いは読んだだろうが、経済学の本質がもつ力も、おもしろさも（そして複雑さも）、ほとんどわからないのではないか。そしてまた、ときに**経済学主義**と呼ばれるものの洗礼もきっと受けただろう。経済学主義とは、現実世界の複雑な問題に過度に単純化されたモデルを当てはめることをいう。もっと高度でおもしろいモデルなら、問題を考えるときに最初に描く構図をもっと複雑にできる。しかし、そうしたモデルは上級レベル、場合によっては大学院のコースでしか教えない。そこにいくまでに脱落した学生は、経済学とはどんな学問であるかについて、完全にまちがったイメージをもっているのではないか。そして、教科書の扱いは時間とともに変わるが、経済学が変わるペースには追いつかない。例外はある（この章の後にある「読書案内」を参照）。それでも、経済学の教科書は現実に即していないことが多い。

第四に、経済学は変化している。これがなによりも大きい。ここ二〇年間にほんとうにいろいろなことが起きた。二一世紀の経済学は、二〇世紀の経済学とは別物だと言っても過言ではない。経済学者は**経験的転回**が起きていると語る。データとエビデンスが果たす役割が相対的に大きくなり、純粋理論の果たす役割が相対的に小さくなるということだ。[7] この流れの一つが、実験経済学の確立である。経済学の実験室で集めたエビデンスをもとに研究を行なう分野だ。実験経済学は一九九〇年代にはまだ物議をかもしていたが、いまはもうちがう。行動経済学もそうである。行動経済学は経済学に心理学を組み合わせたものだ。わたしが大学院に進んだとき、行動経済学は経済学と考えられてすらいなかった（わたしは社会・意思決定科学部で学んだ）。行動経済学はいまでは経済学の主流の一つとして定着している。[8] だれがなぜ満足するのかを研究する幸福の経済学は、「しあわせ」のような感覚に関する大規模な調査がもとになっている。二〇〇〇年代はじめには物珍しさから経済学界で大きな関心を集めたが、いまでは異論はほとんどない。いまの経済学は、研究の対象も、答えの幅も広がっている。そのおかげで経済学はぐっとおもしろくなり、人間味あふれるものになっている。だが、経済学の世界にどっぷりつかっていなければ、ものごとがこれほど大きく変わっていることなど、わかるはずもない。

経済学とはなにか、なにができるのかがあまり知られていない状況は、いまにはじまったことではない。ライオネル・ロビンズは一九三二年に混乱と誤解が蔓延していると指摘している。ロビンズが本を書いたのは、それを払拭するためだった。ロビンズの言葉を以下に引用する。

さまざまな方面で混乱がまだ残っており、経済学者の大きな関心事、その能力の本質と範囲について誤った考え方が広まっている。その結果、経済学の評判は傷つき、経済学がもたらす知識が十分に活かされていない。[9]

無知、混乱、誤った情報が蔓延している状況はいまにはじまったことではないからといって、そのままにしていいわけではない。無知と混乱のせいで経済学の評判は不当に低くなっている。それ以上に問題なのは、経済学の知識を使って世界をよりよくしようとする取り組みの妨げになっていることだ。その結果として、わたしたち全員の状態は悪くなっている。

最後に

わたしたちがやるべきことは二つある。第一に、社会科学全般、とくに経済学をうまく使い、世界をもっとよいものにできるときはそうして、人間の繁栄をうながす。障害はある。単なる無知から、自分に都合の悪い事実から目を背けたがる傾向、科学の全否定まで、さまざまだ。第二に、経済学をもっとよいものにし、もっと役立つようにし、人間の問題にもっと対処できるようにする（経済学はよいものだがもっとよくなりうると言うのは矛盾していない）。そしてなにより、経済学に適切な価値観を組み込まなければいけない。どんな問題に関心を向けるべきか。どんな解決策が道徳的に受け入れられるか。よき人生、よき社会のどのビジョンを経済学者の取り組みの指針にするべきか。ここにも障害がある。無気力がそうだし、価値観やよき人生、よき社会に関する考え方が十分に練り上げられていないこともそうだ。しかし、やる前からあきらめてはいけない。よりよい世界はすぐそこにある。経済学はそこにたどり着く手助けができる。

読書案内

この本はみなさんが読む最初の経済書かもしれないし、そうでないかもしれない。どちらにしても、最後の経済書にならないでほしいと思っている。この種の本は、表面をさらっとなぞっているだけだ。ほかの本も読んでみようかという気持ちになってもらえたら、この本は目的を果たせたことになる。

この本でとりあげたトピックに興味をもったら、ぜひ参考文献を調べて、原典を直接読んでみてほしい。そこにはわたしが伝えきれなかったことがたくさんある。わたしがそうであるように、原典を読んでいっぱい刺激を受けてほしいし、そうなると信じている（しかしなんといっても、この本でとりあげられている人をこの本に書かれていることだけで判断しないでほしい。この本を読んで疑問や反論をもったら、きっと原典に答えがあるだろう）。

経済学全般についてもっと知りたいなら、それぞれの分野の専門家によって書かれた、しっかりした教科書がある。入門書として最適なのは、ＣＯＲＥプロジェクトの『*The Economy*』である。[1] オンラインで無料公開されており、補助教材も充実している。お金をかけてもいいという人なら、アセモグル、レイブソン、リストによる『*Economics*』（邦訳『アセモグル／レイブソン／リスト　マクロ経済学』『アセモグル／レイブソン／リスト　ミクロ経済学』『アセモグル／レイブソン／リスト入門経済学』)、スティーヴンソン、ウォルファーズによる『*Principles of Economics*』があり、どちらも比較的最近出版されている。[2] 行動経済学とその応用(ナッジを含む)に興味があるなら、拙著『*A Course in Behavioral Economics*』を謹んでおすすめしたい(現在第三版が発行されている)。[3]

これ以外にも、より広い視野から経済学の力と可能性(そして問題点)を考察した、示唆に富む文献がある。ダイアン・コイルは多作な経済学者で、すばらしい書き手である。経済学とはなにか、なにをするのかを内側から見つめた数々の本を書いている。[4] 哲学者・経済学史家のジェームズ・R・オッテソンは、繰り返される誤謬から経済学の本質を探っている。[5]

経済学の歴史はそれ自体がとてもおもしろい。と同時に、過去と現代の経済学者の考え方を知る「窓」でもあり、経済学がしようとしていることに対する理解が深まる。メデマ、サミュエルズ『*The History of Economic Thought*』にも、厳選された文献リストが載っている。[6]

経済学の哲学は、経済学の理論と慣行に欠落しがちな哲学的考察を加えるものである。ここははっきりさせたほうがいいと思うので言ってしまうが、わたしはこの本を経済学の哲学だと考えている。この本は経済学に関する本であり、経済学の力、約束、欠陥を考えるものであるからだ。ジュリアン・リースによる教科書『*Philosophy of Economics*』は、経済学の哲学に触れたことがない人にもわかりやすく書かれている。最近出版されたリース、コンラッド・ハイルマンの『*The Routledge Handbook of Philosophy of Economics*』では、最新のさまざまなトピックが短くまとめられている。[7]

そして最後に、ゾイ・ヒッツィヒの『*Mezzanine*』をあげないわけにはいかない。経済学に着想を得たすばらしい詩集である。[8]

用語集

アンケート……人びとに感情、態度、行動について質問する調査。

インセンティブ……人にあることがらをうながす行動や選択の特徴。

外部性……ある行動や取引が第三者に与える（正または負の）影響。

価値観……善か悪か、正しいか正しくないか、公平か公平でないか、美しいか醜いかなどを判断するときの拠り所になる考え方。

カリブレーション……主観的確率と客観的頻度の関係を表す概念。

機会費用……あることを選択したときに放棄した選択肢のなかでいちばん価値のあるもの。

希少／欠乏……1　必要な**財**が不足している状況。2　足りていないという感覚。

均衡を求める……人びとがお互いの行動に適応するとどのような結果になるか、しっかり考えること。

金融リテラシー……お金に関する情報を処理し、その情報にもとづいて意思決定をする能力。

経済学……**希少性**の下での個人の選択と、そうした選択が社会全体に与える影響を研究する学問。

計量経済学……経済学者のための統計学。

ゲーム理論……戦略的な相互作用に関する経済理論。

限界効用……ある**財**の最後の一単位から得られる**効用**。

限界で考える……限界効果にもとづいて意思決定を分析すること。

厚生／ウェルビーイング……人生がうまくいっているときに得るもの。人生を充実させるもの。

幸福……ポジティブで望ましい感情状態。

効用……**選好**が充足されている度合い。

合理性……与えられた目的を達成する最善の手段を選択する能力。

効率性……**パレート最適性**の項を参照。

合理的選択理論……人間は本質的に合理的であるとする前提から出発する、個人の行動に関する理論。

財……**選好**の対象となるあらゆるもの。

時間割引……将来の出来事や経験を、それが将来のものであるというだけの理由で、過小に評価する傾向。

市場……物理的、仮想的を問わず、交換が行なわれうる場。

自信過剰……自分の知識や能力に自信を多くもちすぎること。

実験経済学……主に**ラボ実験**と**フィールド実験**による研究を行なう**経済学**。

社会規範……集団や社会の行動を支配する非公式なルール。

制度……繰り返される相互作用を構築する一連のルール。

選好……あるものを別のものよりも望んだり欲したりすること。

選好順序づけ……財を**選好**の強い順に並べること。

トレードオフ……どちらも望ましいが両立しない二つの特性のあいだで妥協点を見つけること。

ナッシュ均衡……あるプレイヤーが一人だけ行動を変えても、ほかのすべてのプレイヤーが行動を変えないかぎり、それ以上結果がよくならない状況。

認識論的謙虚さ……わたしたちの知識はつねに暫定的で不完全であり、新しいエビデンスに照らして修正する必要があるかもしれないという認識に根ざす知的徳。

パレート改善……その過程でほかのだれの状態も悪くすることなく、少なくとも一人の状態をよくする変化。

パレート最適性……その過程でほかのだれかの状態を悪くしなければだれの状態もよくできない状況。

ピグー税……**市場**が非効率な結果をもたらす状況を是正するために、負の**外部性**を生み出す活動に課される税金。

ヒューリスティック……経験則。

フィールド研究……自分たちが生活し働く環境のなかで人びとを観察する研究。

フィールド実験……自分たちが生活し働く環境の変化に人びとがどう反応するかを調べる研究。

分析的平等論……人は本質的に同じであるとする作業仮説。

方法論的個人主義……集団レベルのすべての現象は究極的にはその集団にいる個人の行動や態度を単位として説明されなければならないとする考え方。

マクロ経済学……大きなこと（失業率、インフレ率、マネーサプライなど）を研究する**経済学**。

マッチング市場……両当事者が同意してはじめて取引が成立する市場。

ミクロ経済学……小さなこと（とくに個人の選択、信念、**選好**）とそれが社会全体に与える影響を研究する**経済学**。

ラボ実験……厳密に管理された状況の下で人びとがどのように意思決定するかを調べる研究。

ランダム化比較試験……介入を受けるグループ（実験群）と受けないグループ（対照群）に人びとを無作為（ランダム）に分けて行なう研究。

謝辞

表紙には一人の名前しか書かれていない。しかし、この本はグループプロジェクトと呼ぶほうがはるかにふさわしい。わたしには天賦の才はないが、そのかわりに仲間に恵まれた。

エージェントのジェイミー・Ｐ・マーシャルがいなかったら、このプロジェクトはコンセプトとしてさえ存在していなかっただろう。マーシャルは一〇年前にわたしの出版者を務めた。ほんとうに楽しくて、また二人で仕事をしようと誓った。大きな夢をもてと励まし、わたしのプロジェクトをわたしよりも前に形にしてくれた。そして出版提案書を、（マーシャルいわく）提案書が〝歌い出す〟までいっしょに考えてくれた。示唆に富む助言をくれて、熱く応援してくれた。やんわりとプレッシャーをかけてくれて、我慢強く催促してくれて、必要なときに大きな心の支えになってくれた。こんなに楽しく仕事ができたのも、マーシャルがいたからこそだ。こんな幸運はそうそうない。

マルティナ・オサリヴァン、セリア・ブズク、ジェイミー・バーケットをはじめとするペンギン・チームの面々は、原稿を書き上げるにはこれ以上ない拠点を提供してくれた。その熱意と見識には圧倒されるばかりだった。さすがの一言につきる。彼らのすばらしい文章力に、よい本はこうやって生み出されるのだということを教わった。マーケットに関する深い知識からは、こうすればうまくいくのだということを学んだ。全体の構成への提案はもちろん、細部へのコメントにも助けられた。締め切りがないと書けないわたしの求めに応じてデッドラインを設けてくれて、必要なときはそれを延ばしてくれた。シャンパンも力をくれた。

ライティングコーチのテレサ・マスターソンは、わたしのビジョンを文章にする手助けをしてくれた。このプロジェクトがめざすものを理解してくれていただけでなく、そこに到達するための道筋も示してくれた。さまざまな障害を乗り越えられたのも、何十年も染みついた学術的な文章〝スキル〟を捨て去れたのも、経済学の基本に忠実にしたがいながら、わたしやわたしの友人ではない人たちが読みたいと思うような物語をつづることができたのも、コーチングのたまものだ。彼女がいなかったら、きっとギブアップしていただろう。

トレヴァー・ホーウッドは、このプロジェクトの性質に即して、原稿を入念に整理してくれた。粗いところが取り除かれ、表現に磨きがかかり、一貫性のある効果的な文章にしあがった。エリー・スミスは本を制作する工程を巧みに管理してくれた。二人のおかげで問題の芽をたくさん摘むことができた。

このプロジェクトには直接かかわっていないが、重要な役割を果たしてくれた人たちもいる。とりわけ、哲学と経済学に興味をもつきっかけを与えてくれた、寛容で向学心あふれる恩師たちには感謝しかない。そのなかにはこの本でとりあげている先駆的な研究者がいる。クリスティーナ・ビッキエリ、バルーク・フィッシュホフ、ジョージ・ローウェンスタイン、アルヴィン・ロスは、わたしの知性が発展していく大切な時期にピッツバーグ大学で出会った師である。

学生たちにもお礼を言いたい。この本のプロジェクトは、ストックホルム大学に経済学の哲学の学部課程を新設するなかで形になっていったものだ。革新的な教授法を実験する機会を与えてもらってありがたく思う。代償が大きすぎなかったことを願うばかりだ。

何人かの友人たちには早い段階で原稿をすべて読んでもらった。貴重な時間と労力を割いてくれたことに、お詫びと感謝を伝えたい。シスカ・デ・バールデマーケル、エラ・フリントベルク、ヨハネス・ハウスホーファー、ルイーズ・ヘドランド、カロライン・ウグラに新鮮な目でチェックしてもらえたのはほんとうに大きかった。

そしてなにより、わたしをいつも鼓舞し支えてくれる家族に感謝したい。この本は、パンデミックが猛威をふるい、直前には父を突然失うという、理想的とはとうてい言えない状況のなかで書き上げた。本を制作しながらやるべきことをすべてこなせたのは、家族五人がまさに総力戦で取り組んだからだ。この本を最愛の人生のパートナーである妻のエリザベスにささげる。いまを生きる力を与えてくれるとともに、遠い将来にも目を向けさせてくれる子どもたちにも感謝の気持ちでいっぱいだ。母のエリザベットは政治ジャーナリストであり、経済学と政治学に興味をもつきっかけを与えてくれた。母はいまも、道徳の面でも、論理の面でも、わたしを励まし支えてくれている。

お世話になった全員の名前をここにあげられないことをお許し願いたい。

この本はチームプロジェクトだが、わたし一人で負うべきことが一つある。誤り、不適切な表現、問題点、意図しない言葉の誤用、蛇足、重複、回りくどさが残っていたら、すべてわたしの責任である。

解説

初心者に経済学の有用性を伝える良書

早稲田大学政治経済学術院教授
若田部昌澄

はじめに

二〇二三年秋に、私は本書を教科書として使ったことがある。私が勤務している大学に学部生向けアカデミック・リテラシー演習「英語で経済学を学ぼう」という授業がある。実は、別の本を予定していたのだが、開講直前に邦訳が刊行されることがわかり、慌てて差し替えることにした。これから英語で経済学の本を読もうというのに、邦訳が出ていては学生の学習意欲に影響が出るのは必至である。結果として、本書を選択したことは正解だったと思う。入門レベルの経済学を学んでまもない受講生たちは、経済学がどのように社会で使えるのか、使われているのかについてはまだピンときていない状況だった。本書を読んだ後の受講生の反応は総じて良いものだった。

著者エリック・アングナー

本書は、*How Economics Can Save the World: Simple Ideas to Solve Our Biggest Problems* (Penguin Business, 2023) の全訳である。

著者エリック・アングナーは、スウェーデン生まれの米国籍の経済学者、哲学者である。スウェーデンのウプサラ大学で哲学理論・数学の学士号、哲学理論の修士号を取得後、米国ピッツバーグ大学で科学史・科学哲学と経済学の二つの分野で博士号を取得している。その後、アラバマ大学バーミングハム校、ジョージ・メイソン大学を経て、現在ストックホルム大学の実践哲学の教授を勤めている。著書には経済学の博士論文を基にしたハイエクの研究書（Angner 2007）や、行動経済学の入門教科書（Angner 2012; 2021）がある他、多数の論文を刊行している。本人は生年を明らかにしていない[*1]が、一九九五年に学部を卒業しているところから推測するに、現在五〇代に差し掛かったあたりだろうか。

本書について

経済学に対する人々の関心は依然として高い。ことに日本の場合、独自の経済学文化があるためか、一般向けの経済学解説書が陸続と出版されている。ただ、一般向けの経済学解説書には、主流の、現在標準とされている経済学を批判する色彩のものが多い。例えば、『ゾンビ経済学——死に損ないの5つの経済思想』、『世界を破綻させた経済学者たち——許されざる七つの大罪』、『経済学のどこが問題なのか』といった題名の本が書棚に溢(あふ)れている。そのものズバリ、『反経済学』、『反経済学講座』という本もある。

確かに、これまでも経済学の切れ味の鋭さと面白さを伝える本も多数刊行されている。スティーヴン・D・レヴィットとスティーヴン・J・ダブナーの『ヤバい経済学』(Levitt and Dubner 2005)が有名だ。この本は、米国で一九九〇年代に犯罪率が激減した理由は一九七〇年代の妊娠中絶の合法化にあった、日本の大相撲では八百長が頻繁に行われている、といった主張の奇抜さもあり、世界的に大センセーションを引き起こした。とはいえ、そういう本は特定の研究を基にしており、経済学の全体像を教えてくれるわけではない。もちろん、経済学の全体像を伝えてくれる良書も多数刊行されている。例えば、ジャン・ティロール『良き社会のための経済学』(Tirole 2016)、アビジット・バナジーとエステル・デュフロ『絶望を希望に変える経済学』(Banerjee and Duflo 2019)などがある。彼らはいずれもノーベル経済学賞受賞者だけあって、どれも洞察に満ちている。しかし、それだけに経済学の玄人向けで、全くの初心者には敷居が高いだろう。

そうした類書に対して、本書は、経済学をこれまで学んだことがない初心者にも、経済学の面白さと有用性を伝える格好の展望を示している。経済学史、科学哲学を学んだ経験を十分に生かして、経済学を俯瞰(ふかん)する視点が生きている。しかも経済学史家や科学哲学者は、ややもすると現代の主流派経済学に対して批判的になりがちなのに対して、著者の経済学との距離の取り方は絶妙である。

ここで、三つの命題に整理してみるとわかりやすい。

① 「経済学は役にたつ」
② 「経済学は完璧ではなく、多くの問題を抱えている」

＊1　本人のHPを参照した。https://www.erikangner.com/bio.html

③「経済学はもっと良いものにできる」

この三つの命題は同時に成り立ちうる。多くの論者は②と③に焦点を当てがちだが、②と③を認めつつ、①を主張することは可能である。反経済学の人たちは経済学を全面的に否定する傾向にあるかもしれないが、著者が①を強調するからといって、②と③を無視しているわけではない。著者は次のようにまとめている。

経済学と経済学者が不完全であるのは否定できない。だがそれは、経済学そのものを否定する理由にはならない。第一に、ここで注意してほしいのは、経済学が最適ではないことを明らかにする研究者はたいてい、経済学の道具を使う経済学者でもある点だ。しかし、それ以上に重要なこととして、経済学には欠陥があるからといって、この世から葬り去るべきだという話にはならない。大工道具が完璧に働かないからといってまるごと捨てたりはしない。（本書、二六六頁）

著者は本書の最後の章で、③に関するいくつかの提案をしている。その中でも、経済学の側からふつうの人々に、「経済学とはなにか、なにをするのか、なんのためにあるのかがあまりにも知られていない」こと、いわゆるコミュニケーションの不足を挙げている。だからこそ自分がこの本を書いたということだろう。

行動経済学の入門教科書が三版を重ねているように、著者の説明の分かりやすさには定評がある。貧困の根絶という大きなテーマの次は子育ての話といった身近な話を取り上げるなど、硬軟取り混ぜての説明は実にうまい。**Aydinonat (2023)** にならって、全体を「大きな課題」（第1、3章）、「社会の課題」（第4、5、9章）、「個人の課題」（第2、6、7、8章）にまとめることもできる。読者の興味関心に合わせて読むことができよう。

それぞれの話題について、的確に代表的文献を紹介しながら、全体として「経済学は役にたつ」というメッセージが力強く打ち出されている。行動経済学の解説書の中には、これまで経済学の基礎にあった合理的選択理論を否定しかねない傾向が見られるが、著者は合理的選択理論と行動経済学の長所をそれぞれうまく使って説明している。

経済学をすでにある程度学んでいる読者は、終章から読み始めると良い。かつて、理論重視の傾向が大きかった経済学は、二一世紀に差し掛かるあたりから急速に実証科学へとシフトしている。これを経験的転回（empirical turn）という。独自のデータ収集の発達、計算能力の向上、計量技法の進化を受けて、現代経済学はあたかもデータサイエンスのようになりつつある。[*2] 理論においても、行動経済学が台頭し、合理的選択理論と共に経済学の一角を占めるようになった。結果として、経済学の世界はこれまでになく豊かになっている。

本書の後に何を読めば良いかを示した読書案内も素晴らしい。ダイアン・コイルの著作はどれもお薦めだという著者の意見に賛成だ。本書の後に、先に挙げた②と③の問題に関心があれば、『経済学オンチのための現代経済学講義』（Coyle 2021）に進まれることを薦める。ただ、これはやや高度なので、経済学の知識が必要だろう。また、もっと経済学史を生かした解説を好む人には、著者が挙げる **Otteson (2021)**、それと **Leigh (2024)** が良い。今のところ未邦訳なのが惜しい。

＊2　日本語で簡単に手に入る案内としては、前田（2023）がまとまっている。実際のデータ分析の解説書としては、伊藤（2017）がわかりやすい。

変化し続ける経済学

本書刊行の後も、経済学は変化し続けている。特に経験的転回後の経済学では、実証分析が出るたびに知見が書き換えられている。その点を補足してみよう。

第一に、本書第1章に出てくるランダム化比較試験については、「黄金律（gold standard）」と言われつつも、さまざまな問題が指摘されている。例えば、実験のサンプル内では因果関係が判明したとしても（「内的妥当性」があるという）、そのサンプルの外でも結果が成り立つのかどうか（これを「外的妥当性」の問題という）。場合によっては、「内的妥当性」と「外的妥当性」の間にはトレードオフがあるかもしれない。実験を進んで行う主体は、そもそも思った通りの実験結果が出やすいからかもしれない。また、効果はわかってもそれを生み出すメカニズムは、ブラックボックスでわからないかもしれない。さらに、介入は特定の部分だけを見ているもので、それが経済全体にもたらす間接的な効果まではわからないかもしれない（伊藤 2017、前田 2023、二五二〜二五六頁、依田 2023、一三一〜一三三頁）。

第二に、本書では簡単に言及されている再現性の危機の問題は、二〇二一年夏に噴出した。米国でのブログ記事による告発によって、行動経済学の大立者ダン・アリエリーとフランチェスカ・ジーノの研究が再現可能でないことが明らかになり、データ改竄（かいざん）の疑いが浮上した。結果として、ジーノは勤務先のハーヴァード大学から無給での休職処分を受けている。同じ頃、「行動経済学の死」というブログ記事も出て、ちょっとしたセンセーションを引き起こした（Hreha 2021）。この記事は、損失の回避が再現できないこと、また行動経済学の政策的提言であるナッジの数量的効果は小さいこと、の2点を問題視している。

ただ、行動経済学という分野そのものの死を宣言するのは行き過ぎであろう。損失回避は多くの研究で再現されているし、ナッジの効果が小さいとしてもそれがわかることもまた、一つの立派な研究成果である（依田 2023、四頁）。さらには、比率で測った時に小さいとしても、額で見たときには小さくないかもしれない。例えば一〇パーセントとされてきたナッジの効果が一パーセントだとわかったとしても、予算規模が大きければ額は小さくないという見方はある（Alexander 2021）。私自身は、再現性の問題が提起されたのは、行動経済学が実証科学として進歩し成熟するために必要な健全な過程であると考える（むしろ不可解なのは、ジーノが大学から事実上の停職処分を受けたのに対して、アリエリーが依然として何の処分も受けていないことだ。これは経済学の問題なのか、それとも学界の問題なのか）。

第三に、気候変動を論じた第3章は、主として炭素税についての解説にあてられている。経済学者がピグー税というもので、本書にもあるように、主流派の経済学者が好む気候変動対応策である。ただ、炭素税は重要ではあるが、世界的に見てまだ導入は始まったばかりである。

ここで、気候変動についての知見をまとめておこう。まず、気候変動は激化している。[*3] 世界の平均気温は上昇を続けている。そして、気候変動は人間活動によるものであり、そのようなものとして人間によって対応することが可能である。化石燃料を代替する太陽光、風力、バッテリーといった新し

＊3　ナット・ブラードによる二〇二四年一月のプレゼンテーション資料を参照のこと（https://www.nathanielbullard.com/presentations）。

いエネルギー源によって、成果は出始めている。その結果、二〇一〇年代以降の世界での二酸化炭素排出量は安定化の傾向が見られる。とはいえ、平均気温の上昇はまだ続いている。また、気候変動対応では、地域によって大きな差がある。米国、EU、日本といった先進国での排出量は減少してきている一方で、中国、インド、その他の地域では増加している。さらに、現在では二酸化炭素ガスと経済成長のデカップリングが進んでいる。世界の先進国では、一人当たりの実質国民所得は増えている一方で、二酸化炭素ガスの排出量は減っている。*4

この「大デカップリング(great decoupling)」の背景にあるのは、すでに指摘した再生可能エネルギーコストの急激な低下である(Susskind 2024, pp.234-241)。特に、太陽光エネルギーの価格低下が目覚ましい。政府による税金、代替的エネルギー源への補助金、環境規制といったトップダウンのイニシアティブだけでなく、個々の企業家、経営者の努力、そして環境問題への規範の変化が、ここまでの成果を生んでいる。もちろん、中国やインドではまだデカップリングは進んでいない。また、気候変動を止めるだけの二酸化炭素ガスの削減が成功するかどうかという問題はある。この点で、炭素税の導入に期待するのは理解できる。しかし、それ以前に、気候変動対応で進歩を遂げつつあるのも事実である。

第四に、全体としてマクロ経済学については扱いが少ない。最近の経済学批判の多くが、二〇〇八年から二〇〇九年にかけての世界金融危機(Global Financial Crisis。日本ではリーマン・ショックと呼ばれているが、これは海外では通じない)を受けて、現代マクロ経済学とファイナンス理論に向けられている。この点についての著者の記述は、経済学の目的は予測ではなくてパターン予測であると述べるに留まっている。いかにも、ハイエクや科学哲学に詳しい著者らしいが、もう少しマクロ経済学についての記述があっても良い。確かに、現代マクロ経済学とファイナンス理論には多くの改善点があるのは事実である。しかし、「五〇年か一〇〇年に一度の危機」とまで言われた世界金融危機が一九三〇年代の世界恐慌に陥らなかったのは、経済危機への対応が進化したからだと言える。マクロ経済学は経済危機を通じて学習し、なにがしかの進歩を成し遂げたというべきだろう。猪木武徳は、「今回の金融危機に関する世界の政策責任者の発言や対応措置をメディアで追っていると、『経済学は過去八〇年の間に確実に進歩した』と改めて実感する。経済学は役に立たない学問だ、という荒っぽい考えがまかり通ってきたが、長いタイム・スパンで見ると、経済学も、人間社会に地味だが確かな貢献をしているのだということがわかる」（猪木 2009、三五八頁）と述べている。猪木は、この進歩には当時の米国連邦準備制度理事会（ＦＲＢ）議長に大恐慌の研究者であるベン・Ｓ・バーナンキが任命されていたことも大きいが、政策担当者に「経済学的思考の浸透」が見られており、「何をしてはいけないか」についての理解が浸透していたことも効いていると言う。ダイアン・コイルも、バーナンキの例を引きながら、「経済学者は一九三〇年代の教訓を学んでいたため、思ったほど悪くはならなかった」（Coyle 2021、邦訳二八頁）という。マクロ経済学も世の中の役に立っていると言うべきだろう。[*5]

第五に、第5章で論じられているオークションについては、日本の読者向けの補足をしたい。この

＊4　https://ourworldindata.org/co2-gdp-decoupling。なお、貿易によって自国の排出量を減らしているから、排出量が見かけ上小さくなっているだけなのではないかという批判はありうる。しかし、ここでの排出量には輸入財の排出量も含まれているので、この批判は当たらない。

＊5　もちろん、政策担当者がマクロ経済学的思考を有しておらず、「何をしてはいけないか」の理解が浸透していない場合は、悲劇が起きる。これは私たち日本人が身をもって経験したことでもあるし、世界金融危機後にマクロ経済政策が緊縮的に過ぎた多くの先進国でも起きたことである。この点については、若田部（2024）も参照のこと。

領域では、日本と海外との差はますます広がっている。例えば、本書でも簡単に触れられている周波数オークションは、OECD加盟国38カ国中、日本だけが実施をしていない。導入の動きは起きているが、まだ導入されていないのが現実である。[*6] 日本の政策論議では、成長政策というと、日本独自のものを提唱したがる傾向が見受けられる。しかし、必要なのは海外の多くの国で一定期間以上実践され、これまで成功を収めている政策を着実に実施していくことではないだろうか。

第六に、お金で幸福は買えるのだろうか。本書第6章で紹介されているカーネマンとディートンの研究は、その後も続いている。彼らの研究に異議を唱えたのが、キリングズワースである（Killingsworth 2021）。ここからの話が面白い。ディートンは、キリングズワースに、結果の違いがなぜ出てくるのか解明しようと、共同研究を持ちかけたのだ。そうして彼らが書いた論文（Killingsworth, Kahneman, and Mellers 2023）の結果は興味深い。大部分の人々は、所得が増えると幸福度が増すし、最も幸福度の高い人々では所得の増加による幸福度の増加は加速する。この点では「お金で幸福は買える」。しかし、下位二〇パーセントの最も幸福度の低い人々では、一定の所得水準に達すると、それ以上幸福度が増えることはないという。つまり、総じて、「お金で幸福は買える」とは言えるが、所得から得られる幸福度には、人によって差があることもわかってきたのである。著者のアングナーにはこの話題から、さらに最近流行となっている脱成長（degrowth）をめぐる話、経済成長の望ましさにも触れてほしかったが、それを言うとキリがない。脱成長論への批判に関心がある人は、Norberg (2023)、Susskind (2024) という良書があるので、こちらをお薦めしておこう。

経済学は、ますます面白く、そしてますます役立つようになるだろう。

終わりに

冒頭で教科書として本書を使ったという話をした。実はその時、すぐにまた邦訳が出るようでは困ると思った私は、まず早川書房に問い合わせた経緯がある。この手の本について嗅覚が鋭いのは早川ではないか、と私の直感が語っていた。直感は正しく、幸いにも演習終了後に翻訳が出ると聞いて、本書を使うことにした。その後、私に解説の話が回ってきたのは誠に有り難いことである。最初の問い合わせに答えてくれた早川書房の編集者一ノ瀬翔太さん、本書を担当された石井広行さんに感謝をしたい。

＊6　日本の総務省は、二〇二一年一〇月より有識者会議「新たな携帯電話用周波数の割当方式に関する検討会」を発足させ、二〇二二年一一月二五日に取りまとめを発表した。そこでは、従来の「比較審査」方式だけでなく、適用エリアの条件を付した「条件付きオークション」を選択できる方向性が示された。ただし、「ミリ波等の高い周波数帯や他の無線システムとの周波数共用が必要となる周波数帯」だけに限られており、低周波の、いわゆるプラチナバンドについては、引き続き「比較審査」方式が適用されるとのことである。

解説の参照文献

依田高典（2023）、『データサイエンスの経済学――調査・実験、因果推論・機械学習が拓く行動経済学』岩波書店

伊藤公一朗（2017）、『データ分析の力――因果関係に迫る思考法』光文社新書

猪木武徳（2009）、『戦後世界経済史――自由と平等の視点から』中公新書

前田裕之（2023）、『データにのまれる経済学――薄れゆく理論信仰』日本評論社

若田部昌澄（2024）、「経済学における歴史の擁護」『経済学論纂』中央大学経済学会、第六五巻三・四号、一五三～一六八頁

Alexander, Scott (2021), "On Hreha on Behavioral Economics," Less Wrong, Sept.1, 2021. https://www.lesswrong.com/posts/gBpYo7mt2zNBmtBJd/crosspost-on-hreha-on-behavioral-economics

Angner, Erik (2007), *Hayek and Natural Law*, London and New York: Routledge.

――(2012), *A Course in Behavioral Economics*, First edition, Houndmills: Palgrave Macmillan.

――(2021), *A Course in Behavioral Economics*, Third edition, London: Red Globe Press.

Aydinonat, N. Emrah (2023), "Can Economics Save the World?," Rethinking the Serviceability of Economics to Society, Feb.28, 2023. https://reses-argumenta.fi/?p=491

Banerjee, Abhijit V., and Esther Duflo (2019), *Good Economics for Hard Times: Better Answers to Our Biggest Problems*, USA: PublicAffairs.（アビジット・V・バナジー、エステル・デュフロ、村井章子訳『絶望を希望に変える経済学――社会の重大問題をどう解決するか』日経ＢＰ日本経済新聞出版本部、二〇二〇年）

Coyle, Diane (2021), *Cogs and Monsters: What Economics Is, and What It Should Be*, Princeton: Princeton University

Press.（ダイアン・コイル、小坂恵理訳『経済学オンチのための現代経済学講義』筑摩書房、二〇二四年）

Hreha, Jason (2021), "The Death Of Behavioral Economics," The Behavioral Scientist. https://www.thebehavioralscientist.com/articles/the-death-of-behavioral-economics

Killingsworth, Matthew A. (2021), "Experienced well-being rises with income, even above $75,000 per year," *Proceedings of the National Academy of Science*, 118 (4).

——, Daniel Kahneman, and Barbara Mellers (2023), "Income and emotional well-being: A conflict resolved," *Proceedings of the National Academy of Science*, 120 (10).

Leigh, Andrew (2024), *The Shortest History of Economics*, Australia: Black Inc.

Levitt, Steven D., and Stephen J. Dubner (2005), *Freakonomics: A Rogue Economist Explores the Hidden Side of Everything*, New York: William Morrow.（スティーヴン・D・レヴィット、スティーヴン・J・ダブナー、望月衛訳『ヤバい経済学――悪ガキ教授が世の裏側を探検する』東洋経済新報社、二〇〇六年）

Norberg, Johan (2023), *The Capitalist Manifesto: Why the Global Free Market Will Save the World*, London, Atlantic Books.（ヨハン・ノルベリ、山形浩生訳『資本主義が人類最高の発明である――グローバル化と自由市場が私たちを救う理由』NewsPicks パブリッシング、二〇二四年）

Otteson, James R. (2021), *Seven Deadly Economic Sins: Obstacles to Prosperity and Happiness Every Citizen Should Know*, Cambridge: Cambridge University Press.

Susskind, Daniel (2024), *Growth: A Reckoning*, London: Allen Lane.

Tirole, Jean (2016), *Économie du bien commun*, Paris: Presses universitaires de France.（ジャン・ティロール、村井章子訳『良き社会のための経済学』日本経済新聞出版社、二〇一八年）

原　注

序　章　世界を救うには

1. Ryan Bourne, *Economics in One Virus: An Introduction to Economic Reasoning Through COVID-19* (Washington, DC: Cato Institute, 2021) を参照。
2. www.nationalgeographic.com/animals/article/coronavirus-linked-to-chinese-wet-markets
3. www.nytimes.com/interactive/2020/03/22/world/coronavirus-spread.html
4. www.ecdc.europa.eu/en/publications-data/covid-19-guidelines-non-pharmaceutical-interventions
5. Arthur C. Pigou, *The Economics of Welfare*, 4th edn (London: Macmillan, 1935), 5.（邦訳A・C・ピグウ『厚生経済学』気賀健三他訳、東洋経済新報社、1953〜55年）
6. Auguste Comte, *A General View of Positivism*, 2nd edn, trans. J. H. Bridges (London: Trübner and Co., 1865), 19.
7. Pigou, *The Economics of Welfare*, 5.（ピグウ『厚生経済学』）
8. Friedrich A. Hayek, 'The Trend of Economic Thinking', *Economica*, no. 40 (1933): 122.（邦訳フリードリヒ・A・ハイエク『ハイエク全集　第2期第6巻　経済学論集』「経済学的考え方の動向」西山千明監修、春秋社、2009年）
9. Karl Marx, *The German Ideology: Including Theses on Feuerbach and Introduction to The Critique of Political Economy* (Amherst: Prometheus Books, 1998), 571.（邦訳カール・マルクス『ドイツ・イデオロギー　第2分冊』廣松渉編訳、河出書房新社、2006年）
10. Alfred Marshall, *Principles of Economics: An Introductory Volume*, 8th edn (London: Macmillan, 1920), 1, 3.（邦訳A・マーシャル『経済学原理』馬場啓之助訳、東洋経済新報社、1965〜67年）
11. Lionel Robbins, *An Essay on the Nature and Significance of Economic Science* (London: Macmillan, 1932), 15.（邦訳ライオネル・ロビンズ『経済学の本質と意義』小峯敦、大槻忠史訳、京都大学学術出版会、2016年）
12. www.pgpf.org/chart-archive/0053_defense-comparison
13. Robbins, *An Essay*, 27.（ロビンズ『経済学の本質と意義』）
14. 経済学のアドバイスの背後にあるエビデンスについてもっと知りたいという読者のために、各章に最近の書籍やサーベイ論文の書誌事項を記している。こうした文献を読めば理解がぐっと深まるだろう。経済学者が現時点でなにを正しいと考えているかだけでなく、一連の考え方がどこからきたのかを論じたいので、参考文献には古典も含まれている。日付を明記しているのはそうした理由からだ。また、各章の参考文献には、新しいトピックに関する最近の書籍やサーベイ論文が少なくとも1つ含まれている。これらはすべてこの原注の後につづ

く「参考文献」に示している。

15. Paul T. Heyne, Peter J. Boettke, and David L. Prychitko, *The Economic Way of Thinking*, 11th edn (Upper Saddle River: Prentice Hall, 2006), ch. 1.（邦訳ポール・ヘイン『経済学入門――経済学の考え方』木村憲二、鈴木多加史、福井南海男訳、ピアソンエデュケーション、2003年）
16. William Oliver Coleman, *Economics and Its Enemies: Two Centuries of Anti-Economics* (London: Palgrave Macmillan, 2002); Don Ross, 'Economic Theory, Anti-Economics, and Political Ideology', in *Philosophy of Economics*, ed. Uskali Mäki (Amsterdam: North-Holland, 2012), 241–85.

第1章　貧困をなくすには

1. www.nytimes.com/1988/11/13/books/l-the-rich-are-different-907188.html
2. Alan O. Ebenstein, *Friedrich Hayek: A Biography* (New York: Palgrave, 2001), 291–2.
3. 「ノーベル記念経済学賞」は通称で、正式名称はアルフレッド・ノーベル記念スウェーデン国立銀行経済学賞である。スウェーデン・ストックホルムにあるスウェーデン王立科学アカデミーにより、ノーベル賞と同じ原則にしたがって授与される。
4. Friedrich A. Hayek, *Law, Legislation, and Liberty, Vol. 3: The Political Order of a Free People* (Chicago: University of Chicago Press, 1979), 55.（邦訳フリードリヒ・A・ハイエク『ハイエク全集　第10巻　法と立法と自由3――自由人の政治的秩序』西山千明、矢島鈞次監修、春秋社、1988年）
5. Abhijit V. Banerjee and Esther Duflo, *Poor Economics: A Radical Rethinking of the Way to Fight Global Poverty* (New York: PublicAffairs, 2011)（邦訳アビジット・V・バナジー、エスター・デュフロ『貧乏人の経済学――もういちど貧困問題を根っこから考える』山形浩生訳、みすず書房、2012年）; Abhijit V. Banerjee and Esther Duflo, *Good Economics for Hard Times: Better Answers to Our Biggest Problems* (New York: Allen Lane, 2019)（邦訳アビジット・V・バナジー、エステル・デュフロ『絶望を希望に変える経済学――社会の重大問題をどう解決するか』村井章子訳、日経BP、2020年）.
6. Banerjee and Duflo, *Good Economics for Hard Times*, 288–90.（バナジー、デュフロ『絶望を希望に変える経済学』）
7. Ibid., 288–9.（バナジー、デュフロ『絶望を希望に変える経済学』）
8. Banerjee and Duflo, *Poor Economics*, ix.（バナジー、デュフロ『貧乏人の経済学』）
9. Banerjee and Duflo, *Good Economics for Hard Times*, 326.（バナジー、デュフロ『絶望を希望に変える経済学』）
10. David S. Jones and Scott H. Podolsky, 'The History and Fate of the Gold Standard', *The Lancet* 385, no. 9977 (2015): 1502–3.
11. Petter Lundborg, Erik Plug, and Astrid Würtz Rasmussen, 'Can Women Have Children and

a Career? IV Evidence from IVF Treatments', *American Economic Review* 107, no. 6 (2017): 1635.

12. Johannes Haushofer and Jeremy Shapiro, 'The Short-Term Impact of Unconditional Cash Transfers to the Poor: Experimental Evidence from Kenya', *Quarterly Journal of Economics* 131, no. 4 (2016): 1973–2042.
13. Ibid., 2026.
14. Banerjee and Duflo, *Good Economics for Hard Times*, 326.（バナジー、デュフロ『絶望を希望に変える経済学』）
15. Sendhil Mullainathan and Eldar Shafir, *Scarcity: The New Science of Having Less and How It Defines Our Lives* (New York: Henry Holt and Co., 2013)（邦訳センディル・ムッライナタン、エルダー・シャフィール『いつも「時間がない」あなたに――欠乏の行動経済学』大田直子訳、早川書房、2015年）.
16. Ibid., 169.（ムッライナタン、シャフィール『いつも「時間がない」あなたに』）
17. Ibid., 4.（ムッライナタン、シャフィール『いつも「時間がない」あなたに』）
18. Ibid., 7.（ムッライナタン、シャフィール『いつも「時間がない」あなたに』）
19. Ibid., 13.（ムッライナタン、シャフィール『いつも「時間がない」あなたに』）
20. Laurel Aynne Cook and Raika Sadeghein, 'Effects of Perceived Scarcity on Financial Decision Making', *Journal of Public Policy & Marketing* 37, no. 1 (2018): 68–87.
21. Ibid., 76.
22. Colin F. Camerer et al., 'Evaluating Replicability of Laboratory Experiments in Economics', *Science* 351, no. 6280 (2016): 1433–6.
23. Michael O'Donnell et al., 'Empirical Audit and Review and an Assessment of Evidentiary Value in Research on the Psychological Consequences of Scarcity', *Proceedings of the National Academy of Sciences* 118, no. 44 (2021): e2103313118.
24. Mullainathan and Shafir, *Scarcity*, 15.（ムッライナタン、シャフィール『いつも「時間がない」あなたに』）
25. Cook and Sadeghein, 'Effects of Perceived Scarcity on Financial Decision Making', 76–9.
26. Mullainathan and Shafir, *Scarcity*, 13.（ムッライナタン、シャフィール『いつも「時間がない」あなたに』）
27. Ibid., 231.（ムッライナタン、シャフィール『いつも「時間がない」あなたに』）
28. Ibid., 176–7.（ムッライナタン、シャフィール『いつも「時間がない」あなたに』）
29. Ibid., 171.（ムッライナタン、シャフィール『いつも「時間がない」あなたに』）
30. Thomas Carlyle, *Occasional Discourse on the [N-Word] Question* (London: Thomas Bosworth, 1853), 9.
31. 'dismal, *n.* and *adj.*' OED Online. March 2021. Oxford University Press. www.oed.com/view/Entry/54731 (2021年3月5日閲覧)

32. John Stuart Mill, *Utilitarianism*, 7th edn (London: Longmans, Green and Co., 1879), ch. II.（邦訳J・S・ミル『功利主義』関口正司訳、岩波書店、2021年）
33. Jeremy Bentham, *An Introduction to the Principles of Morals and Legislation*, new edn (Oxford: Clarendon Press, 1823), 5.（邦訳ジェレミー・ベンサム『道徳および立法の諸原理序説』中山元訳、筑摩書房、2022年）
34. Mill, *Utilitarianism*, ch. III.（ミル『功利主義』）
35. John Stuart Mill, *The Subjection of Women* (London: Longmans, Green, Reader, and Dyer, 1869), chs. I– II.（邦訳J・S・ミル『女性の解放』大内兵衛、大内節子訳、岩波書店、1957年）
36. Jeremy Bentham, 'Principles of the Civil Code'（邦訳J・ベンタム『民事および刑事立法論』「民法典の諸原理」長谷川正安訳、勁草書房、1998年）, in *The Works of Jeremy Bentham*, vol. I, ed. John Bowring (New York: Russell & Russell, 1838), 345.
37. Jose Harris, 'Mill, John Stuart (1806–1873)', *Oxford Dictionary of National Biography*, 5 January 2012, https://doi.org/10.1093/ref:odnb/18711
38. David M. Levy and Sandra J. Peart, *The Street Porter and the Philosopher: Conversations on Analytical Egalitarianism* (Ann Arbor: University of Michigan Press, 2009).
39. Adam Smith, *An Inquiry into the Nature and Causes of the Wealth of Nations*, 5th edn, ed. Edwin Cannan (Chicago: University of Chicago Press, 1976), 19–20.（邦訳アダム・スミス『国富論――国の豊かさの本質と原因についての研究』山岡洋一訳、日本経済新聞出版社、2007年）
40. John Stuart Mill, 'The Negro Question', *Fraser's Magazine for Town and Country* 41 (1850): 29.
41. David M. Levy and Sandra J. Peart, 'The Secret History of the Dismal Science. Part I. Economics, Religion and Race in the 19th Century', *EconLib* (blog) 22 January 2001, www.econlib.org/library/Columns/LevyPeartdismal.html
42. Richard J. Herrnstein and Charles Murray, *The Bell Curve: Intelligence and Class Structure in American Life* (New York: Free Press, 1996).
43. Ibid., 91.
44. Ibid., xxii– xxiii.
45. Ibid., 25, 10.

第2章　心を整えながらしあわせな子どもを育てるには

1. 寝かしつけガイド本に関するこんなおもしろいブログ記事がある。Ava Neyer, 'I Read All the Baby Sleep Books', *Huffington Post* (blog), 6 December 2017, www.huffpost.com/entry/i-read-all-the-baby-sleep-advice-books_b_3143253
2. Michael Gradisar et al., 'Behavioral Interventions for Infant Sleep Problems: A Randomized

Controlled Trial', *Pediatrics* 137, no. 6 (2016).
3. Emily Oster, *Expecting Better: Why the Conventional Pregnancy Wisdom is Wrong – and What You Really Need to Know* (London: Penguin, 2014)（邦訳エミリー・オスター『お医者さんは教えてくれない妊娠・出産の常識ウソ・ホント』土方奈美訳、東洋経済新報社、2014年）; Emily Oster, *Cribsheet: A Data-Driven Guide to Better, More Relaxed Parenting, from Birth to Preschool* (New York: Penguin, 2020)（邦訳エミリー・オスター『米国最強経済学者にして２児の母が読み解く子どもの育て方ベスト』堀内久美子訳、サンマーク出版、2021年）.
4. Oster, *Cribsheet*, xiii– xxv.（オスター『米国最強経済学者にして２児の母』）
5. Oster, *Expecting Better*, 77.（オスター『お医者さんは教えてくれない妊娠・出産の常識』）
6. Ibid., 85.（オスター『お医者さんは教えてくれない妊娠・出産の常識』）
7. Oster, *Cribsheet*, 118–19.（オスター『米国最強経済学者にして２児の母』）
8. www.bbc.com/news/magazine-22751415
9. Bryan Douglas Caplan and Zach Weinersmith, *Open Borders: The Science and Ethics of Immigration* (New York: First Second, 2019)（邦訳ブライアン・カプラン、ザック・ウェイナースミス『国境を開こう！　移民の倫理と経済学』御立英史訳、あけび書房、2022年）.
10. Bryan Caplan, *Selfish Reasons to Have More Kids: Why Being a Great Parent is Less Work and More Fun Than You Think* (New York: Basic Books, 2012).
11. Ibid., 5.
12. Ibid., 84–6.
13. Ibid., 5.
14. Ibid., 88–9.
15. Ibid., 4–5.
16. Ibid., 14.
17. Ibid., ch. 4.
18. Ibid., 6–7.
19. Ibid., 4.
20. www.usda.gov/media/blog/2017/01/13/cost-raising-child
21. Oster, *Cribsheet*, xix.（オスター『米国最強経済学者にして２児の母』）
22. www.ft.com/content/50007754-ca35-11dd-93e5-000077b07658
23. Friedrich A. Hayek, *Studies in Philosophy, Politics and Economics* (London: Routledge & Kegan Paul, 1967), 27–9.（邦訳フリードリヒ・A・ハイエク『ハイエク全集　第２期第４巻　哲学論集』『同　第２期第５巻　政治学論集』『同　第２期第６巻　経済学論集』『同　第２期第７巻　思想史論集』西山千明監修、春秋社、2009～10年）

第３章　気候変動を食い止めるには

1. https://clcouncil.org/economists-statement/

2. https://clcouncil.org/archive/our-story/
3. https://clcouncil.org/archive/faqs/
4. Desmond Kirwan, 'We Need to Change the Way We Talk About Climate Change', *Behavioral Scientist*, 11 October 2021.
5. Julius J. Andersson, 'Carbon Taxes and CO_2 Emissions: Sweden as a Case Study', *American Economic Journal: Economic Policy* 11, no. 4 (2019): 1–30.
6. Ibid., 1.
7. Ariel Rubinstein, *Economic Fables* (Cambridge: Open Book Publishers, 2012), 78.（邦訳アリエル・ルービンシュタイン『ルービンシュタイン　ゲーム理論の力』松井彰彦監訳、東洋経済新報社、2016年）

第4章　悪い行動を変えるには

1. https://washdata.org/monitoring/inequalities/open-defecation
2. www.unicef.org/protection/child-marriage
3. www.who.int/news-room/fact-sheets/detail/female-genital-mutilation
4. Cristina Bicchieri, *The Grammar of Society: The Nature and Dynamics of Social Norms* (Cambridge: Cambridge University Press, 2005); Cristina Bicchieri, *Norms in the Wild: How to Diagnose, Measure, and Change Social Norms* (Oxford: Oxford University Press, 2017).
5. https://penntoday.upenn.edu/features/penn-project-aims-to-stop-open-defecation-by-changing-social-norms
6. https://thepenngazette.com/the-philosopher-queen-of-unicef/
7. www.coursera.org/learn/norms
8. Cristina Bicchieri, 'Norms, Conventions, and the Power of Expectations', in *Philosophy of Social Science: A New Introduction*, ed. Nancy Cartwright and Eleonora Montuschi (Oxford: Oxford University Press, 2014), 226.
9. Damon Centola et al., 'Experimental Evidence for Tipping Points in Social Convention', *Science* 360, no. 6393 (2018): 1116–19.
10. Bicchieri, *Norms in the Wild*, ch. 3.
11. Ibid., 114–18.
12. www.mitti.se/nyheter/en-fjardedel-farre-p-boter-i-innerstan-pa-sju-ar/repvaA!0g5bOAoOmfKW5lchOVBirg
13. OEDオンライン版の「economy」（名詞）の項を参照。www.oed.com/view/Entry/59393（2021年3月19日閲覧）

第5章　必要なものを必要な人に届けるには

1. www.kidneyfund.org/kidney-donation-and-transplant/transplant-waiting-list/

2. 臓器提供の意思をまだ登録していないなら、いますぐしよう！——法律は国によってちがう。イギリスに住んでいる人なら、以下のリンクに登録方法が載っている。www.organdonation.nhs.uk/uk-laws/
3. 同じ人物が発見したパレートの法則とこれを混同しないようにしてほしい。パレートの法則は、従業員の2割が価値の8割を生み出す、全体の2割の人が問題の8割を引き起こすなどとする考え方である。
4. Alvin E. Roth, *Who Gets What - and Why: The New Economics of Matchmaking and Market Design* (Boston: Houghton Mifflin Harcourt, 2015)（邦訳アルビン・E・ロス『Who Gets What——マッチメイキングとマーケットデザインの新しい経済学』櫻井祐子訳、日本経済新聞出版社、2016年）.
5. Ibid., 32ff.（ロス『Who Gets What』）
6. Ibid., 196.（ロス『Who Gets What』）
7. Ibid., 34.（ロス『Who Gets What』）
8. Ibid., 36.（ロス『Who Gets What』）
9. Ibid., 45.（ロス『Who Gets What』）
10. Ibid., 51.（ロス『Who Gets What』）
11. Ibid., 41.（ロス『Who Gets What』）
12. www.organdonation.nhs.uk/become-a-living-donor/
13. www.nobelprize.org/prizes/economic-sciences/2012/summary/
14. Roth, *Who Gets What - and Why*, ch. 8.（ロス『Who Gets What』）
15. Ibid., ch. 9.（ロス『Who Gets What』）
16. Francesco Guala, 'Building Economic Machines: The FCC Auctions', *Studies in History and Philosophy of Science Part A* 32, no. 3 (2001):453–77.
17. www.nobelprize.org/prizes/economic-sciences/2020/press-release/
18. Roth, *Who Gets What - and Why*, 27.（ロス『Who Gets What』）
19. Ibid., 8ff.（ロス『Who Gets What』）
20. Ibid., ch. 12.（ロス『Who Gets What』）

第6章　しあわせになるには

1. Benjamin Franklin, *The Private Correspondence of Benjamin Franklin*, vol. 1, ed. William Temple Franklin, 2nd edn (London: Henry Colburn, 1817), 19–20.
2. Hornell Hart, *Chart for Happiness* (New York: Macmillan, 1940), 16.
3. Ibid., v.
4. Erik Angner, 'The Evolution of Eupathics: The Historical Roots of Subjective Measures of Wellbeing', *International Journal of Wellbeing* 1, no. 1 (2011): 4–41.
5. Richard A. Easterlin, 'Does Economic Growth Improve the Human Lot? Some Empirical

Evidence', in *Nations and Households in Economic Growth: Essays in Honor of Moses Abramovitz*, ed. Paul A. David and Melvin W. Reder (New York: Academic Press, 1974): 89–125.

6. Hart, *Chart for Happiness*, 19.
7. John Helliwell et al., eds., *World Happiness Report 2021* (New York: Sustainable Development Solutions Network, 2021).
8. Ibid., 20–22, fig. 2. 1.
9. www.newstatesman.com/international/2021/08/would-extinction-be-so-bad
10. Easterlin, 'Does Economic Growth Improve the Human Lot?', 100.
11. Betsey Stevenson and Justin Wolfers, 'Economic Growth and Subjective Well-Being: Reassessing the Easterlin Paradox', *Brookings Papers on Economic Activity*, Spring 2008, 2.
12. まぎらわしいことに、所得はいわゆる「対数スケール」で表されるときがある。その場合には、ここで説明した関係は直線のように見えるかもしれない。
13. Daniel Kahneman and Angus Deaton, 'High Income Improves Evaluation of Life But Not Emotional Well-Being', *Proceedings of the National Academy of Sciences*, 107, no. 38 (2010): 4.
14. Bentham, 'Principles of the Civil Code', 305.（ベンタム「民法典の諸原理」）
15. Jon Gertner, 'The Futile Pursuit of Happiness', *New York Times Magazine*, 7 September, 2003, 86.
16. Erik Angner, *A Course in Behavioral Economics*, 3rd edn (London: Red Globe Press, 2021), sec. 3.2.
17. Lonnie Golden and Barbara Wiens-Tuers, 'To Your Happiness? Extra Hours of Labor Supply and Worker Well-Being', *Journal of Socio-Economics* 35, no. 2 (2006): 382.
18. Lucía Macchia and Ashley V. Whillans, 'Leisure Beliefs and the Subjective Well-Being of Nations', *Journal of Positive Psychology* 16, no. 2 (2021): 198–206.
19. Shane Frederick and George Loewenstein, 'Hedonic Adaptation', in *Well-Being: The Foundations of Hedonic Psychology*, ed. Daniel Kahneman, Ed Diener, and Norbert Schwarz (New York: Russell Sage Foundation, 1999), 302–29.
20. Adam Smith, *The Theory of Moral Sentiments*, 6th edn, ed. Knud Haakonssen (Cambridge: Cambridge University Press, 2002), 172.（邦訳アダム・スミス『道徳感情論』村井章子、北川知子訳、日経BP、2014年）
21. Ibid.（スミス『道徳感情論』）
22. Tibor Scitovsky, *The Joyless Economy: The Psychology of Human Satisfaction*, revised edn (New York: Oxford University Press, 1992), 59.（邦訳ティボール・シトフスキー『人間の喜びと経済的価値——経済学と心理学の接点を求めて』 斎藤精一郎訳、日本経済新聞社、1979年）
23. Ibid.,137.（シトフスキー『人間の喜びと経済的価値』）

24. www.theatlantic.com/business/archive/2014/10/buy-experiences/381132/
25. Amit Kumar, Matthew A. Killingsworth, and Thomas Gilovich, 'Waiting for Merlot: Anticipatory Consumption of Experiential and Material Purchases', *Psychological Science* 25, no. 10 (2014): 1924–31.
26. Scitovsky, *The Joyless Economy*, 143–4.（シトフスキー『人間の喜びと経済的価値』）
27. ことわざはこうつづく。「悲しみは分かち合うと半分になる」
28. David G. Myers, *The Pursuit of Happiness: Who is Happy – and Why* (New York: William Morrow, 1992), 57に引用。
29. Lucius Annaeus Seneca, *Dialogues and Essays*, trans. John Davie, ed. Tobias Reinhardt (Oxford: Oxford University Press, 2008), 189.
30. Carsten Wrosch et al., 'Adaptive Self-Regulation of Unattainable Goals: Goal Disengagement, Goal Reengagement, and Subjective Well-Being', *Personality and Social Psychology Bulletin* 29, no. 12 (2003): 1494–1508.
31. Christopher K. Hsee et al., 'Wealth, Warmth, and Well-Being: Whether Happiness is Relative or Absolute Depends on Whether It is About Money, Acquisition, or Consumption', *Journal of Marketing Research* 46, no. 3 (2009): 396–409.

第7章　謙虚になるには

1. www.cnn.com/2004/TECH/space/07/21/apollo.crew/
2. Don A. Moore, *Perfectly Confident: How to Calibrate Your Decisions Wisely* (New York: HarperCollins, 2020), 22.
3. Ola Svenson, 'Are We All Less Risky and More Skillful Than Our Fellow Drivers?', *Acta Psychologica* 47, no. 2 (1981): 143–8.
4. Moore, *Perfectly Confident*, 22–3.
5. www.imdb.com/title/tt0090525/
6. Aristotle, *Nicomachean Ethics*, trans. Terence Irwin, 2nd edn (Indianapolis: Hackett, 1999), 24.（邦訳アリストテレス『ニコマコス倫理学』渡辺邦夫、立花幸司訳、光文社、2015〜16年）
7. Ibid., 29.（アリストテレス『ニコマコス倫理学』）
8. Sarah Lichtenstein, Baruch Fischhoff, and Lawrence D. Phillips, 'Calibration of Probabilities: The State of the Art to 1980', in *Judgment Under Uncertainty: Heuristics and Biases*, ed. Amos Tversky, Daniel Kahneman, and Paul Slovic (Cambridge: Cambridge University Press, 1982), 306–34.
9. Baruch Fischhoff, Paul Slovic, and Sarah Lichtenstein, 'Knowing with Certainty: The Appropriateness of Extreme Confidence', *Journal of Experimental Psychology: Human Perception and Performance* 3, no. 4 (1977): 554.

10. Baruch Fischhoff, 'Debiasing', in Daniel Kahneman, Paul Slovic, and Amos Tversky (eds.), *Judgment Under Uncertainty: Heuristics and Biases* (Cambridge: Cambridge University Press, 1982): 422–44
11. Stuart Oskamp, 'Overconfidence in Case-Study Judgments', *Journal of Consulting Psychology* 29, no. 3 (1965): 261–5.
12. Lichtenstein, Fischhoff, and Phillips, 'Calibration of Probabilities'
13. J. J. Christensen-Szalanski and J. B. Bushyhead, 'Physicians' Use of Probabilistic Information in a Real Clinical Setting', *Journal of Experimental Psychology: Human Perception and Performance* 7, no. 4 (1981): 928–35.
14. Fischhoff, Slovic, and Lichtenstein, 'Knowing with Certainty'.
15. Brad M. Barber and Terrance Odean, 'Trading is Hazardous to Your Wealth: The Common Stock Investment Performance of Individual Investors', *Journal of Finance* 55, no. 2 (2000): 773–806.
16. Brad M. Barber and Terrance Odean, 'Boys Will be Boys: Gender, Overconfidence, and Common Stock Investment', *Quarterly Journal of Economics* 116, no. 1 (2001): 261–92.
17. Moore, *Perfectly Confident*, 36–37.
18. www.biblegateway.com/verse/en/Proverbs%2016:18
19. Moore, *Perfectly Confident*, 38.
20. Ibid., 170.
21. Andrew Leedham, *Unstoppable Self Confidence: How to Create the Indestructible, Natural Confidence of the 1% Who Achieve Their Goals, Create Success on Demand and Live Life on Their Terms* (London: Unstoppable Media Group, 2019).
22. Erik Angner, 'Economists as Experts: Overconfidence in Theory and Practice', *Journal of Economic Methodology* 13, no. 1 (2006): 14.
23. https://quoteinvestigator.com/2019/04/10/one-handed/
24. Raymond S. Nickerson, 'Confirmation Bias: A Ubiquitous Phenomenon in Many Guises', *Review of General Psychology* 2, no. 2(1998): 175–220.
25. Matthew Rabin, 'Psychology and Economics', *Journal of Economic Literature* 36, no. 1 (1998): 27.
26. Baruch Fischhoff, 'Hindsight ≠ Foresight: The Effect of Outcome Knowledge on Judgment Under Uncertainty', *Journal of Experimental Psychology: Human Perception and Performance* 1, no. 3 (1975): 288–99.
27. Rabin, 'Psychology and Economics', 28.
28. Justin Kruger and David Dunning, 'Unskilled and Unaware of It: How Difficulties in Recognizing One's Own Incompetence Lead to Inflated Self-Assessments', *Journal of Personality and Social Psychology* 77, no. 6 (1999): 1121–34.

29. Ibid., 1130.

30. Ibid.

31. David Dunning, 'The Dunning－Kruger Effect and Its Discontents', *The Psychologist* 35 (April 2022): 2–3.

32. John Stuart Mill, *J. S. Mill: 'On Liberty' and Other Writings* (Cambridge: Cambridge University Press, 1989), 21.（邦訳ジョン・スチュアート・ミル『自由論』山岡洋一訳、日経BP、2011年）

33. Allan H. Murphy and Robert L. Winkler, 'Probability Forecasting in Meteorology', *Journal of the American Statistical Association* 79, no. 387 (1984): 489–500.

34. Gideon Keren, 'Facing Uncertainty in the Game of Bridge: A Calibration Study', *Organizational Behavior and Human Decision Processes* 39, no. 1 (1987): 98–114.

35. Lichtenstein, Fischhoff, and Phillips, 'Calibration of Probabilities'.

36. Sarah Lichtenstein and Baruch Fischhoff, 'Training for Calibration', *Organizational Behavior and Human Performance* 26, no. 2 (1980): 149–71.

37. Philip E. Tetlock, 'Theory-Driven Reasoning About Plausible Pasts and Probable Futures in World Politics: Are We Prisoners of Our Preconceptions?', *American Journal of Political Science* 43, no. 2 (1999): 351.

38. Asher Koriat, Sarah Lichtenstein, and Baruch Fischhoff, 'Reasons for Confidence', *Journal of Experimental Psychology: Human Learning and Memory* 6, no. 2 (1980): 107–18.

39. Ibid., 117.

40. Moore, *Perfectly Confident*, 51.

41. Ibid., 169.

42. Ibid.

43. www.berkshirehathaway.com/letters/1996.html

44. www.tilsonfunds.com/BuffettNotreDame.pdf

45. Ibid.

46. Ibid.

47. Angner, 'Economists as Experts: Overconfidence in Theory and Practice'.

48. Ken Binmore, 'Why Experiment in Economics?', *Economic Journal* 109, no. 453 (1999): F17.

49. Robbins, *An Essay*, 1932, 119.（ロビンズ『経済学の本質と意義』）

第8章　お金持ちになるには

1. www.bankrate.com/banking/savings/emergency-savings-survey-july-2021/

2. Angner, *A Course in Behavioral Economics*, sec. 8.2.

3. www.spglobal.com/marketintelligence/en/news-insights/latest-news-headlines/s-p-500-

returns-to-halve-in-coming-decade-8211-goldman-sachs-59439981

4. 設問は「一般に、インサイダー情報がないとすると、株式に投資するときには、少数の個別銘柄を保有するより、広く分散されていて、低コストで、パッシブ型のインデックスファンドを保有するほうが、より高い成果が期待できる」だった。2019年の調査では、57%が「強く同意する」、36%が「同意する」と答え、7%が未回答だった。「わからない」「同意しない」と答えた人はいなかった。www.igmchicago.org/surveys/diversified-investing-2/を参照。
5. Deirdre N. McCloskey, *If You're So Smart: The Narrative of Economic Expertise* (Chicago: University of Chicago Press, 1990), 112.
6. Barber and Odean, 'Trading is Hazardous to Your Wealth'.
7. www.bankrate.com/banking/savings/credit-card-debt-emergency-savings-2021/
8. https://edition.cnn.com/2021/11/09/economy/fed-household-debt-inflation/index.html
9. www.bea.gov/news/2021/personal-income-and-outlays-november-2021
10. www.statista.com/statistics/817911/number-of-non-business-bankruptcies-in-the-united-states/
11. www.biblegateway.com/verse/en/Proverbs%2022%3A7
12. www.cnbc.com/2021/02/16/map-shows-typical-payday-loan-rate-in-each-state.html
13. http://thresholdresistance.com/2015/04/16/mcdonalds-new-third-pounder-may-not-add-up/
14. Annamaria Lusardi and Olivia S. Mitchell, 'The Economic Importance of Financial Literacy: Theory and Evidence', *Journal of Economic Literature* 52, no. 1 (2014): 5–44.
15. Ibid., 10.
16. 正解は1から順に(a)、(c)、(b)。
17. 第7章を参照。
18. Lusardi and Mitchell, 'The Economic Importance of Financial Literacy', 17.
19. Ibid., sec. 5.
20. Paul J. Yakoboski, Annamaria Lusardi, and Andrea Hasler, 'Financial Literacy and Well-Being in a Five Generation America: The 2021 TIAA Institute-GFLEC Personal Finance Index', October 2021: 20.
21. Tim Kaiser et al., 'Financial Education Affects Financial Knowledge and Downstream Behaviors', *Journal of Financial Economics* 145, no. 2 (2021): 255–72.
22. Ibid., 16.
23. Ibid., 15.
24. Lusardi and Mitchell, 'The Economic Importance of Financial Literacy', 15.
25. www.ft.com/content/ b6a8107c-99f4-4a43-8adc-9686e6bd603e
26. Lusardi and Mitchell, 'The Economic Importance of Financial Literacy', 5–6.

27. Robert J. Shiller, *Narrative Economics: How Stories Go Viral and Drive Major Economic Events* (Princeton: Princeton University Press, 2019)（邦訳ロバート・J・シラー『ナラティブ経済学――経済予測の全く新しい考え方』山形浩生訳、東洋経済新報社、2021年）.
28. Angner, *A Course in Behavioral Economics*, 114.

第9章　コミュニティをつくるには

1. Peter Brusewitz, and Åse Lo Skarsgård, 'Simskolan och barnen som drunknade', in *Stora Rör: Berättelser och hågkomster*, ed. Elisabeth Nilsson, Åse Lo Skarsgård, and Karl Arne Eriksson (Högsrum: Högsrums hembygdsförening, 2014), 37–8.
2. Elinor Ostrom, *Understanding Institutional Diversity* (Princeton: Princeton University Press, 2005), 3; Vlad Tarko, *Elinor Ostrom: An Intellectual Biography* (London: Rowman & Littlefield International, 2017), 6.
3. Ostrom, *Understanding Institutional Diversity*, 3.
4. Tarko, *Elinor Ostrom*, 15.
5. Elinor Ostrom, *Governing the Commons: The Evolution of Institutions for Collective Action* (Cambridge: Cambridge University Press, 1990)（邦訳エリノア・オストロム『コモンズのガバナンス――人びとの協働と制度の進化』原田禎夫、齋藤暖生、嶋田大作訳、晃洋書房、2022年）.
6. Tarko, *Elinor Ostrom*, 20.
7. Sara Hornborg and Henrik Svedäng, 'Baltic Cod Fisheries - Current Status and Future Opportunities' (RISE Report, 2019).
8. https://news.yahoo.com/iceland-tries-bring-back-trees-razed-vikings-031502923.html
9. Jacob Dembitzer et al., 'Levantine Overkill: 1.5Million Years of Hunting Down the Body Size Distribution', *Quaternary Science Reviews* 276 (2022): 107316.
10. Ostrom, *Governing the Commons*, ch. 1.（オストロム『コモンズのガバナンス』）
11. Ibid., 3–5.（オストロム『コモンズのガバナンス』）
12. Garrett Hardin, 'The Tragedy of the Commons', *Science* 162, no. 3859 (1968): 1243–8; Ostrom, *Governing the Commons*, 2–3.（オストロム『コモンズのガバナンス』）
13. Elinor Ostrom, 'Beyond Markets and States: Polycentric Governance of Complex Economic Systems', *American Economic Review* 100, no. 3 (2010): 644–5.
14. Ostrom, *Governing the Commons*, 3.（オストロム『コモンズのガバナンス』）
15. Ibid., 6.（オストロム『コモンズのガバナンス』）
16. Ibid., 18–20.（オストロム『コモンズのガバナンス』）
17. Ibid., 21.（オストロム『コモンズのガバナンス』）
18. Ostrom, 'Beyond Markets and States', 642.
19. Ostrom, *Governing the Commons*, 15.（オストロム『コモンズのガバナンス』）

20. Ostrom, 'Beyond Markets and States'.
21. Ostrom, *Governing the Commons*, xiii.（オストロム『コモンズのガバナンス』）
22. Ibid., 88–102（オストロム『コモンズのガバナンス』); cf. Ostrom, 'Beyond Markets and States', 652–3.
23. Ostrom, 'Beyond Markets and States', 643.
24. Ostrom, *Understanding Institutional Diversity*, 283ff.
25. Ostrom, *Governing the Commons*, 12–13（オストロム『コモンズのガバナンス』); Tarko, *Elinor Ostrom*, 89–92.
26. Ostrom, *Governing the Commons*, 10（オストロム『コモンズのガバナンス』); Tarko, *Elinor Ostrom*, 87–89.
27. Ostrom, 'Beyond Markets and States', 664.
28. Tarko, *Elinor Ostrom*, 7; cf. Katie Steele, 'Choice Models', in Cartwright and Montuschi (eds.), *Philosophy of Social Science*, 203–4.
29. Ostrom, 'Beyond Markets and States', 665.
30. Tarko, *Elinor Ostrom*, 16.

第10章　終　章

1. www.npr.org/sections/money/2020/01/07/793855832/economics-still-has-a-diversity-problem
2. Amanda Bayer, Syon P. Bhanot, and Fernando Lozano, 'Does Simple Information Provision Lead to More Diverse Classrooms? Evidence from a Field Experiment on Undergraduate Economics', *AEA Papers and Proceedings* 109 (2019): 110–14.
3. Marion Fourcade, Etienne Ollion, and Yann Algan, 'The Superiority of Economists', *Journal of Economic Perspectives* 29, no. 1 (2015): 89–114.
4. Hayek, 'The Trend of Economic Thinking', 137.（ハイエク「経済学的考え方の動向」）
5. Steven D. Levitt and Stephen J. Dubner, *Freakonomics: A Rogue Economist Explores the Hidden Side of Everything* (New York: William Morrow, 2005)（邦訳スティーヴン・D・レヴィット、スティーヴン・J・ダブナー『ヤバい経済学――悪ガキ教授が世の裏側を探検する』望月衛訳、東洋経済新報社、2006年）; Tim Harford, *The Undercover Economist: Exposing Why the Rich are Rich, the Poor are Poor – and Why You Can Never Buy a Decent Used Car!* (Oxford: Oxford University Press, 2006)（邦訳ティム・ハーフォード『まっとうな経済学』遠藤真美訳、ランダムハウス講談社、2006年）.
6. Joan Robinson, *Contributions to Modern Economics* (Oxford: Blackwell, 1978), 75.
7. www.aeaweb.org/research/charts/an-empirical-turn-in-economics-research
8. Erik Angner, 'We're All Behavioral Economists Now', *Journal of Economic Methodology* 26, no. 3 (2019): 195–207.

9. Robbins, *An Essay*, vii.（ロビンズ『経済学の本質と意義』）

読書案内

1. The CORE Team, ed., *The Economy* (Oxford: Oxford University Press, 2017), www.core-econ.org/the-economy/
2. Daron Acemoglu, David Laibson, and John List, *Economics, Global Edition*, 3rd edn (Harlow: Pearson, 2021)（邦訳ダロン・アセモグル、デヴィッド・レイブソン、ジョン・リスト『アセモグル／レイブソン／リスト　マクロ経済学』『同　ミクロ経済学』『同　入門経済学』岩本康志監訳、岩本千晴訳、東洋経済新報社、2019〜20年）; Betsey Stevenson and Justin Wolfers, *Principles of Economics* (New York: Worth, 2020).
3. Erik Angner, *A Course in Behavioral Economics*, 3rd edn (London: Red Globe Press, 2021).
4. Diane Coyle, *The Soulful Science: What Economists Really Do and Why It Matters*, revised edn (Princeton: Princeton University Press, 2009)（邦訳ダイアン・コイル『ソウルフルな経済学——格闘する最新経済学が1冊でわかる』室田泰弘、矢野裕子、伊藤恵子訳、インターシフト、2008年）; Diane Coyle, *GDP: A Brief But Affectionate History* (Princeton: Princeton University Press, 2014)（邦訳ダイアン・コイル『GDP——〈小さくて大きな数字〉の歴史』高橋璃子訳、みすず書房、2015年）; Diane Coyle, *Cogs and Monsters: What Economics is, and What It Should Be* (Princeton: Princeton University Press, 2021)（邦訳ダイアン・コイル『経済学オンチのための現代経済学講義』小坂恵理訳、筑摩書房、2024年）.
5. James R. Otteson, *Seven Deadly Economic Sins: Obstacles to Prosperity and Happiness Every Citizen Should Know* (Cambridge: Cambridge University Press, 2021).
6. Steven G. Medema and Warren J. Samuels, eds., *The History of Economic Thought: A Reader*, 2nd edn (London: Routledge, 2013).
7. Julian Reiss, *Philosophy of Economics: A Contemporary Introduction* (New York: Routledge, 2013); Conrad Heilmann and Julian Reiss, eds., *The Routledge Handbook of Philosophy of Economics* (New York: Routledge, 2021).
8. Zoë Hitzig, *Mezzanine: Poems* (New York: HarperCollins, 2021).

参考文献

Acemoglu, Daron, David Laibson, and John List. *Economics, Global Edition*, 3rd edn, Harlow: Pearson, 2021.〔ダロン・アセモグル、デヴィッド・レイブソン、ジョン・リスト『アセモグル／レイブソン／リスト　マクロ経済学』『同　ミクロ経済学』『同　入門経済学』岩本康志監訳、岩本千晴訳、東洋経済新報社、2019〜20年〕

Andersson, Julius J. 'Carbon Taxes and CO_2 Emissions: Sweden as a Case Study', *American Economic Journal: Economic Policy* Ⅱ, no. 4 (2019): 1–30. https://doi.org/10.1257/pol.20170144.

Angner, Erik. 'Economists as Experts: Overconfidence in Theory and Practice', *Journal of Economic Methodology* 13, no. 1 (2006): 1–24. https://doi.org/10.1080/13501780600566271.

———. 'The Evolution of Eupathics: The Historical Roots of Subjective Measures of Wellbeing', *International Journal of Wellbeing* 1, no. 1 (2011): 4–41. https://doi.org/10.5502/ijw.v1i1.14.

———. 'We're All Behavioral Economists Now', *Journal of Economic Methodology* 26, no. 3 (2019): 195–207. https://doi.org/10.1080/1350178X.2019.1625210.

———. *A Course in Behavioral Economics*, 3rd edn, London: Red Globe Press, 2021.

Aristotle. *Nicomachean Ethics*, trans. Terence Irwin, 2nd edn, Indianapolis: Hackett, 1999.〔アリストテレス『ニコマコス倫理学』渡辺邦夫、立花幸司訳、光文社、2015〜16年〕

Banerjee, Abhijit V., and Esther Duflo. *Poor Economics: A Radical Rethinking of the Way to Fight Global Poverty*, New York: PublicAffairs, 2011.〔アビジット・V・バナジー、エスター・デュフロ『貧乏人の経済学――もういちど貧困問題を根っこから考える』山形浩生訳、みすず書房、2012年〕

———. *Good Economics for Hard Times: Better Answers to Our Biggest Problems*, New York: Allen Lane, 2019.〔アビジット・V・バナジー、エステル・デュフロ『絶望を希望に変える経済学――社会の重大問題をどう解決するか』村井章子訳、日経BP、2020年〕

Barber, Brad M., and Terrance Odean. 'Trading is Hazardous to Your Wealth: The Common Stock Investment Performance of Individual Investors', *Journal of Finance* 55, no. 2 (2000): 773–806. https://doi.org/10.1111/0022-1082.00226.

———. 'Boys Will be Boys: Gender, Overconfidence, and Common Stock Investment', *Quarterly Journal of Economics* 116, no. 1 (2001): 261–92. https://doi.org/10.1162/003355301556400.

Bayer, Amanda, Syon P. Bhanot, and Fernando Lozano. 'Does Simple Information Provision Lead to More Diverse Classrooms? Evidence from a Field Experiment on Undergraduate Economics', *AEA Papers and Proceedings* 109 (2019): 110–14. https://doi.org/10.1257/pandp.20191097

Bentham, Jeremy. *An Introduction to the Principles of Morals and Legislation*, new edn, Oxford: Clarendon Press, 1823.〔ジェレミー・ベンサム『道徳および立法の諸原理序説』中山元訳、筑摩書房、2022年〕

———. 'Principles of the Civil Code', in *The Works of Jeremy Bentham*, ed. John Bowring, vol. 1, New York: Russell & Russell, 1962: 297–364.〔J・ベンタム『民事および刑事立法論』「民法典の諸原理」長谷川正安訳、勁草書房、1998年〕

———. 'Offences Against One's Self: Paederasty Part 1', ed. Louis Crompton, *Journal of Homosexuality* 4, no. 1 (1978): 389–402. https://doi.org/10.1300/J082v03n4_07.

Bicchieri, Cristina. *The Grammar of Society: The Nature and Dynamics of Social Norms*, Cambridge: Cambridge University Press, 2005.

———. 'Norms, Conventions, and the Power of Expectations', in *Philosophy of Social Science: A New Introduction*, ed. Nancy Cartwright and Eleonora Montuschi, Oxford: Oxford University Press, 2014: 208–29.

———. *Norms in the Wild: How to Diagnose, Measure, and Change Social Norms*, Oxford: Oxford University Press, 2017.

Binmore, Ken. 'Why Experiment in Economics?' *Economic Journal* 109, no. 453 (1999): F16–F24. https://doi.org/10.1111/1468-0297.00399.

Bourne, Ryan. *Economics in One Virus: An Introduction to Economic Reasoning Through COVID-19*, Washington, DC: Cato Institute, 2021.

Brusewitz, Peter, and Åse Lo Skarsgård. 'Simskolan och barnen som drunknade', in *Stora Rör: Berättelser och hågkomster*, ed. Elisabeth Nilsson, Åse Lo Skarsgård, and Karl Arne Eriksson, Högsrum: Högsrums hembygdsförening, 2014: 37–8.

Camerer, Colin F., Anna Dreber, Eskil Forsell, et al. 'Evaluating Replicability of Laboratory Experiments in Economics', *Science* 351, no. 6280 (2016): 1433–6. https://doi.org/10.1126/science.aaf0918.

Caplan, Bryan. *Selfish Reasons to Have More Kids: Why Being a Great Parent is Less Work and More Fun Than You Think*, New York: Basic Books, 2012.

Caplan, Bryan Douglas, and Zach Weinersmith. *Open Borders: The Science and Ethics of Immigration*, New York: First Second, 2019.〔ブライアン・カプラン、ザック・ウェイナースミス『国境を開こう！　移民の倫理と経済学』御立英史訳、あけび書房、2022年〕

Carlyle, Thomas. *Occasional Discourse on the [N-Word] Question*, London: Thomas Bosworth, 1853.

Centola, Damon et al., 'Experimental Evidence for Tipping Points in Social Convention', *Science* 360, no. 6393 (2018): 1116–19. https://doi.org/10.1126/science.aas8827.

Christensen-Szalanski, J. J., and J. B. Bushyhead. 'Physician's Use of Probabilistic Information in a Real Clinical Setting', *Journal of Experimental Psychology: Human Perception and*

Performance 7, no. 4 (1981): 928–35. https://doi.org/10/dksmph.

Coleman, William Oliver. *Economics and Its Enemies: Two Centuries of Anti-Economics*, London: Palgrave Macmillan, 2002.

Comte, Auguste. *A General View of Positivism*, 2nd edn, trans. J. H. Bridges, London: Trübner and Co., 1865.

Cook, Laurel Aynne, and Raika Sadeghein. 'Effects of Perceived Scarcity on Financial Decision Making', *Journal of Public Policy & Marketing* 37, no. 1 (2018): 68–87. https://doi.org/10.1509/jppm.16.157.

CORE Team, ed. *The Economy*, Oxford: Oxford University Press, 2017. www.core-econ.org/the-economy/.

Coyle, Diane. *The Soulful Science: What Economists Really Do and Why It Matters*, revised edn, Princeton: Princeton University Press, 2009.〔ダイアン・コイル『ソウルフルな経済学——格闘する最新経済学が1冊でわかる』室田泰弘、矢野裕子、伊藤恵子訳、インターシフト、2008年〕

———. *GDP: A Brief But Affectionate History*, Princeton: Princeton University Press, 2014.〔ダイアン・コイル『GDP——〈小さくて大きな数字〉の歴史』高橋璃子訳、みすず書房、2015年〕

———. *Cogs and Monsters: What Economics is, and What It Should Be*, Princeton: Princeton University Press, 2021.〔ダイアン・コイル『経済学オンチのための現代経済学講義』小坂恵理訳、筑摩書房、2024年〕

Dembitzer, Jacob, Ran Barkai, Miki Ben-Dor, and Shai Meiri. 'Levantine Overkill: 1.5 Million Years of Hunting Down the Body Size Distribution', *Quaternary Science Reviews* 276 (2022): 107316. https://doi.org/10.1016/j.quascirev.2021.107316.

Douglas, Heather. 'Values in Science', in *The Oxford Handbook of Philosophy of Science*, ed. Paul Humphries, Oxford: Oxford University Press, 2016: 609–30. https://doi.org/10.1093/oxfordhb/9780199368815.013.28.

Dunning, David. 'The Dunning–Kruger effect and Its Discontents', *The Psychologist* 35 (April 2022): 2–3. www.bps.org.uk/psychologist/dunning-kruger-effect-and-its-discontents.

Easterlin, Richard A. 'Does Economic Growth Improve the Human Lot? Some Empirical Evidence', in *Nations and Households in Economic Growth: Essays in Honor of Moses Abramovitz*, ed. Paul A. David and Melvin W. Reder, New York: Academic Press, 1974: 89–125.

Ebenstein, Alan O. *Friedrich Hayek: A Biography*, New York: Palgrave, 2001.

Fischhoff, Baruch. 'Hindsight ≠ Foresight: The Effect of Outcome Knowledge on Judgment Under Uncertainty', *Journal of Experimental Psychology: Human Perception and Performance* 1, no. 3 (1975): 288–99. https://doi.org/10.1037/0096-1523.1.3.288.

———. 'Debiasing', in *Judgment Under Uncertainty: Heuristics and Biases*, eds. Daniel Kahneman, Paul Slovic, and Amos Tversky (Cambridge: Cambridge University Press, 1982): 422–44. https://doi.org/10.1017/CBO780511809477.032.

Fischhoff, Baruch, Paul Slovic, and Sarah Lichtenstein. 'Knowing with Certainty: The Appropriateness of Extreme Confidence', *Journal of Experimental Psychology: Human Perception and Performance* 3, no. 4 (1977):552–64. https://doi.org/10.1037/0096-1523.3.4.552.

Fourcade, Marion, Etienne Ollion, and Yann Algan. 'The Superiority of Economists', *Journal of Economic Perspectives* 29, no. 1 (2015): 89–114. https://doi.org/10.1257/jep.29.1.89.

Franklin, Benjamin. *The Private Correspondence of Benjamin Franklin*, ed. William Temple Franklin, 2nd edn, London: Henry Colburn, 1817.

Frederick, Shane, and George Loewenstein. 'Hedonic Adaptation', in *Well-Being: The Foundations of Hedonic Psychology*, ed. Daniel Kahneman, Ed Diener, and Norbert Schwarz, New York: Russell Sage Foundation, 1999: 302–29.

Gertner, Jon. 'The Futile Pursuit of Happiness', *New York Times Magazine*, 7 September 2003. www.nytimes.com/2003/09/07/magazine/the-futile-pursuit-of-happiness.html.

Golden, Lonnie, and Barbara Wiens-Tuers. 'To Your Happiness? Extra Hours of Labor Supply and Worker Well-Being', *Journal of Socio-Economics* 35, no. 2 (2006): 382–97. https://doi.org/10.1016/j.socec.2005.11.039.

Gradisar, Michael et al. 'Behavioural Interventions for Infant Sleep Problems: A Randomized Controlled Trial', *Pediatrics* 137, no. 6 (2016). https://doi.org/10.1542/peds.2015-1486.

Guala, Francesco. 'Building Economic Machines: The FCC Auctions', *Studies in History and Philosophy of Science Part A* 32, no. 3 (2001): 453–77. https://doi.org/10.1016/s0039-3681(01)00008-5.

Hardin, Garrett. 'The Tragedy of the Commons', *Science* 162, no. 3859 (1968): 1243–8. https://doi.org/10.1126/science.162.3859.1243.

Harford, Tim. *The Undercover Economist: Exposing Why the Rich are Rich, the Poor are Poor – and Why You Can Never Buy a Decent Used Car!* Oxford: Oxford University Press, 2006.〔ティム・ハーフォード『まっとうな経済学』遠藤真美訳、ランダムハウス講談社、2006年〕

Hart, Hornell. *Chart for Happiness*, New York: Macmillan, 1940.

Haushofer, Johannes, and Jeremy Shapiro. 'The Short-Term Impact of Unconditional Cash Transfers to the Poor: Experimental Evidence from Kenya', *Quarterly Journal of Economics* 131, no. 4 (2016): 1973–2042. https://doi.org/10.1093/qje/qjw025.

Hayek, Friedrich A. 'The Trend of Economic Thinking', *Economica*, no. 40 (1933): 121–37. https://doi.org/10.2307/2548761.〔フリードリヒ・A・ハイエク『ハイエク全集　第2期第6巻　経済学論集』「経済学的考え方の動向」西山千明監修、春秋社、2009年〕

———. *Studies in Philosophy, Politics and Economics*, London: Routledge & Kegan Paul, 1967.〔フリードリヒ・A・ハイエク『ハイエク全集　第2期第4巻　哲学論集』『ハイエク全集　第2期第5巻　政治学論集』『ハイエク全集　第2期第6巻　経済学論集』『ハイエク全集　第2期第7巻　思想史論集』西村千明監修、春秋社、2009〜10年〕

———. *Law, Legislation, and Liberty, Vol. 3: The Political Order of a Free People,* Chicago: University of Chicago Press, 1979.〔フリードリヒ・A・ハイエク『ハイエク全集　第10巻　法と立法と自由3――自由人の政治的秩序』西山千明監修、春秋社、1988年〕

Heilmann, Conrad, and Julian Reiss, eds. *The Routledge Handbook of Philosophy of Economics*, New York: Routledge, 2021.

Helliwell, John, Richard Layard, Jeffrey Sachs, and Emmanuel De Neve, eds. *World Happiness Report 2021*, New York: Sustainable Development Solutions Network, 2021.

Herrnstein, Richard J., and Charles Murray. *The Bell Curve: Intelligence and Class Structure in American Life*, New York: Free Press, 1996.

Heyne, Paul T., Peter J. Boettke, and David L. Prychitko. *The Economic Way of Thinking*, 11th edn, Upper Saddle River: Prentice Hall, 2006.〔ポール・ヘイン『経済学入門――経済学の考え方』木村憲二、鈴木多加史、福井南海男訳、ピアソンエデュケーション、2003年〕

Hitzig, Zoë. *Mezzanine: Poems*, New York: HarperCollins, 2021.

Hornborg, Sara, and Henrik Svedäng. 'Baltic Cod Fisheries – Current Status and Future Opportunities', RISE Report, 2019. http://urn.kb.se/resolve?urn=urn:nbn:se:ri:diva-38343.

Hsee, Christopher K., Yang Yang, Naihe Li, and Luxi Shen. 'Wealth, Warmth, and Well-Being: Whether Happiness is Relative or Absolute Depends on Whether It is about Money, Acquisition, or Consumption', *Journal of Marketing Research* 46, no. 3 (2009): 396–409. https://doi.org/10/dgfc7x.

Jones, David S., and Scott H. Podolsky. 'The History and Fate of the Gold Standard', *The Lancet* 385, no. 9977 (2015): 1502–3. https://doi.org/10.1016/S0140-6736(15)60742-5.

Kahneman, Daniel, and Angus Deaton. 'High Income Improves Evaluation of Life But Not Emotional Well-Being', *Proceedings of the National Academy of Sciences* 107, no. 38 (2010): 16489–93. https://doi.org/10.1073/pnas.1011492107.

Kaiser, Tim, Annamaria Lusardi, Lukas Menkhoff, and Carly Urban. 'Financial Education Affects Financial Knowledge and Downstream Behaviors', *Journal of Financial Economics* 145, no. 2 (2021): 255–72. https://doi.org/10.1016/j.jfineco.2021.09.022.

Keren, Gideon. 'Facing Uncertainty in the Game of Bridge: A Calibration Study', *Organizational Behavior and Human Decision Processes* 39, no. 1 (1987): 98–114. https://doi.org/10.1016/0749-5978(87)90047-1.

Kirwan, Desmond. 'We Need to Change the Way We Talk About Climate Change', *Behavioral Scientist*, 11 October 2021. https://behavioralscientist.org/we-need-to-change-the-way-we-

talk-about-climate-change/.

Koriat, Asher, Sarah Lichtenstein, and Baruch Fischhoff. 'Reasons for Confidence', *Journal of Experimental Psychology: Human Learning and Memory* 6, no. 2 (1980): 107–18. https://doi.org/10.1037/02787393.6.2.107.

Kruger, Justin, and David Dunning. 'Unskilled and Unaware of It: How Difficulties in Recognizing One's Own Incompetence Lead to Inflated Self-Assessments', *Journal of Personality and Social Psychology* 77, no. 6 (1999): 1121–34. https://doi.org/10.1037/0022-3514.77.6.1121.

Kumar, Amit, Matthew A. Killingsworth, and Thomas Gilovich. 'Waiting for Merlot: Anticipatory Consumption of Experiential and Material Purchases', *Psychological Science* 25, no. 10 (2014): 1924–31. https://doi.org/10.1177/0956797614546556.

Leedham, Andrew. *Unstoppable Self Confidence: How to Create the Indestructible, Natural Confidence of the 1% Who Achieve Their Goals, Create Success on Demand and Live Life on Their Terms*, London: Unstoppable Media Group, 2019.

Levitt, Steven D., and Stephen J. Dubner. *Freakonomics: A Rogue Economist Explores the Hidden Side of Everything*, New York: William Morrow, 2005.〔スティーヴン・D・レヴィット、スティーヴン・J・ダブナー『ヤバい経済学——悪ガキ教授が世の裏側を探検する』望月衛訳、東洋経済新報社、2006年

Levy, David M., and Sandra J. Peart. 'The Secret History of the Dismal Science. Part I. Economics, Religion and Race in the 19th Century', *EconLib* (blog) 22 January 2001. https://www.econlib.org/library/Columns/LevyPeartdismal.html.

———. *The Street Porter and the Philosopher: Conversations on Analytical Egalitarianism*, Ann Arbor: University of Michigan Press, 2009.

Lichtenstein, Sarah, and Baruch Fischhoff. 'Training for Calibration', *Organizational Behavior and Human Performance* 26, no. 2 (1980): 149–71. https://doi.org/10.1016/0030-5073(80)90052-5.

Lichtenstein, Sarah, Baruch Fischhoff, and Lawrence D. Phillips. 'Calibration of Probabilities: The State of the Art to 1980', in *Judgment Under Uncertainty: Heuristics and Biases*, ed. Amos Tversky, Daniel Kahneman, and Paul Slovic, Cambridge: Cambridge University Press, 1982: 306–34. https://doi.org/10.1017/CBO9780511809477.023.

Lundborg, Petter, Erik Plug, and Astrid Würtz Rasmussen. 'Can Women Have Children and a Career? IV Evidence from IVF Treatments', *American Economic Review* 107, no. 6 (2017): 1611–37. https://doi.org/10.1257/aer.20141467.

Lusardi, Annamaria, and Olivia S. Mitchell. 'The Economic Importance of Financial Literacy: Theory and Evidence', *Journal of Economic Literature* 52, no. 1 (2014): 5–44. https://doi.org/10.1257/jel.52.1.5.

Macchia, Lucía, and Ashley V. Whillans. 'Leisure Beliefs and the Subjective Well-Being of Nations', *Journal of Positive Psychology* 16, no. 2 (2021):198–206. https://doi.org/10.1080/17439760.2019.1689413.

Marshall, Alfred. *Principles of Economics: An Introductory Volume*, 8th edn, London: Macmillan, 1920.〔A・マーシャル『経済学原理』馬場啓之助訳、東洋経済新報社、1965〜67年〕

Marx, Karl. *The German Ideology: Including Theses on Feuerbach and Introduction to The Critique of Political Economy*, Amherst: Prometheus Books, 1998.〔カール・マルクス『ドイツ・イデオロギー　第2分冊』廣松渉編訳、河出書房新社、2006年〕

McCloskey, Deirdre N. *If You're So Smart: The Narrative of Economic Expertise*, Chicago: University of Chicago Press, 1990.

Medema, Steven G., and Warren J. Samuels, eds. *The History of Economic Thought: A Reader*, 2nd edn, London: Routledge, 2013.

Mill, John Stuart. 'The Negro Question', *Fraser's Magazine for Town and Country* 41 (1850): 25–31.

———. *The Subjection of Women*, London: Longmans, Green, Reader, and Dyer, 1869.〔J・S・ミル『女性の解放』大内兵衛、大内節子訳、岩波書店、1957年〕

———. *Utilitarianism*, 7th edn, London: Longmans, Green and Co., 1879.〔J・S・ミル『功利主義』関口正司訳、岩波書店、2021年〕

———. *J. S. Mill: 'On Liberty' and Other Writings*, Cambridge: Cambridge University Press, 1989.〔J・S・ミル『自由論』山岡洋一訳、日経BP、2011年〕

Moore, Don A. *Perfectly Confident: How to Calibrate Your Decisions Wisely*, New York: HarperCollins, 2020.

Mullainathan, Sendhil, and Eldar Shafir. *Scarcity: The New Science of Having Less and How It Defines Our Lives*, New York: Henry Holt and Co., 2013.〔センディル・ムッライナタン、エルダー・シャフィール『いつも「時間がない」あなたに——欠乏の行動経済学』大田直子訳、早川書房、2015年〕

Murphy, Allan H., and Robert L. Winkler. 'Probability Forecasting in Meteorology', *Journal of the American Statistical Association* 79, no. 387(1984): 489–500. https://doi.org/10.2307/2288395.

Myers, David G. *The Pursuit of Happiness: Who is Happy – and Why*, New York: William Morrow, 1992.

Neyer, Ava. 'I Read All the Baby Sleep Books', *Huffington Post* (blog), 6 December 2017. www.huffpost.com/entry/i-read-all-the-baby-sleep-advice-books_b_3143253.

Nickerson, Raymond S. 'Confirmation Bias: A Ubiquitous Phenomenon in Many Guises', *Review of General Psychology* 2, no. 2 (1998): 175–220. https://doi.org/10.1037/1089-2680.2.2.175.

O'Donnell, Michael, Amelia S. Dev, Stephen Antonoplis, et al. 'Empirical Audit and Review and an Assessment of Evidentiary Value in Research on the Psychological Consequences of Scarcity', *Proceedings of the National Academy of Sciences* 118, no. 44 (2021): e2103313118. https://doi.org/10.1073/pnas.2103313118.

Oskamp, Stuart. 'Overconfidence in Case-Study Judgments', *Journal of Consulting Psychology* 29, no. 3 (1965): 261–5. https://doi.org/10.1037/h0022125.

Oster, Emily. *Expecting Better: Why the Conventional Pregnancy Wisdom is Wrong – and What You Really Need to Know*, London: Penguin, 2014.〔エミリー・オスター『お医者さんは教えてくれない妊娠・出産の常識ウソ・ホント』土方奈美訳、東洋経済新報社、2014年〕

———. *Cribsheet: A Data-Driven Guide to Better, More Relaxed Parenting, from Birth to Preschool*, New York: Penguin, 2020.〔エミリー・オスター『米国最強経済学者にして2児の母が読み解く子どもの育て方ベスト』堀内久美子訳、サンマーク出版、2021年〕

Ostrom, Elinor. *Governing the Commons: The Evolution of Institutions for Collective Action*, Cambridge: Cambridge University Press, 1990.〔エリノア・オストロム『コモンズのガバナンス——人びとの協働と制度の進化』原田禎夫、齋藤暖生、嶋田大作訳、晃洋書房、2022年〕

———. *Understanding Institutional Diversity*, Princeton: Princeton University Press, 2005.

———. 'Beyond Markets and States: Polycentric Governance of Complex Economic Systems', *American Economic Review* 100, no. 3 (2010): 641–72. https://doi.org/10.1257/aer.100.3.641.

Otteson, James R. *Seven Deadly Economic Sins: Obstacles to Prosperity and Happiness Every Citizen Should Know,* Cambridge: Cambridge University Press, 2021.

Pigou, Arthur C. *The Economics of Welfare*, 4th edn, London: Macmillan, 1932.〔A・C・ピグウ『厚生経済学』気賀健三他訳、東洋経済新報社、1953〜55年〕

Rabin, Matthew. 'Psychology and Economics', *Journal of Economic Literature* 36, no. 1 (1998): 11–46. http://www.jstor.org/stable/2564950.

Reiss, Julian. *Philosophy of Economics: A Contemporary Introduction,* New York: Routledge, 2013.

Robbins, Lionel. *An Essay on the Nature and Significance of Economic Science*, London: Macmillan, 1932.〔ライオネル・ロビンズ『経済学の本質と意義』小峯敦、大槻忠史訳、京都大学学術出版会、2016年〕

Robinson, Joan. *Contributions to Modern Economics*, Oxford: Blackwell, 1978.

Ross, Don. 'Economic Theory, Anti-Economics, and Political Ideology', in *Philosophy of Economics*, ed. Uskali Mäki, Amsterdam: North-Holland, 2012, 241–85. https://doi.org/10.1016/B978-0-444-51676-3.50010-5.

Roth, Alvin E. *Who Gets What – and Why: The New Economics of Matchmaking and Market Design*, Boston: Houghton Mifflin Harcourt, 2015.〔アルビン・E・ロス『Who Gets What—

―マッチメイキングとマーケットデザインの新しい経済学』櫻井祐子訳、日本経済新聞出版社、2016年〕

Rubinstein, Ariel. *Economic Fables*, Cambridge: Open Book Publishers, 2012.〔アリエル・ルービンシュタイン『ルービンシュタイン　ゲーム理論の力』松井彰彦監訳、東洋経済新報社、2016年〕

Scitovsky, Tibor. *The Joyless Economy: The Psychology of Human Satisfaction*, revised edn, New York: Oxford University Press, 1992.〔ティボール・シトフスキー『人間の喜びと経済的価値――経済学と心理学の接点を求めて』斎藤精一郎訳、日本経済新聞社、1979年〕

Seneca, Lucius Annaeus. *Dialogues and Essays*, trans. John Davie, ed. Tobias Reinhardt, Oxford: Oxford University Press, 2008.

Shiller, Robert J. *Narrative Economics: How Stories Go Viral and Drive Major Economic Events*, Princeton: Princeton University Press, 2019.〔ロバート・J・シラー『ナラティブ経済学――経済予測の全く新しい考え方』山形浩生訳、東洋経済新報社、2021年〕

Smith, Adam. *An Inquiry into the Nature and Causes of the Wealth of Nations*, 5th edn, ed. Edwin Cannan, Chicago: University of Chicago Press, 1976.〔アダム・スミス『国富論――国の豊かさの本質と原因についての研究』山岡洋一訳、日本経済新聞出版社、2007年〕

———. *The Theory of Moral Sentiments*, 6th edn, ed. Knud Haakonssen, Cambridge: Cambridge University Press, 2002.〔アダム・スミス『道徳感情論』村井章子、北川知子訳、日経BP、2014年〕

Steele, Katie. 'Choice Models', in *Philosophy of Social Science: A New Introduction*, ed. Nancy Cartwright and Eleonora Montuschi, Oxford: Oxford University Press, 2014: 185–208.

Stevenson, Betsey, and Justin Wolfers. 'Economic Growth and Subjective Well-Being: Reassessing the Easterlin Paradox', *Brookings Papers on Economic Activity* (Spring 2008): 1–87. https://doi.org/10.1353/eca.0.0001.

———. *Principles of Economics*, New York: Worth, 2020.

Svenson, Ola. 'Are We All Less Risky and More Skillful Than Our Fellow Drivers?' *Acta Psychologica* 47, no. 2 (1981): 143–8. https://doi.org/10.1016/0001-6918(81)90005-6.

Tarko, Vlad. *Elinor Ostrom: An Intellectual Biography*, London: Rowman & Littlefield International, 2017.

Tetlock, Philip E. 'Theory-Driven Reasoning About Plausible Pasts and Probable Futures in World Politics: Are We Prisoners of Our Preconceptions?' *American Journal of Political Science* 43, no. 2 (1999): 335–66. https://doi.org/10.2307/2991798.

Wrosch, Carsten, et al. 'Adaptive Self-Regulation of Unattainable Goals: Goal Disengagement, Goal Reengagement, and Subjective Well-Being', *Personality and Social Psychology Bulletin* 29, no. 12 (2003): 1494–1508. https://doi.org/10/cjmb8f.

Yakoboski, Paul J., Annamaria Lusardi, and Andrea Hasler. 'Financial Literacy and Well-Being

in a Five Generation America: The 2021 TIAA Institute-GFLEC Personal Finance Index'
(October 2021). www.tiaainstitute.org/publication/financial-literacy-and-well-being-five-generation-america.

本書で引用されている文章には、今日の人権意識に照らして不適切な語句や表現が使用されている箇所があります。しかし、引用元の文章が書かれた当時の時代背景や、引用にあたって著者が差別の助長を意図していないことを考慮し、原文に忠実な翻訳といたしました。ご理解いただけますよう、お願い申し上げます。

（編集部）

経済学者のすごい思考法
子育て、投資から臓器移植、紛争解決まで

2024年11月20日　初版印刷
2024年11月25日　初版発行

*

著　者　エリック・アングナー
訳　者　遠藤真美
発行者　早川　浩

*

印刷所　株式会社亨有堂印刷所
製本所　大口製本印刷株式会社

*

発行所　株式会社　早川書房
東京都千代田区神田多町2−2
電話　03-3252-3111
振替　00160-3-47799
https://www.hayakawa-online.co.jp
定価はカバーに表示してあります
ISBN978-4-15-210380-2　C0033
Printed and bound in Japan
乱丁・落丁本は小社制作部宛お送り下さい。
送料小社負担にてお取りかえいたします。